二十四史

郑红峰 主编

〔第一卷〕

光明日报出版社

图书在版编目（CIP）数据

二十四史 / 郑红峰主编. -北京：光明日报出版社，2012.6（2021.3重印）
ISBN 978-7-5112-1916-9

Ⅰ.①二… Ⅱ.①郑… Ⅲ.①中国历史－古代史－纪传体 Ⅳ. ①K204.1

中国版本图书馆CIP数据核字（2012）第124673号

二十四史

ER SHI SI SHI

著　　者：郑红峰

责任编辑：曹　杨　刘景峰　　　责任校对：陈　琳
封面设计：张婷婷　　　责任印制：曹　净

出版发行：光明日报出版社
地　　址：北京市西城区永安路106号，100050
电　　话：010-63139890（咨询），010-63131930（邮购）
传　　真：010-63131930
网　　址：http://book.gmw.cn
E － mail：caoyang@gmw.cn
法律顾问：北京市德恒律师事务所龚柳方律师

印　　刷：北京德富泰印务有限公司
装　　订：北京德富泰印务有限公司
本书如有破损、缺页、装订错误，请与本社联系调换，电话：010-63131930

开　　本：170mm × 250mm　　　印　　张：102
字　　数：1560千字
版　　次：2012年6月第1版
印　　次：2021年3月第4次印刷
书　　号：ISBN 978-7-5112-1916-9

定　　价：1580.00元（全6册）

前言

《二十四史》由二十四部史书组成，是中国古代史书中最有代表性的著作。它被历朝历代纳为正统史书，故又称为“正史”。它记叙的时间，从第一部《史记》记叙传说中的黄帝起，到最后一部《明史》记叙到明崇祯十七年（公元1644年）止，前后历时四千多年。共计三千二百一十三卷，约四千万字，用统一的纪传体形式编写。

二十四史包括西汉司马迁所著《史记》、东汉班固所著《汉书》、南朝范晔所著《后汉书》、西晋陈寿所著《三国志》、唐代房玄龄等人所著《晋书》、梁代沈约所著《宋书》、梁代萧子显所著《南齐书》、唐代姚思廉所著《梁书》《陈书》、北齐魏收所著《魏书》、唐代李百药所著《北齐书》、唐代令狐德棻等人所著《周书》、唐代魏徵等人所著《隋书》、唐代李延寿所著《南史》《北史》、后晋刘昫等人所著《旧唐书》、宋代欧阳修、宋祁所著《新唐书》、宋代薛居正等人所著《旧五代史》、宋代欧阳修所著《新五代史》、元代脱脱等人所著《宋史》《辽史》《金史》、明代宋濂等人所著《元史》、清代张廷玉等人所著《明史》。

书中记载了我国自上古洪荒时代至明代数千年的历史，展示了数十个王朝的兴衰变迁，是研究中国历史最具权威性的史料，也是考察我国周边国家历史的珍贵资料，堪称“中华文明的百科全书”。由于其内容的博大精深，《二十四史》不仅为研史之人所必读，而且被政治家、军事家、思想家、科学家、企业家奉为治国安邦、运筹帷幄、推陈出新、建功立业的宝典，也被有识之士视为修身治家、安身立命、为人处世的明镜。

伟大的政治家、思想家、军事家毛泽东一生酷爱读史，尤其钟爱《二十四史》，对其中许多篇章反复研读。1952年，工作人员为毛主席添置了一部清乾隆武英殿版的二十四史，从此，无论在京还是外出，无论健康还是生病，这部史书始终伴随着他。直到逝世之前，重病缠身的他还用颤抖的手在几册《晋书》的封面上分别记下了“1975.8”再阅、“1975.9再阅”、“一九七五、八”等字样。

风雨春秋二十四载，毛泽东在日理万机之余，用顽强的毅力通读了这部历史长卷，有些史册和篇章还两遍、三遍、四遍地研读过。他在研读二十四史时，用不同颜色的笔写下了大量图画和批语。这些是毛泽东情感和思想的率直流露，是情怀不能自抑的感慨，是思绪如飞的激越，“五帝三皇神圣事，一篇读罢头飞雪”这或许就是毛泽东心境的最好写照。由此可见《二十四史》的地位。

《二十四史》是中国史学对世界史学的重大贡献，是人类文化工程中的一个罕与其匹的奇迹。如此系列的浩大工程，这在全世界的史学发展史上是绝无仅有的。

本书不但规模巨大、体系完备，而且对此后的纪传体史书影响很深，历朝正史皆采用这种体裁撰写。随后，各代史官似乎也都继承了这种奇妙的轮回。二十四史中的各位主编史官们，有的在狱中身亡，有的在屡次被贬的失意中病逝，有的在御医的殷勤侍奉下安享了人生的最后时光。他们各自的境遇不同，人生轨迹也不一样，却无一不是有胆有谋、忧国忧民的国之栋梁。身为史官的他们见证了前人的辉煌和落魄，同时又认真为后世留下当前的真实记录，一笔一画细心斟酌的字句。

中华民族五千年的文明在历史的河流中洗练，悠久的历史，传奇的人生，给后人留下了多少学习和思考的空间。一部二十四史道尽千古历史。作为中国史学主干的《二十四史》，全面展现了各个历史时期王朝家族、官僚体制、农业科学、手工经济、文化律法、税收制度等方方面面的情况，是当之无愧的中华文明百科全书。

因篇幅所限，本次出版的《二十四史》采取精选精译的方式，选出具有代表性的篇目，由相关专家进行古文翻译。疏漏之处，敬请广大读者指正。

目 录

史 记

汉 书

后汉书

三国志

晋　书

宋　书

南齐书

梁　书

陈　书

魏　书

北齐书

周　书

隋　书

南　史

北　史

旧唐书

新唐书

旧五代史

新五代史

宋 史

辽 史

〔史记〕

秦始皇本纪

秦始皇帝者，秦庄襄王子也。庄襄王为秦质子于赵，见吕不韦姬，悦而取之，生始皇。以秦昭王四十八年正月生于邯郸。及生，名为政，姓赵氏。年十三岁，庄襄王死，政代立为秦王。当是之时，秦地已并巴、蜀、汉中，越宛有郢，置南郡矣；北收上郡以东，有河东、太原、上党郡；东至荥阳，灭二周，置三川郡。吕不韦为相，封十万户，号曰文信侯。招致宾客游士，欲以并天下。李斯为舍人。蒙骜、王齮、麃公等为将军。王年少，初即位，委国事大臣。

晋阳反，元年，将军蒙骜击定之。二年，麃公将卒攻卷，斩首三万。三年，蒙骜攻韩，取十三城。王齮死。十月，将军蒙骜攻魏氏畼、有诡。岁大饥。四年，拔畼、有诡。三月，军罢。秦质子归自赵，赵太子出归国。十月庚寅，蝗虫从东方来，蔽天。天下疫。百姓内粟千石，拜爵一级。五年，将军骜攻魏，定酸枣、燕、虚、长平、雍丘、山阳城，皆拔之，取二十城。初置东郡。冬雷。六年，韩、魏、赵、卫、楚共击秦，取寿陵。秦出兵，五国兵罢。拔卫，迫东郡，其君角率其支属徙居野王，阻其山以保魏之河内。七年，彗星先出东方，见北方，五月见西方。将军骜死。以攻龙、孤、庆都，还兵攻汲。彗星复见西方十六日。夏太后死。八年，王弟长安君成蟜将军击赵，反，死屯留，军吏皆斩死，迁其民于临洮。将军壁死，卒屯留、蒲鹝反，戮其尸。河鱼大上，轻车重马东就食。

【译文】

秦始皇帝是秦庄襄王的儿子。庄襄王在赵国做秦国人质时，看见吕不韦的姬妾，很喜欢，就把她娶了过来，生了始皇。始皇在秦昭王四十八年正月生于邯郸。等到出生时，取名为政，姓赵氏。十三岁，庄襄王死了，政继位为秦王。当时，秦国已经兼并了巴、蜀、汉中，越过宛占有了郢，设置了南郡；往北取得了上郡以东，占有了河东、太原、上党郡；东边到达荥阳，消灭了西周、东周，设置了三川郡。吕不韦做丞相，封邑十万户，号为文信侯。招揽宾客游士，打算吞并天下。李斯为舍人，蒙骜、王齮、麃公等为将军。秦王年幼，即位初期，国家政事交由大臣处理。

晋阳反叛，秦王政元年，将军蒙骜平定了叛乱。二年，麃公率军攻打卷邑，杀死了三万人。三年，蒙骜攻打韩国，夺取了十三个城邑。王齮死了。十月，将军蒙骜攻打魏国的畼邑、有诡。这一年粮食大歉收。四年，攻克畼邑、有诡。三月，撤回了军队。秦国的人质从赵国返回，赵国太子离开秦国回到赵国。十月庚寅，蝗虫从东方飞来，遮蔽了天空。天下瘟疾。百姓缴纳一千石粟米拜爵一级。五年，将军蒙骜进攻魏国，平定了酸枣、燕邑、虚邑、长平、雍丘、山阳城，都是使用武力攻克的，共夺取了二十个城邑。开始设置东郡。冬天打雷。六年，韩国、魏国、赵国、卫国、楚国一起进攻秦国，夺取了寿陵。秦国出兵，五国的军队撤了回来。秦国攻克卫国，进逼东郡，卫君角率领他的支属迁居野王，凭借山险保卫魏国境内的河内地区。七年，彗星先出现在东方，又出现在北方。五月出现在西方。将军蒙骜死了。是因为攻打龙邑、孤邑、庆都，又回军攻打汲邑（而死去的）。彗星又在西方出现了十六天。夏太后死了。八年，秦王的弟弟长安君成蟜率领军队攻打赵国，举兵反叛，死在屯留，他的军吏都被斩首处死，把屯留民众迁徙到临洮。将军壁死了，士卒屯留人蒲鹝反叛，斩断他的尸体。河鱼被大量冲到平地上，秦国人轻车重马地到东边来就地食用。

嫪毐封为长信侯。予之山阳地，令毐居之。宫室、车马、衣服、苑囿、驰猎恣毐。事无小大皆决于毐。又以河西、太原郡更为毐国。九年，彗星见，或竟天。攻魏垣、蒲阳。四月，上宿雍。己酉，王冠，带剑。长信侯毐作乱而觉，矫王御玺及太后玺以发县卒及卫卒、官骑、戎翟君公、舍人，将欲攻蕲年宫为乱。王知之，令相国昌平君、昌文君发卒攻毐。战咸阳，斩首数百，皆拜爵，及宦者皆在战中，亦拜爵一级。毐等败走。即令国中：有生得毐，赐钱百万；杀之，五十万。尽得毐等。卫尉竭、内史肆、佐弋竭、中大夫令齐等二十人皆枭首。车裂以徇，灭其宗。及其舍人，轻者为鬼薪。及夺爵迁蜀四千余家，家房陵。是月寒冻，有死者。杨端和攻衍氏。彗星见西方，又见北方，从斗以南八十日。十年，相国吕不韦坐嫪毐免。桓齮为将军。齐、赵来，置酒。齐人茅焦说秦王曰："秦方以天下为事，而大王有迁母太后之名，恐诸侯闻之，由此倍秦也。"秦王乃迎太后于雍而入咸阳，复居甘泉宫。

大索，逐客。李斯上书说，乃止逐客令。李斯因说秦王，请先取韩以恐他国，于是使斯下韩。韩王患之，与韩非谋弱秦。大梁人尉缭来，说秦王曰："以秦之强，诸侯譬如郡县之君，臣但恐诸侯合从，翕而出不意，此乃智伯、夫差、湣王之所以亡也。愿大王毋爱财物，赂其豪臣，以乱其谋，不过亡三十万金，则诸侯可尽。"秦王从其计，见尉缭亢礼，衣服食饮与缭同。缭曰："秦王为人，蜂准，长目，挚鸟膺，豺声，少恩而虎狼心，居约易出人下，得志亦轻食人。我布衣，然见我常身自下我。诚使秦王得志于天下，天下皆为虏矣。不可与久游。"乃亡去。秦王觉，固止，以为秦国尉，卒用其计策。而李斯用事。

【译文】

嫪毐封为长信侯。赐给他山阳地区，让他居住。宫室、车马、衣服、苑囿、游猎对嫪毐一律不加限制。事无大小都由嫪毐决断。又把河西、太原郡改为嫪毐的封国。九年，彗星出现，有时光芒竟天。攻打魏国的垣邑、蒲阳。四月，秦王住宿在雍地。己酉，秦王举行冠礼，佩戴宝剑。长信侯嫪毐作乱阴谋被发觉了，就诈用秦王印信和太后印信调动县邑的军队和警卫士卒、国家骑兵、戎翟首领、舍人，打算进攻蕲年宫，发动叛乱。秦王知道了这个消息，派相国昌平君、昌文君调遣士卒，进攻嫪毐。在咸阳交战，杀死了几百人，（斩首有功的人）都得到了爵位，宦者参加战斗的，也得到一级爵位。嫪毐等人战败逃跑了。秦王就在全国下令：有活捉嫪毐的，赏钱一百万；杀死嫪毐的，赏钱五十万。全部抓获了嫪毐等人。卫尉竭、内史肆、佐弋竭、中大夫令齐等二十人都被斩首悬挂。又把他们五马分尸，巡行示众，夷灭了他们的宗族。嫪毐的舍人，罪轻的服刑三年。削除爵位迁徙蜀地的有四千多家，居住在房陵。这个月天寒地冻，有被冻死的。杨端和攻打衍氏。彗星出现在西方，又出现在北方，跟随北斗向南移动了八十天。十年，相国吕不韦由于嫪毐的牵连获罪，免去了相国职务。桓齮为将军。齐国、赵国的使者来了，摆酒设筵。齐国人茅焦劝告秦王说："秦国正在以经营天下为己任，而大王有迁徙母太后的名声，恐怕各国诸侯听到这件事，由此引起背叛秦国。"秦王就去雍地迎接太后，回到咸阳，太后又重新居住在甘泉宫。

秦王大规模地进行搜索，驱逐从诸侯国来的宾客。李斯上书劝阻，秦王就废除了驱逐宾客的命令。他乘机建议秦王，首先攻取韩国，使其他诸侯国感到恐惧。于是秦王派李斯攻打韩国。韩王很忧虑，和韩非商量削弱秦国的力量。大梁人尉缭来到秦国，劝告秦王说："以秦国的强大力量（与诸侯相比）诸侯就像一个郡县的君主。但是我担心诸侯联合起来，不露声色，出其不意地攻打秦国，这就是智伯、夫差、湣王所以灭亡的原因。希望大王不要吝惜财物，贿赂他们有权势的大臣，破坏他们的计划，失去的不过三十万斤黄金，而诸侯则可以全部消灭。"秦王听从了他的建议，每次接见尉缭时都以平等的礼节相待，衣服、饮食也与尉缭一样。尉缭说："秦王这个人，高鼻梁，细长的眼睛，鸷鸟一样的胸膛，豺狼一样的声音，刻薄寡恩，心如虎狼，处于穷困时容易谦卑下人，得志时也容易吞噬人。我是一个平民百姓，然而接见我时，常常甘居我下。如果秦王得志于天下，天下人都要成为他的俘虏了。不能和他长期相处。"尉缭就逃走了。秦王发觉了，坚决地挽留他，让他做秦国国尉，终于采用了他的计策。而这时李斯主持朝政。

十一年，王翦、桓齮、杨端和攻邺，取九城。王翦攻阏与、橑杨，皆并为一军。翦将十八日，军归斗食以下，什推二人从军。取邺、安阳，桓齮将。十二年，文信侯不韦死，窃葬。其舍人临者，晋人也逐出之；秦人六百石以上夺爵，迁；五百石以下不临，迁，勿夺爵。自今以来，操国事不道如缪毐、不韦者籍其门，视此。秋，复嫪毐舍人迁蜀者。当是之时，天下大旱，六月至八月乃雨。

十三年，桓齮攻赵平阳，杀赵将扈辄，斩首十万。王之河南。正月，彗星见东方。十月，桓齮攻赵。十四年，攻赵军于平阳，取宜安，破之，杀其将军。桓齮定平阳、武城。韩非使秦，秦用李斯谋，留非，非死云阳。韩王请为臣。

【译文】

十一年，王翦、桓齮、杨端和攻打邺邑，夺取了九个城邑。王翦攻打阏与、橑杨，把全部士卒合并成一支军队。王翦统率全军，过了十八天，遣返军队中斗食以下的无功人员，十人中推选二人从军。桓齮领兵攻克邺邑、安阳。十二年，文信侯吕不韦死了，其门人偷偷地埋葬了他的尸体。吕不韦的舍人来哭吊的，如果是晋人就驱逐出境；如果是秦人，俸禄在六百石以上的削除爵位，迁离旧居，五百石以下没有来哭吊的，也迁离旧居，不削除爵位。从此以后，治理国家政事，像嫪毐、吕不韦一样为逆不道的，抄没他的全家，按照这个样子处理。秋天，嫪毐的舍人应该迁徙蜀地的得到了赦免。当时，天下大旱，从六月到八月才下雨。

十三年，桓齮攻打赵国的平阳，杀死了赵国将领扈辄，斩首十万。赵王逃往河南。正月，彗星出现在东方。十月，桓齮攻打赵国。十四年，在平阳进攻赵国军队，夺取了宜安，打垮了赵国军队，杀死了它的将军。桓齮平定了平阳、武城。韩非出使秦国，秦国采纳李斯的计策，把韩非羁留在秦国，韩非死在云阳。韩王请求作为秦国的臣属。

十五年，大兴兵，一军至邺，一军至太原，取狼孟。地动。十六年九月，发卒受地韩南阳，假守腾。初令男子书年。魏献地于秦。秦置丽邑。十七年，内史腾攻韩，得韩王安，尽纳其地，以其地为郡，命曰颍川。地动。华阳太后卒。民大饥。

十八年，大兴兵攻赵，王翦将上地，下井陉，端和将河内，羌瘣伐赵，端和围邯郸城。十九年，王翦、羌瘣尽定取赵地东阳，得赵王。引兵欲攻燕，屯中山。秦王之邯郸，诸尝与王生赵时母家有仇怨，皆阬之。秦王还，从太原、上郡归。始皇帝母太后崩。赵公子嘉率其宗数百人之代，自立为代王，东与燕合兵，军上谷、大饥。

二十年，燕太子丹患秦兵至国，恐，使荆轲刺秦王。秦王觉之，体解轲以徇，而使王翦、辛胜攻燕。燕、代发兵击秦军，秦军破燕易水之西。二十一年，王贲攻荆。乃益发卒诣王翦军，遂破燕太子军，取燕蓟城，得太子丹之首。燕王东收辽东而王之。王翦谢病老归。新郑反。昌平君徙于郢。大雨雪，深二尺五寸。

【译文】

十五年，秦国大举出兵，一支军队到达邺邑，一支军队到达太原，攻下了狼孟。发生地震。十六年九月，派兵接收韩国南阳地区，腾暂时代理郡守。开始下令男子登记年龄。魏国向秦国献纳土地。秦国设置丽邑。十七年，内史腾攻打韩国，抓获了韩王安，兼并了全部韩国领土，把它的领土设置了一个郡，命名为颍川。发生地震。华阳太后死了。发生严重的饥荒。

十八年，大举出兵进攻赵国，王翦统率上地士卒，攻下井陉。杨端和统率河内士卒，羌瘣也率军攻打赵国，杨端和围攻邯郸城。十九年，王翦、羌瘣全部攻占和平定了赵国的东阳地区，抓获了赵王。率兵准备进攻燕国，军队驻扎在中山。秦王来到邯郸，凡是他生在赵国时曾与母亲家里有仇怨的，全部坑杀。秦王从太原、上郡返回秦国。始皇帝的母亲皇太后去世。赵国公子嘉带领他的宗族几百人前往代地，自立为代王，向东与燕国的军队联合起来，驻扎在上谷。这一年发生严重饥荒。

二十年，燕国太子丹担忧秦国的军队来到燕国，心里惶恐不安，派遣荆轲刺杀秦王。秦王察觉了，肢解了荆轲的尸体巡行示众，派王翦、辛胜进攻燕国。燕国、代国出兵攻击秦国军队，秦国军队在易水西边打败了燕国军队。二十一年，王贲进攻荆地。调遣更多的士卒前往王翦军队，于是打垮了燕太子的军队，攻下了燕国的蓟城，得到了太子丹的脑袋。燕王东去聚集辽东兵力，在那里称王。王翦推托有病，告老还乡。新郑反叛。昌平君迁徙到郢地。下大雪，雪有二尺五寸深。

二十二年，王贲攻魏，引河沟灌大梁，大梁城坏，其王请降，尽取其地。

二十三年，秦王复召王翦，强起之，使将击荆。取陈以南至平舆，虏荆王。秦王游至郢陈。荆将项燕立昌平君为荆王，反秦于淮南。二十四年，王翦、蒙武攻荆，破荆军，昌平君死，项燕遂自杀。

二十五年，大兴兵，使王贲将，攻燕辽东，得燕王喜。还攻代，虏代王嘉。王翦遂定荆江南地；降越君，置会稽郡。五月，天下大酺。

二十六年，齐王建与其相后胜发兵守其西界，不通秦。秦使将军王贲从燕南攻齐，得齐王建。

【译文】

二十二年，王贲进攻魏国，挖沟引河水淹灌大梁，大梁城墙毁坏，魏王请求投降，秦国占领了全部魏国领土。

二十三年，秦王又征召王翦，坚持要起用他，派他率军攻打荆国。攻下陈地以南至平舆一带，俘虏了荆王。秦王巡游到达郢陈。荆将项燕立昌平君为荆王，在淮水南边起兵反秦。二十四年，王翦、蒙武进攻荆地，打败了荆军，昌平君战死，项燕也就自杀了。

二十五年，大举出兵，派王贲为将，率军进攻燕国辽东地区，抓获了燕王喜。回军进攻代国，俘虏了代王嘉。王翦平定了荆国江南地区；降服了越君，设置会稽郡。五月，天下欢聚宴饮。

二十六年，齐王建和齐相后胜调遣军队防守西部边界，不与秦国来往。秦国派将军王贲从燕国南下进攻齐国，俘虏了齐王建。

秦初并天下，令丞相、御史曰："异日韩王纳地效玺，请为藩臣，已而倍约，与赵、魏合从畔秦，故兴兵诛之，虏其王。寡人以为善，庶几息兵革。赵王使其相李牧来约盟，故归其质子。已而倍盟，反我太原，故兴兵诛之，得其王。赵公子嘉乃自立为代王，故举兵击灭之。魏王始约服入秦，已而与韩、赵谋袭秦，秦兵吏诛，遂破之。荆王献青阳以西，已而畔约，击我南郡，故发兵诛，得其王，遂定其荆地。燕王昏乱，其太子丹乃阴令荆轲为贼，兵吏诛，灭其国。齐王用后胜计，绝秦使，欲为乱，兵吏诛，虏其王，平齐地。寡人以眇眇之身，兴兵诛暴乱，赖宗庙之灵，六王咸伏其辜，天下大定。今名号不更，无以称成功，传后世。其议帝号。"丞相绾、御史大夫劫、廷尉斯等皆曰："昔者五帝地方千里，其外侯服夷服，诸侯或朝或否，天子不能制。今陛下兴义兵，诛残贼，平定天下，海内为郡县，法令由一统，自上古以来未尝有，五帝所不及。臣等谨与博士议曰：‘古有天皇，有地皇，有泰皇，泰皇最贵。’臣等昧死上尊号，王为‘泰皇’。命为‘制’，令为‘诏’，天子自称曰‘朕’。”王曰：“去‘泰’，著‘皇’，采上古‘帝’位号，号曰‘皇帝’。他如议。”制曰：“可。”追尊庄襄王为太上皇。制曰：“朕闻太古有号毋谥，中古有号，死而以行为谥。如此，则子议父，臣议君也，甚无谓，朕弗取焉。自今已来，除谥法。朕为始皇帝。后世以计数，二世三世至于万世，传之无穷。”

【译文】

秦国刚刚兼并天下，下令丞相、御史说：“前些时候韩王交出土地，奉献国王的印章，请求成为藩臣。不久背弃了约定，与赵国、魏国联合起来背叛秦国，所以我兴兵讨伐，俘虏了韩王。我以为这是件好事，大概可以偃兵息革了。赵王派他的丞相李牧来签订盟约，所以送回了他做人质的儿子。不久赵国背叛了盟约，在我国太原起兵反抗，所以我兴兵讨伐，抓获了它的国王。赵国公子嘉自立为代王，所以我又发兵消灭了他。魏王最初说定臣服秦国，不久与韩国、赵国阴谋袭击秦国，秦国吏卒前往讨伐，摧毁了魏国。荆王献纳青阳以西的土地，不久违背约定，进攻我国南郡，所以我发兵讨伐，抓到了荆国国王，平定了荆地。燕王头昏脑乱。他的太子丹暗中指使荆轲做贼，秦国吏卒前去讨伐，灭亡了他的国家。齐王采用后胜的计策，不让秦国使者进入齐国，打算兴兵作乱，我派吏卒去讨伐，俘虏了齐国国王，平定了齐地。我这微不足道的人，发兵诛暴讨乱，靠着祖先宗庙的威灵，六国国王都已各服其罪，天下完全平定了。现在不改换名号，就不能颂扬建立的功业，流传后世。希望议论一下帝王的称号。”丞相王绾、御史大夫冯劫、廷尉李斯等都说：“过去五帝管辖千里见方的地区，在这个地区之外的侯服、夷服，有的诸侯朝贡，有的诸侯不朝贡，天子不能控制。现在陛下调遣义军，诛暴讨贼，平定天下，四海之内，设置郡县，统一法令，这是从上古以来所没有过的，五帝也望尘莫及。我们谨慎地和博士讨论，都说：‘古代有天皇，有地皇，有泰皇，泰皇最高贵。’我们冒着死罪献上尊号，王称为‘泰皇’。天子之命称为‘制’，天子之令称为‘诏’，天子自称叫‘朕’。”秦王说：“去掉‘泰’字，留下‘皇’字，采用上古表示地位称号的‘帝’字，叫作‘皇帝’。其他遵照议定的意见。”（对已经决定了的名号）下达制命说：“可以。”追尊庄襄王为太上皇。皇帝下达制命说：“我听说远古有称号，没有谥号，中古有称号，死后根据生前行迹确定谥号。这样做，就是儿子议论父亲，臣子议论君王，很没有意义，我不采取这种做法。从此以后，废除谥法。我是始皇帝。子孙后代用数计算，从二世、三世至于万世，传袭无穷。”

始皇推终始五德之传，以为周得火德，秦代周德，从所不胜方今水德之始。改年始，朝贺皆自十月朔。衣服旄旌节旗皆上黑。数以六为纪，符、法冠皆六寸，而舆六尺，六尺为步，乘六马。更名河曰德水，以为水德之始。刚毅戾深，事皆决于法，刻削毋仁恩和义，然后合五德之数。于是急法，久者不赦。

丞相绾等言：“诸侯初破，燕、齐、荆地远，不为置王，毋以填之。请立诸子，唯上幸许。”始皇下其议于群臣，群臣皆以为便。廷尉李斯议曰：“周文武所封子弟同姓甚众，然后属疏远，相攻击如仇雠，诸侯更相诛伐，周天子弗能禁止。今海内赖陛下神灵一统，皆为郡县，诸子功臣以公赋税重赏赐之，甚足易制。天下无异意，则安宁之术也。置诸侯不便。”始皇曰：“天下共苦战斗不休，以有侯王。赖宗庙，天下初定，又复立国，是树兵也，而求其宁息，岂不难哉！廷尉议是。”

【译文】

始皇根据五德终始的嬗递次序进行推演，认为周朝得到了火德，秦朝代替周朝的火德，遵循五行相胜的法则现在应是水德的开端。改变一年的首月，十月初一群臣入朝庆贺。衣服、旄旌、节旗都崇尚黑色。数目用六作标准，符、法冠都六寸，舆车宽六尺，六尺为步，驾车用六匹马。把河改名叫德水，作为水德的开始。始皇为政强硬果决，暴戾苛细，事情都依法决断，刻薄严峻，没有仁爱恩德，没有温情道义，认为这样才符合五德演变的原则。于是急迫地加强法制，囚禁很久的罪犯也不赦免。

丞相王绾等建议说：“各国诸侯刚被消灭，燕、齐、荆地辽远，不在那里立王，就没有人来安定燕、齐、荆。请把皇帝的几个儿子立为王，希望得到皇帝的赞成。”始皇把王绾等人的建议交给群臣讨论，群臣都认为很适宜。廷尉李斯建议说：“周文王、周武王所封立的同姓子弟很多，然而后来的族属疏远，互相攻击，如同仇敌，诸侯交相讨伐，周天子不能禁止。现在依靠陛下的神灵统一了天下，都划分成为郡县，皇帝的子弟和功臣，都用国家的赋税重加赏赐，（这种局面）很容易治理。天下没有二心，这就是国家安定的方法。封立诸侯是不适宜的。”始皇说：“天下苦于无休止的战争，是因为有诸侯王的缘故，依靠宗庙之灵，刚刚平定了天下，再去建立诸侯国，这是自我树敌，而要求得安宁，岂不是很困难的吗！廷尉的建议是正确的。”

分天下以为三十六郡，郡置守、尉、监。更名民曰“黔首”。大酺。收天下兵，聚之咸阳，销以为钟鐻，金人十二，重各千石，置廷宫中。一法度衡石丈尺。车同轨。书同文字。地东至海暨朝鲜，西至临洮、羌中，南至北向户，北据河为塞，并阴山至辽东。徙天下豪富于咸阳十二万户。诸庙及章台、上林皆在渭南。秦每破诸侯，写放其宫室，作之咸阳北阪上，南临渭，自雍门以东至泾、渭，殿屋复道周阁相属。所得诸侯美人钟鼓，以充入之。

二十七年，始皇巡陇西、北地，出鸡头山，过回中。焉作信宫渭南，已更命信宫为极庙，象天极。自极庙道通郦山，作甘泉前殿。筑甬道，自咸阳属之。是岁，赐爵一级。治驰道。

二十八年，始皇东行郡县，上邹峄山。立石，与鲁诸儒生议，刻石颂秦德，议封禅望祭山川之事。乃遂上泰山，立石，封，祠祀。下，风雨暴至，休于树下，因封其树为五大夫。禅梁父。刻所立石，其辞曰：

【译文】

把全国划分为三十六郡，郡设守、尉、监。百姓改称“黔首”。天下欢聚宴饮。收集天下兵器，集中在咸阳，熔铸成钟鐻，又铸造了十二个铜人，每一个重一千石，安置在宫廷中。统一法律制度和度量衡标准。统一车子两轮距离。书写采用统一的文字。全国地域东至大海和朝鲜，西至临洮、羌中，南至门朝北开的地区，北据黄河为屏障，顺着阴山直至辽东。

把天下豪富十二万户迁徙到咸阳。秦国各王的陵庙和章台、上林苑都在渭水南岸。秦国每消灭一个诸侯国，就描摩它的宫殿，在咸阳北坡上仿效建造，南临渭水，从雍门以东到达泾水、渭水汇流地区，宫殿室宇、空中栈道和缭绕回旋的阁道连续不断。从诸侯国掳掠来的美女、钟鼓，都安置在里面。

二十七年，始皇巡行陇西、北地，来到鸡头山，（返回时）路过回中。于是在渭水南面建造信宫，不久把信宫改名为极庙，象征天极星。从极庙修路通往郦山，又建造了甘泉宫前殿，修筑甬道，连接了与咸阳的交通。这一年，赐予全国民爵一级。修建驰道。

二十八年，始皇向东巡行郡县，登上邹峄山。树立石碑，和鲁地的一些儒生商议，刻写石碑颂扬秦朝的功德，又讨论封禅和望祭山川的事情。于是（秦始皇）就登上泰山，树立石碑，积土成坛，祭祀上天。下山时，忽然来了风雨，始皇停留在树下（躲避风雨），因此封这棵树为五大夫。又到梁父辟地为基，祭祀了大地，在所立的石碑上进行刻辞，碑文说：

皇帝临位，作制明法，臣下修饬。二十有六年，初并天下，罔不宾服。亲巡远方黎民，登兹泰山，周览东极。从臣思迹，本原事业，祗诵功德。治道运行，诸产得宜，皆有法式。大义休明，垂于后世，顺承勿革。皇帝躬圣，既平天下，不懈于治。夙兴夜寐，建设长利，专隆教诲。训经宣达，远近毕理，咸承圣志。贵贱分明，男女礼顺，慎遵职事。昭隔内外，靡不清净，施于后嗣。化及无穷，遵奉遗诏，永承重戒。

于是乃并勃海以东，过黄、腄，穷成山，登之罘，立石颂秦德焉而去。

【译文】

皇帝即位，创立制度，申明法令，臣下修治严整。二十六年，开始兼并了天下，没有不顺从的。亲自巡视远方的百姓，登上这座泰山，遍览最东边的疆域。随从的臣属回忆走过的道路，探求事业的来龙去脉，恭敬地颂扬秦朝的功德。治国的方法得到贯彻执行，各项生产安排适宜，都有一定的规则。伟大的真理美好而又光明，要流传后世，继承下来，不要改变。皇帝本身神圣，已经平定了天下，仍坚持不懈地治理国家。早起晚睡，谋求长远的利益，特别重视对臣民的教导。有关治国的教诲和法则传播四方，远近都得到治理，完全接受了皇帝的神圣意志。贵贱等级分明，男女依礼行事，谨慎地遵守各自的职责。明显地使内外有别，无不感到清静而纯洁，这种情况要延续到子孙后代。教化所及，无穷无尽，遵循遗留下来的诏令，永远继承这重要的告诫。

于是沿着渤海东行，经过黄县、腄县，攀上成山的最高点，登上之罘的顶峰，树立石碑，颂扬秦朝的德业，然后离去。

南登琅邪，大乐之，留三月。乃徙黔首三万户琅邪台下，复十二岁。作琅邪台，立石刻，颂秦德，明得意。曰：

维二十八年，皇帝作始。端平法度，万物之纪。以明人事，合同父子。圣智仁义，显白道理。东抚东土，以省卒士。事已大毕，乃临于海。皇帝之功，勤劳本事。上农除末，黔首是富。普天之下，抟心揖志。器械一量，同书文字。日月所照，舟舆所载。皆终其命，莫不得意。应时动事，是维皇帝。匡饬异俗，陵水经地。忧恤黔首，朝夕不懈。除疑定法，咸知所辟。方伯分职，诸治经易。举错必当，莫不如画。皇帝之明，临察四方。尊卑贵贱，不逾次行。奸邪不容，皆务贞良。细大尽力，莫敢怠荒。远迩辟隐，专务肃庄。端直敦忠，事业有常。皇帝之德，存定四极。诛乱除害，兴利致福。节事以时，诸产繁殖。黔首安宁，不用兵革。六亲相保，终无寇贼。欢欣奉教，尽知法式。六合之内，皇帝之土。西涉流沙，南尽北户。东有东海，北过大夏。人迹所至，无不臣者。功盖五帝，泽及牛马。莫不受德，各安其宇。

【译文】

向南登上琅邪，非常高兴，停留了三个月。把三万户百姓迁徙到琅邪台下，免除十二年徭役。修建琅邪台，立碑刻辞，颂扬秦朝的德业，表明符合天下的意志。刻辞说：

二十八年，刚开始做皇帝。制定了公正的法律制度，这是天下万物的准则。以此来明确人和人之间的关系，使父子同心协力。皇帝神圣明智而又仁义，明白一切事物的道理。向东巡视东部地区，检阅士卒。巡视已经完全结束，就来到了海边。皇帝的功勋，在于辛勤地操劳国家的根本大事。重农抑商，百姓富裕。举国上下，一心一意。器物有一致的标准，统一书写文字。凡是日月所照，舟车所至，都能完成皇帝的使命，他所作所为没有不符合天下意志的。只有皇帝，根据适当的时机来办理事情。整顿不良的风俗，跨山越水，不受地域的限制。优恤百姓，早晚都不懈怠。消除疑虑，制定法令，大家都知道避免触犯刑律。郡守分别管理地方政务，各项政务的处理方法简单易行。采取的措施都恰如其分，没有不整齐划一的。皇帝神明，亲自到四方巡视。尊卑贵贱，不逾越等级。奸诈邪恶的现象不允许存在，百姓都力求做一个正直善良的人。大小事情务尽全力，不敢懈怠疏忽。不论远处近处，还是偏僻的地方，都一心做到严肃庄重，正直忠厚，办事有一定的规则。皇帝的德泽，安定了四方。讨伐暴乱，消除祸患，兴办好事，带来福祉。根据时令来安排事情，各种产品不断增多。百姓安宁，不再进行战争。六亲相安，终身没有盗贼。高兴地遵守国家的教化，人人通晓法律制度。天上地下，四面八方，都是皇帝的领土。西边到达流沙，南边以门朝北开的地方为极限。东边有东海，北边越过了大夏。人们足迹所至，没有不臣服的。功勋超过了五帝，恩惠施及牛马，人人得到皇帝的德泽，过着安定的生活。

维秦王兼有天下，立名为皇帝，乃抚东土，至于琅邪。列侯武城侯王离、列侯通武侯王贲、伦侯建成侯赵亥、伦侯昌武侯成、伦侯武信侯冯毋择、丞相隗林、丞相王绾、卿李斯、卿王戊、五大夫赵婴、五大夫杨樛从，与议于海上。曰："古之帝者，地不过千里，诸侯各守其封域，或朝或否，相侵暴乱，残伐不止，犹刻金石，以自为纪。古之五帝三王，知教不同，法度不明，假威鬼神，以欺远方，实不称名，故不久长。其身未殁，诸侯倍叛，法令不行。今皇帝并一海内，以为郡县，天下和平。昭明宗庙，体道行德，尊号大成。群臣相与诵皇帝功德，刻于金石，以为表经。"

既已，齐人徐市等上书，言海中有三神山，名曰蓬莱、方丈、瀛洲，仙人居之。请得斋戒，与童男女求之。于是遣徐市发童男女数千人，入海求仙人。

【译文】

秦王兼并了全国，确定了皇帝这一称号，于是抚巡东部地区，到达琅邪。列侯武城侯王离、列侯通武侯王贲、伦侯建成侯赵亥、伦侯昌武侯成、伦侯武信侯冯毋择、丞相隗林、丞相王绾、卿李斯、卿王戊、五大夫赵婴、五大夫杨樛随从，他们和始皇在海边议论秦朝的功德说：古代称帝的人，领土不过纵横千里，诸侯各自固守自己的疆域，有的朝贡，有的不朝贡，互相侵伐，为暴作乱，残杀无已，然而还是刻金勒石，记载自己的功业。古代五帝、三王，实行的知识教育不一样，法律制度没有明确，借助鬼神的威力，来欺骗远方的百姓，实际情况和称号不相符，所以国家命运不会长久。人还没有死去，诸侯就背叛了，法令不能推行。如今皇帝统一了四海之内，把全国分为郡县，天下安宁而和谐。发扬光大宗庙的威灵，服膺真理，广布恩德，名副其实地得到了皇帝这一尊号。群臣一起颂扬皇帝的功德，镌刻在金石上，作为后世的楷模。

立石刻辞已经结束，齐人徐市等上书，说海中有三座神山，名叫蓬莱、方丈、瀛洲，仙人居住在那里。希望斋戒沐浴，和童男童女寻求三座神山。于是派遣徐市挑选童男童女数千人，到海中寻找仙人。

始皇还，过彭城，斋戒祷祠，欲出周鼎泗水。使千人没水求之，弗得。乃西南渡淮水，之衡山、南郡。浮江，至湘山祠。逢大风，几不得渡。上问博士曰：“湘君何神？”博士对曰：“闻之，尧女，舜之妻，而葬此。”于是始皇大怒，使刑徒三千人皆伐湘山树，赭其山。上自南郡由武关归。

二十九年，始皇东游。至阳武博狼沙中，为盗所惊。求弗得，乃令天下大索十日。

【译文】

始皇返回的时候，路过彭城，斋戒祈祷，想要从泗水打捞周鼎。让成千人潜入水中寻找，都没有找到。于是就向西南走去，渡过淮水，前往衡山、南郡。泛舟江上，来到湘山祭拜。遇上大风，几乎不能渡水上山。始皇问博士说："湘君是什么神？"博士回答说："听说是尧的女儿，舜的妻子，死后埋葬在这里。"于是始皇非常生气，让刑徒三千人把湘山上的树木砍光了，全山露出红色的土壤。始皇从南郡取道武关回到咸阳。

二十九年，始皇向东巡游。到了阳武博浪沙，被强盗惊吓了一场。追捕强盗，没有抓获，就命令全国大肆搜查十天。

登之罘，刻石。其辞曰：

维二十九年，时在中春，阳和方起。皇帝东游，巡登之罘，临照于海。从臣嘉观，原念休烈，追诵本始。大圣作治，建定法度，显箸纲纪。外教诸侯，光施文惠，明以义理。六国回辟，贪戾无厌，虐杀不已。皇帝哀众，遂发讨师，奋扬武德。义诛信行，威燀旁达，莫不宾服。烹灭强暴，振救黔首，周定四极。普施明法，经纬天下，永为仪则。大矣哉！宇县之中，承顺圣意。群臣诵功，请刻于石，表垂于常式。

【译文】

始皇登上之罘，镌刻石碑。碑文说：

二十九年，在春季第二个月的时候，天气开始暖和起来。皇帝向东巡游，登上了之罘，面对着大海。随从的臣属看到这美好的景色，回忆皇帝的丰功伟绩，追念统一大业的始末。伟大的皇帝开始治理国家，制定了法律制度，彰明纲纪。对外教诲诸侯，普施教化，广布惠泽，阐明道理。六国诸侯奸回邪僻，贪婪乖戾，欲壑无厌，残虐杀戮，永无休止。皇帝哀怜民众，就调遣征伐的大军，奋武扬威。进行正义的讨伐，采取诚信的行动，武威燀耀，远播四方，没有不降服的。消灭了强暴的势力，拯救了百姓，安定了天下。普遍推行严明的法律制度，治理天下，成为永久的准则。伟大啊！普天之下，都遵循皇帝的神圣意志。群臣颂扬皇帝的功勋，请求镌刻在石碑上，记载下来永垂后世，作为永恒的法则。

其东观曰：

维二十九年，皇帝春游，览省远方。逮于海隅，遂登之罘，昭临朝阳。观望广丽，从臣咸念，原道至明。圣法初兴，清理疆内，外诛暴强。

武威旁畅，振动四极，禽灭六王。阐并天下，甾害绝息，永偃戎兵。皇帝明德，经理宇内，视听不怠。作立大义，昭设备器，咸有章旗。职臣遵分，各知所行，事无嫌疑。黔首改化，远迩同度，临古绝尤。常职既定，后嗣循业，长承圣治。群臣嘉德，祗诵圣烈，请刻之罘。

旋，遂之琅邪，道上党入。

【译文】

东面台阁处的石碑刻辞说：

二十九年，皇帝在春天巡游，视察远方。到了海边，就登上之罘，而对着初升的太阳。观望辽阔而又秀丽的景色，随从的臣属都怀念往事，回忆走过的道路是非常光明的。英明法治最初施行的时候，就对国内的坏人坏事进行了清理，对外讨伐强暴的敌人。军威远扬，四方震动，消灭了六国，俘获了他们的国王。开拓领土，统一天下，消除了战乱祸患，永远停止了战争。皇帝圣德明智，治理国家，处理政务，毫不懈怠。创立重要的法律制度，明确设置统一的标准器用，都有一定的规则。有职之臣都遵守本分，知道自己该做些什么，事情没有疑猜之处。百姓发生了变化，远处近处都制度统一，是自古以来最好的时代。每人已经确定了固定的职务，子孙后代循守旧业，永远继承这英明的政治。群臣颂美皇帝的恩德，恭敬地赞扬他的伟大功业，请求在之罘山上立碑刻辞。

不久，就前往琅邪，从上党回到咸阳。

三十年，无事。

三十一年十二月，更名腊曰“嘉平”。赐黔首里六石米，二羊。始皇为微行咸阳，与武士四人俱，夜出逢盗兰池，见窘，武士击杀盗，关中大索二十日。米石千六百。

三十二年，始皇之碣石，使燕人卢生求羡门、高誓。刻碣石门。坏城郭，决通堤防。其辞曰：

【译文】

三十年，没有发生重大的事情。

三十一年十二月，把腊祭改名叫“嘉平”。赏赐百姓每里六石米，两只羊。始皇易服出行咸阳，有四个武士随从。夜间出来时，在兰池遇上盗贼，被盗贼所困逼。武士杀死了盗贼，在关中大肆搜查了二十天。粮价一石达到一千六百钱。

三十二年，始皇前往碣石，派燕地人卢生访求羡门、高誓。在碣石城门上刻辞。摧毁城郭，挖通堤防。城门上的刻辞说：

遂兴师旅，诛戮无道，为逆灭息。武殄暴逆，文复无罪，庶心咸服。惠论功劳，赏及牛马，恩肥土域。皇帝奋威，德并诸侯，初一泰平。堕坏城郭，决通川防，夷去险阻。地势既定，黎庶无繇，天下咸抚。男乐其畴，女修其业，事各有序。惠被诸产，久并来田，莫不安所。群臣诵烈，请刻此石，垂著仪矩。

因使韩终、侯公、石生求仙人不死之药。始皇巡北边，从上郡入。燕人卢生使入海还，以鬼神事，因奏录图书，曰“亡秦者胡也”。始皇乃使将军蒙恬发兵三十万人北击胡，略取河南地。

【译文】

于是调遣军队，诛伐无道，为暴作逆的人被消灭了。用武力平息暴乱，用文治保护无罪的人，全国上下人心归服。加恩论叙有功人员的功劳，连牛马都得到了赏赐，恩惠润泽了大地。皇帝奋武扬威，依靠正义的战争兼并了诸侯，第一次统一了全国，天下太平。拆毁六国的城郭，挖通河堤，铲平险阻。地面上各种军事障碍已经夷平，百姓不再服事徭役，天下安定。男的高兴地耕种他的土地，女的从事她的家庭手工业，各项事业井然有序。各项生产都蒙受皇帝的惠泽，当地的农民和外来的农民，无不安居乐业。君臣颂扬皇帝的功绩，请求镌刻这一石碑，为后世垂示规范。

派韩终、侯公、石生寻访仙人求取长生不死的灵药。始皇巡行北方边境，从上郡回到咸阳。被派入海中寻找仙人的燕地人卢生回来了，因为向始皇报告鬼神之事，就借机献上抄录的图书，上面说“灭亡秦朝的是胡”。始皇就派将军蒙恬发兵三十万，向北攻胡人，略取河南地带。

三十三年，发诸尝逋亡人、赘婿、贾人略取陆梁地，为桂林、象郡、南海，以適遣戍。西北斥逐匈奴。自榆中并河以东，属之阴山，以为三十四县，城河上为塞。又使蒙恬渡河取高阙、阳山、北假中，筑亭障以逐戎人。徙谪，实之初县。禁不得祠。明星出西方。

三十四年，適治狱吏不直者，筑长城及南越地。

【译文】

三十三年，征发曾经逃亡的罪犯、入赘别人家的男子、商人攻取陆梁地区，设置桂林郡、象郡、南海郡，把有罪应当流徙的人派去戍守。在西北方驱逐匈奴。从榆中沿着黄河往东，直至阴山，（在这一地区）设置三十四个县，在黄河附近修筑要塞。又派蒙恬渡过黄河攻占高阙、阳山、北假地带，修筑亭障来驱逐戎人。迁徙罪犯，安排到刚刚建立的县邑中。禁止民间祭祀。彗星出现在西方。

三十四年，贬斥那些听讼断狱不公平的官吏，让他们去修筑长城和戍守南越地区。

始皇置酒咸阳宫，博士七十人前为寿。仆射周青臣进颂曰："他时秦地不过千里，赖陛下神灵明圣，平定海内，放逐蛮夷，日月所照，莫不宾服。以诸侯为郡县，人人自安乐，无战争之患，传之万世。自上古不及陛下威德。"始皇悦。博士齐人淳于越进曰："臣闻殷周之王千余岁，封子弟功臣，自为枝辅。今陛下有海内，而子弟为匹夫，卒有田常、六卿之臣，无辅拂，何以相救哉？事不师古而能长久者，非所闻也。今青臣又面谀以重陛下之过，非忠臣。"始皇下其议。丞相李斯曰："五帝不相复，三代不相袭，各以治，非其相反，时变异也。今陛下创大业，建万世之功，固非愚儒所知。且越言乃三代之事，何足法也？异时诸侯并争，厚招游学。今天下已定，法令出一，百姓当家则力农工，士则学习法令辟禁。今诸生不师今而学古，以非当世，惑乱黔首。丞相臣斯昧死言：古者天下散乱，莫之能一，是以诸侯并作，语皆道古以害今，饰虚言以乱实，人善其所私学，以非上之所建立。今皇帝并有天下，别黑白而定一尊。私学而相与非法教，人闻令下，则各以其学议之，入则心非，出则巷议，夸主以为名，异取以为高，率群下以造谤。如此弗禁，则主势降乎上，党与成乎下。禁之便。臣请史官非秦记皆烧之。非博士官所职，天下敢有藏《诗》、《书》、百家语者，悉诣守、尉杂烧之。有敢偶语《诗》、《书》者弃市。以古非今者族。吏见知不举者与同罪。令下三十日不烧，黥为城旦。所不去者，医药卜筮种树之书。若欲有学法令，以吏为师。”制曰：“可。”

【译文】

始皇在咸阳宫摆酒设宴。七十个博士上前敬酒祝寿。仆射周青臣颂扬道：“从前秦国的地域不超过一千里，依靠陛下神灵圣明，平定了天下，驱逐了蛮夷，太阳和月亮所能照到的地方，没有不降服的。把各国诸侯的领土置为郡县，人人安居乐业，没有战争之忧，这功业可以流传万世，从远古以来没有人能赶得上陛下的威德。”始皇很高兴。博士齐人淳于越进谏说：“我听说殷周称王天下一千多年，分封子弟和功臣，作为自己的辅助势力。现在陛下拥有天下，而子弟却是平民百姓，偶然出现田常、六卿一样的臣属，无人辅佐，要靠什么来挽救呢？事情不效法古代而能长久不败的，我没有听到过。如今青臣当面阿谀，来加深陛下的过错，实在不是忠臣。”始皇把他们的建议交下去讨论。丞相李斯说：“五帝的制度不互相重复，三代的制度不互相因袭，各自都得到治理，不是后代一定要与前代相反，这是时代变化的缘故。如今陛下开创了伟大的事业，建立了万世不朽的功勋，本来就不是愚蠢的读书人所能理解的。况且淳于越说的又是三代的事情，有什么可效法的？从前诸侯竞争，用优厚的待遇招揽游学之士。现在天下已经平定，颁布统一的法令，百姓在家则努力从事农业生产和家庭手工业，士人则学习法律禁令。如今这些读书人不向现实学习，而去模仿古代，来指责现行的社会制度，惑乱百姓。我丞相李斯冒着死罪说：古代天下分散混乱，不能统一，所以诸侯同时兴起，人们的言论都称道古代，损害现行的政策，文饰虚言空语，搅乱事物的本来面貌，每人都以为自己的学说是最完善的，非议君主所建立的制度。现在皇帝兼并了天下，分辨是非，确立了至高无上的地位。（而人们仍在）私自传授学问，一起批评国家的法令教化，听到法令下达，就各自用自己的学说去议论，回家时在心里非难，出来时街谈巷议，在君主面前自我吹嘘，以此来沽名钓誉，标新立异，认为超人一等，带着下面的一群信徒编造诽言谤语。这种情况不加以禁止，上则君主的权威下降，下则形成党徒互相勾结。禁止出现这种情况才是合适的。我希望史官把不是秦国的典籍全部烧掉。不是博士官所主管的，国内敢有收藏《诗》、《书》、诸子百家著作的，都要送到郡守、郡尉那里焚毁。有敢相互私语《诗》、《书》的，在闹市处死示众。以古非今的要杀死全族。官吏知情而不检举的，和他同罪。命令下达三十天不烧掉书籍，就在脸部刺上字，成为刑徒城旦。所不烧毁的，有医药、卜筮、农林方面的书籍。如果想要学法令，可以到官吏那里学习。”始皇下达命令说：“可以照此办理。”

三十五年，除道，道九原抵云阳，堑山堙谷，直通之。于是始皇以为咸阳人多，先王之宫廷小，吾闻周文王都丰，武王都镐，丰镐之间，帝王之都也。乃营作朝宫渭南上林苑中。先作前殿阿房，东西五百步，南北五十丈，上可以坐万人，下可以建五丈旗。周驰为阁道，自殿下直抵南山。表南山之颠以为阙。为复道，自阿房渡渭，属之咸阳，以象天极阁道绝汉抵营室也。阿房宫未成；成，欲更择令名名之。作宫阿房，故天下谓之阿房宫。隐宫徒刑者七十余万人，乃分作阿房宫，或作丽山。发北山石椁，乃写蜀、荆地材皆至。关中计宫三百，关外四百余。于是立石东海上朐界中，以为秦东门。因徙三万家丽邑，五万家云阳，皆复不事十岁。

卢生说始皇曰：“臣等求芝奇药仙者常弗遇，类物有害之者。方中，人主时为微行以辟恶鬼，恶鬼辟，真人至。人主所居而人臣知之，则害于神。真人者，入水不濡，入火不爇，陵云气，与天地久长。今上治天下，未能恬倓。愿上所居宫毋令人知，然后不死之药殆可得也。”于是始皇曰：“吾慕真人，自谓‘真人’，不称‘朕’。”乃令咸阳之旁二百里内宫观二百七十复道甬道相连，帷帐钟鼓美人充之，各案署不移徙。行所幸，有言其处者，罪死。始皇帝幸梁山宫，从山上见丞相车骑众，弗善也。中人或告丞相，丞相后损车骑。始皇怒曰：“此中人泄吾语。”案问莫服。当是时，诏捕诸时在旁者，皆杀之。自是后莫知行之所在。听事，群臣受决事，悉于咸阳宫。

【译文】

三十五年，开辟道路，通过九原，直达云阳，挖山填谷，修建一条笔直的大道连接起来。始皇认为咸阳人口众多，先王的宫廷狭小，听说周文王建都丰，武王建都镐，丰镐之间，是帝王的都城所在。于是就在渭水南岸的上林苑中兴建朝宫。首先建造前殿阿房宫，东西五百步，南北五十丈，殿堂上可以坐一万人，殿堂顶下可以竖立五丈高的旗帜。周围环绕着架起阁道，从殿下直达南山。在南山的山顶上修建标志，作为门阙。在空中架设道路，从阿房宫渡过渭水，与咸阳相连接，以此象征天下阁道越过天河直至营室。阿房宫尚未完工，完工后，想另外选择一个好的名字称呼它。在阿房建造宫殿，所以天下称它阿房宫。隐官刑徒七十多万人，分成几批营造阿房宫，或修建丽山工程。挖运北山的石头，输送蜀地、荆地的木材，都集中到这里。关中共计宫殿三百座，关外四百多座。于是在东海附近朐县境内树立石碑，作为秦国的东门。迁徙三万户居住丽邑，五万户居住云阳，都免除十年的徭役。

卢生劝始皇说："我和其他人寻找灵芝奇药以及仙人，常常遇不上，好像有东西在伤害它们。仙方中要求，君主时时隐蔽行迹，来躲避恶鬼，躲避了恶鬼，真人就来到了。君主居住的地方，臣属知道了，就会妨碍神仙。真人没入水中不会被水浸湿，进入火中不感到热，凌云驾雾，与天地一样长寿。现在您治理天下，不能恬静无欲。希望您居住的宫殿不要让人知道，然后长生不死的仙药大概可以找到。"于是始皇说："我羡慕真人，自称'真人'，不称'朕'。"就命令咸阳附近二百里内的二百七十座宫殿，用空中架设的道路和地面上的甬道连接起来，把帷帐、钟鼓、美人安置在里面，各种布置不得移动。所临幸之处，如果有人把地点说出去，罪当处死。始皇帝临幸梁山宫，从山上看见丞相随从车骑众多，很不以为然。宫中侍从把这件事告诉了丞相，后来丞相减少了随从的车骑。始皇非常生气地说："这是宫内的人泄漏了我的话。"审问后没有人认罪。这时，下令逮捕当时在他身边的人，全部杀掉。从此以后没有人知道他的行迹在什么地方了。听理国政，群臣受命决断事情，都在咸阳宫。

侯生、卢生相与谋曰："始皇为人，天性刚戾自用，起诸侯，并天下，意得欲从，以为自古莫及己。专任狱吏，狱吏得亲幸。博士虽七十人，特备员弗用。丞相诸大臣皆受成事，倚辨于上。上乐以刑杀为威，天下畏罪持禄，莫敢尽忠。上不闻过而日骄，下慑伏谩欺以取容。秦法，不得兼方，不验，辄死。然候星气者至三百人，皆良士，畏忌讳谀，不敢端言其过。天下之事无小大皆决于上，上至以衡石量书，日夜有呈，不中呈不得休息。贪于权势至如此，未可为求仙药。"于是乃亡去。始皇闻亡，乃大怒曰："吾前收天下书不中用者尽去之。悉召文学方术士甚众，欲以兴太平，方士欲练以求奇药。今闻韩众去不报，徐市等费以巨万计，终不得药，徒奸利相告日闻。卢生等吾尊赐之甚厚，今乃诽谤我，以重吾不德也。诸生在咸阳者，吾使人廉问，或为訞言以乱黔首。"于是使御史悉案问诸生，诸生传相告引，乃自除。犯禁者四百六十余人，皆坑之咸阳，使天下知之，以惩后。益发谪徙边。始皇长子扶苏谏曰："天下初定，远方黔首未集，诸生皆诵法孔子，今上皆重法绳之，臣恐天下不安。唯上察之。"始皇怒，使扶苏北监蒙恬于上郡。

【译文】

侯生、卢生一起商量说："始皇为人天生刚愎暴戾，自以为是，从诸侯中兴起，吞并了天下，万事称心如意，为所欲为，认为自古以来没有人能赶上自己。专门任用治狱的官吏，治狱的官吏受到宠幸。虽然有博士七十人，只是充数人员，并不信用。丞相和大臣都是接受已经决断的公事，一切依赖皇帝处理。皇帝喜欢采用刑罚杀戮来确立自己的威严，天下人害怕获罪，只想保持禄位，没有人敢竭尽忠诚。皇帝不能听到自己的过失，日益骄横，臣下恐惧而屈服，用欺骗来取得皇帝的欢心。根据秦朝的法律，一人不能兼有两种方伎，方伎不灵验，就处以死刑。然而观察星象云气预测吉凶的人多至三百人，全都学问优秀，（但对皇帝）畏忌阿谀，不敢正面指出他的过错。天下之事无论大小都取决于皇帝，皇帝甚至用秤来称量文书，一天有一定的额数，不达到额数不能休息。贪恋权势至于这种地步，不能给他寻找仙药。"于是就逃走了。始皇听说侯生、卢生逃走的消息，就非常气愤地说："我以前收取天下书籍，不合时用的全部烧毁。招集了很多文学方术之士，想要使国家太平，这些方士打算炼丹得到奇药。现在听说韩众离去后一直不来复命，徐市等人耗费巨万，最后还是没有得到仙药，只是每天传来一些为奸谋利的事情。我对卢生等人很尊敬，赏赐丰厚，如今却诽谤我，来加重我的不仁。在咸阳的一些儒生，我派人察问，有的制造怪诞邪说来惑乱百姓。”于是派御史审问儒生，儒生辗转告发，就能免除自己的罪过。触犯法禁的四百六十多人，全部在咸阳活埋，使全国都知道这件事，借以警戒后人。更多地调发徒隶去戍守边境。始皇长子扶苏劝告说：“天下平定不久，远方百姓尚未安辑，儒生都学习和效法孔子，现在您用严厉的刑罚绳治他们，我担心天下动乱。希望您明察此事。”始皇很生气，派扶苏到北方的上郡监视蒙恬。

三十六年，荧惑守心。有坠星下东郡，至地为石，黔首或刻其石曰“始皇帝死而地分”。始皇闻之，遣御史逐问，莫服，尽取石旁居人诛之，因燔销其石。始皇不乐，使博士为《仙真人诗》，及行所游天下，传令乐人歌弦之。秋，使者从关东夜过华阴平舒道，有人持璧遮使者曰：“为吾遗滈池君。”因言曰：“今年祖龙死。”使者问其故，因忽不见，置其璧去。使者奉璧具以闻。始皇默然良久，曰：“山鬼固不过知一岁事也。”退言曰：“祖龙者，人之先也。”使御府视璧，乃二十八年行渡江所沉璧也。于是始皇卜之，卦得游徙吉。迁北河、榆中三万家。拜爵一级。

三十七年十月癸丑，始皇出游。左丞相斯从，右丞相去疾守。少子胡亥爱慕请从，上许之。十一月，行至云梦，望祀虞舜于九疑山。浮江下，观籍柯，渡海渚。过丹阳，至钱唐。临浙江，水波恶，乃西百二十里从狭中渡。上会稽，祭大禹，望于南海，而立石刻颂秦德。其文曰：

【译文】

三十六年，荧惑接近心宿。有一颗星星坠落在东郡，落到地面变为石头，百姓中有人在这块石头上刻写说“始皇帝死而地分”。始皇听到了，派御史挨个审问，没有人认罪，把在石头附近居住的人全部抓起来处死，就用火烧毁这块石头。始皇闷闷不乐，让博士创作《仙真人诗》，等到巡视天下所至之地，传令乐工弹唱。秋天，使者从关东来，夜里经过华阴平舒地方，有人拿着璧玉拦住使者说："替我送给滈池君。"又趁机说："今年祖龙死去。"使者问他什么原因，这个人忽然不见，留下他的璧玉走开了。使者向始皇献上璧玉，讲述了事情的全部经过。始皇很长时间沉默无语，后来说："山野的鬼怪只不过知道一年之内的事情。"退朝后又说："祖龙是人们的首领。（'今年祖龙死'，说的难道是我吗？）"让御府看这块璧玉，竟然是二十八年出行渡江时沉入水中的那块璧玉。于是始皇使人占卜吉凶，卦象是巡游迁徙就会吉利。迁徙到北河、榆中三万家。赐给爵位一级。

三十七年十月癸丑，始皇出外巡游。左丞相李斯随从，右丞相冯去疾留守。始皇的小儿子胡亥很羡慕，要求跟着去，始皇答应了他。十一月，走到云梦，朝九疑山方向望祭虞舜。浮江而下，观览籍柯，渡过江渚。途经丹阳，到达钱塘。在浙江岸边，看见波涛凶险，就向西走了一百二十里，从江面狭窄的地方渡了过去。登上会稽山，祭祀大禹，又望祭南海，树立石碑，刻辞颂扬秦朝的功德。碑文说：

皇帝休烈，平一宇内，德惠脩长。三十有七年，亲巡天下，周览远方。遂登会稽，宣省习俗，黔首斋庄。群臣诵功，本原事迹，追首高明。秦圣临国，始定刑名，显陈旧章。初平法式，审别职任，以立恒常。六王专倍，贪戾慠猛，率众自强。暴虐恣行，负力而骄，数动甲兵。阴通间使，以事合从，行为辟方。内饰诈谋，外来侵边，遂起祸殃。义威诛之，殄熄暴悖，乱贼灭亡。圣德广密，六合之中，被泽无疆。皇帝并宇，兼听万事，远近毕清。运理群物，考验事实，各载其名。贵贱并通，善否陈前，靡有隐情。饰省宣义，有子而嫁，倍死不贞。防隔内外，禁止淫泆，男女絜诚。夫为寄豭，杀之无罪，男秉义程。妻为逃嫁，子不得母，咸化廉清。大治濯俗，天下承风，蒙被休经。皆遵度轨，和安敦勉，莫不顺令。黔首修絜，人乐同则，嘉保太平。后敬奉法，常治无极，舆舟不倾。从臣诵烈，请刻此石，光垂休铭。

【译文】

皇帝建立丰功伟绩，统一了天下，德惠深远。三十七年，亲自巡行全国，周游观览遥远的地方。于是登上会稽山。视察风俗习惯，百姓都很恭敬。群臣颂扬皇帝的功德，回顾创业的事迹，追溯决策的英明。秦国伟大的皇帝君临天下，开始确定了刑法制度，明白地宣布过去的规章。首次统一了处理政务的法则，审定和区分官吏的职掌，借以建立长久不变的制度。六国的诸侯王独断专行，违谬无信，贪婪乖张，傲慢凶猛，拥众称霸。他们暴虐纵恣，倚仗武力，骄狂自大，屡次挑起战争。做间谍的使者暗中互相联系，进行合纵抗秦，行为邪僻放纵。在内伪饰阴谋诡计，对外侵略秦国边境，因而带来灾难。皇帝出于正义，用武力去讨伐他们，平息了暴乱，消灭了乱贼。圣德宏大而深厚，天地四方，蒙受了无限的恩泽。皇帝统一天下，听理万机，远近都政清民静。运筹和治理天地间的万物，考察事物的实际情况，分别记载它们的名称。不论是尊贵的人还是卑贱的人，都洞察他们的活动，好事坏事都摆在面前，没有隐瞒的情况。纠正人们的过错，宣扬大义，有了儿子而改嫁他人，就是背弃死去的丈夫，不守贞操。把内外隔离开来，禁止纵欲放荡，男女要洁身诚实。做丈夫的和别人的妻子通奸，杀死他也没有罪，这样，男人才能遵守道德规范。做妻子的跑掉另嫁，儿子不能认她作母亲，这样人们都会被廉洁清白的风气所感化。进行大规模地整顿，涤荡不良的风俗习惯，天下百姓接受文明的社会风尚，受到了一种良好的治理。人们都奉规守法，和睦平安，敦厚勤勉，没有不服从国家法令的。百姓德修品洁，人人高兴地遵守统一的规定，欢乐地保持着太平的局面。后世认真地奉行法治，就会无限期地长治久安下去，车船不倾，（国家安稳）随从的大臣颂扬皇帝的功业，请求镌刻这一石碑，使这美好的记载光垂后世。

还过吴，从江乘渡。并海上，北至琅邪。方士徐市等入海求神药，数岁不得，费多，恐谴，乃诈曰："蓬莱药可得，然常为大鲛鱼所苦，故不得至，愿请善射与俱，见则以连弩射之。"始皇梦与海神战，如人状。问占梦，博士曰："水神不可见，以大鱼蛟龙为候。今上祷祠备谨，而有此恶神，当除去，而善神可致。"乃令入海者赍捕巨鱼具，而自以连弩候大鱼出射之。自琅邪北至荣成山，弗见。至之罘，见巨鱼，射杀一鱼。遂并海西。

至平原津而病。始皇恶言死，群臣莫敢言死事。上病益甚，乃为玺书赐公子扶苏曰："与丧会咸阳而葬。"书已封，在中车府令赵高行符玺事所，未授使者。七月丙寅，始皇崩于沙丘平台。丞相斯为上崩在外，恐诸公子及天下有变，乃秘之，不发丧。棺载辒凉车中，故幸宦者参乘，所至上食。百官奏事如故，宦者辄从辒凉车中可其奏事。独子胡亥、赵高及所幸宦者五六人知上死。赵高故尝教胡亥书及狱律令法事，胡亥私幸之。高乃与公子胡亥、丞相斯阴谋破去始皇所封书赐公子扶苏者，而更诈为丞相斯受始皇遗诏沙丘，立子胡亥为太子。更为书赐公子扶苏、蒙恬，数以罪，其赐死。语具在《李斯传》中。行，遂从井陉抵九原。会暑，上辒车臭，乃诏从官令车载一石鲍鱼，以乱其臭。

【译文】

返回时经过吴县，从江乘渡江。沿着海边北上到达琅邪。方士徐市等人到海中寻找神药，几年都没有找到，耗费了很多钱财，害怕受到谴责，就欺骗始皇说："蓬莱的神药是可以得到的，然而常常苦于鲨鱼的袭击，所以不能到达蓬莱，希望派一些擅长射箭的人和我们一起去，鲨鱼出现就用连弩射死它。"始皇梦中与海神交战，海神像人一样的形状。询问占梦的博士，博士说："水神是看不到的，（它的到来，）是以大鱼和蛟龙为征候的。现在陛下祷告和祭祀周到而又恭谨，却出现了这个凶恶的海神，应当把它铲除，然后善良的神物就能到来。"于是让到海中去的人携带捕获大鱼的用具，而自己使用连弩，等待大鱼出现时射死它。从琅邪往北到达荣成山，没有见到大鱼。到了之罘，看见了大鱼，射死了一条。于是沿海西行。

到了平原津就病倒了。始皇厌恶说死，群臣没有人敢提到死的事情。始皇的病日益加重，于是就写了一封盖有皇帝玺印的诏书送给公子扶苏，说："回来参加我的丧礼，一起在咸阳埋葬我。"诏书已经加封，放在中车府令赵高代替符玺郎掌管印玺符节事务的地方，还没有送给负责传递的使者。七月丙寅，始皇死于沙丘平台。因为始皇死在外面，丞相李斯怕始皇那些儿子以及国内百姓有人造反，就封锁了消息，不举办丧事。把棺材装在辒凉车中，原来亲近的宦官陪乘，所到之地，照旧送上饭食。百官和过去一样上奏国事，宦官就从辒凉车中批准他们所奏之事。只有始皇的儿子胡亥、赵高和五六个亲近的宦官知道始皇已经死去。赵高过去曾经教胡亥学习文字和刑狱法律，胡亥私下对他很是亲近。赵高就同公子胡亥、丞相李斯搞阴谋诡计，毁掉了始皇封好送给公子扶苏的诏书，而另外诈称丞相李斯在沙丘接受始皇遗诏，立儿子胡亥为太子。又另写了诏书送给公子扶苏、蒙恬，列举他们的罪状，命令他们自杀。这些事情都记载在《李斯传》中。胡亥等人继续前进，于是从井陉到了九原。正赶上暑天，始皇的辒凉车散发出臭味，就命令随从官员每车装载一石鲍鱼，用来混淆始皇尸体的臭味。

行从直道至咸阳，发丧。太子胡亥袭位，为二世皇帝。九月，葬始皇郦山。始皇初即位，穿治郦山，及并天下，天下徒送诣七十余万人，穿三泉，下铜而致椁，宫观百官奇器珍怪徙臧满之。令匠作机弩矢，有所穿近者辄射之。以水银为百川江河大海，机相灌输，上具天文，下具地理。以人鱼膏为烛，度不灭者久之。二世曰：“先帝后宫非有子者，出焉不宜。”皆令从死，死者甚众。葬既已下，或言工匠为机，臧皆知之，臧重即泄。大事毕，已臧，闭中羡，下外羡门，尽闭工匠臧者，无复出者。树草木以象山。

二世皇帝元年，年二十一。赵高为郎中令，任用事。二世下诏，增始皇寝庙牺牲及山川百祀之礼。令群臣议尊始皇庙。群臣皆顿首言曰：“古者天子七庙，诸侯五，大夫三，虽万世世不轶毁。今始皇为极庙，四海之内皆献贡职，增牺牲，礼咸备，毋以加。先王庙或在西雍，或在咸阳。天子仪当独奉酌祠始皇庙。自襄公已下轶毁。所置凡七庙。群臣以礼进祠，以尊始皇庙为帝者祖庙。皇帝复自称‘朕’。”

【译文】

胡亥等人从直道回到咸阳，宣布始皇死亡的消息。太子胡亥继位，为二世皇帝。九月，把始皇埋葬在郦山。始皇刚即位时，就在郦山开山凿洞，等到统一了全国，把天下各方的七十多万刑徒送到郦山，把隧洞一直挖到见水的地方，用铜封锢，然后把棺材安放在里面，仿制的宫殿、百官和各种珍奇宝物都迁置其中，藏得满满的。让工匠制造带机关的弩箭，有人掘墓接近墓室时就会自动射向目标。拿水银作成千川百溪和江河大海，使用机械互相灌注流通，墓中上面各种天象齐备，下面有地上景象万千。利用人鱼的脂肪作蜡烛，估计很长时期不会熄灭。二世说："先帝后宫的姬妾没有儿子的，放出宫去不太合适。"（于是）都让她们殉葬，死去的非常多。已经把始皇埋葬了，有人说工匠制造机关，奴隶们都知道，奴隶人数众多，就会泄漏出去。葬礼结束，已经封藏了墓室的随葬品，又关闭了当中的墓道，放下了最外面一段墓道的大门，把工匠和奴隶全部关死在里面，没有一个逃出去的。在坟上种植草木，就像山一样。

二世皇帝元年，二世二十一岁。赵高为郎中令，掌握处理国家事务的权力。二世发布诏令，增加始皇陵庙的祭牲，以及对山川等各种祭祀的礼数。让群臣讨论怎样尊崇始皇庙。君臣都跪在地上磕着头说："古代天子七庙，诸侯五庙，大夫三庙，（太祖庙）即使是万世之后也不废除。现在始皇为极庙，四海之内都献上本地的产品，增多祭牲的数量，祭礼都很完备，没有什么可增加的了。先王庙有的在西雍，有的在咸阳。按天子的礼仪来说，应当亲自手持酒爵祭拜始皇庙。自襄公以下各庙都废除。所设祖庙共有七座。群臣按照礼仪进行祭祀，尊崇始皇庙为秦国皇帝的祖庙。皇帝还是自称'朕'。"

二世与赵高谋曰："朕年少，初即位，黔首未集附。先帝巡行郡县，以示强，威服海内。今晏然不巡行，即见弱，毋以臣畜天下。"春，二世东行郡县，李斯从。到碣石，并海，南至会稽，而尽刻始皇所立刻石，石旁著大臣从者名，以章先帝成功盛德焉：

皇帝曰："金石刻尽始皇帝所为也。今袭号而金石刻辞不称始皇帝，其于久远也如后嗣为之者，不称成功盛德。"丞相臣斯、臣去疾、御史大夫臣德昧死言："臣请具刻诏书刻石，因明白矣。臣昧死请。"制曰："可。"遂至辽东而还。

【译文】

二世和赵高商量说："我年龄小，即位不久，百姓还没有归附之心。

先帝巡行郡县，以显示力量的强大，用武威压服天下。现在安然不动，不去巡游，就显得软弱无力，这样是没有办法统治天下的。”春天，二世向东巡行郡县，李斯随从。到达碣石，沿海而行，向南来到会稽，又在始皇所立刻石上全部刻写了文字，石碑旁刻上随从大臣的名字，用来显示先帝取得的功绩和隆盛的德业。（石碑旁刻写的文字是：）

皇帝说：“这些金石刻辞都是始皇帝镌刻的。现在我继承了皇帝的称号，而这些金石刻辞不称始皇帝，等到天长日久，好像后来嗣位的人刻写的，这同始皇帝取得的功绩和隆盛的德业是不相称的。”丞相大臣李斯、大臣冯去疾、御史大夫大臣德冒着死罪说：“臣下请求把诏书全部刻在石碑上，这样就清楚了。臣下冒着死罪来提出这一要求。”二世下令说：“可以。”

二世到辽东后就返回了。

于是二世乃遵用赵高，申法令。乃阴与赵高谋曰：“大臣不服，官吏尚强，及诸公子必与我争，为之奈何？”高曰：“臣固愿言而未敢也。先帝之大臣，皆天下累世名贵人也，积功劳世以相传久矣。今高素小贱，陛下幸称举，令在上位，管中事。大臣鞅鞅，特以貌从臣，其心实不服。今上出，不因此时案郡县守尉有罪者诛之，上以振威天下，下以除去上生平所不可者。今时不师文而决于武力，愿陛下遂从时毋疑，即群臣不及谋。明主收举余民，贱者贵之，贫者富之，远者近之，则上下集而国安矣。”二世曰：“善。”乃行诛大臣及诸公子，以罪过连逮少近官三郎，无得立者，而六公子戮死于杜。公子将闾昆弟三人囚于内宫，议其罪独后。二世使使令将闾曰：“公子不臣，罪当死，吏致法焉。”将闾曰：“阙廷之礼，吾未尝敢不从宾赞也；廊庙之位，吾未尝敢失节也；受命应对，吾未尝敢失辞也。何谓不臣？愿闻罪而死。”使者曰：“臣不得与谋，奉书从事。”将闾乃仰天大呼天者三，曰：“天乎！吾无罪！”昆弟三人皆流涕拔剑自杀。宗室振恐。群臣谏者以为诽谤，大吏持禄取容，黔首振恐。

【译文】

这时二世采纳了赵高的建议，申明法令。私下和赵高商量说：“大臣不顺服，官吏也还势力强大，那些公子们一定和我争夺权力，该怎么办呢？”赵高说：“我本来就想说，但没有敢说。先帝的大臣，都是出自几代负有名望的权贵之家，累世功勋，代代相传，为时已久。我赵高一向卑微低贱，如今陛下亲近抬举我，使我的官品居上，掌管宫中事务。大臣们怏怏不乐，只是表面上顺从我，实际上他们心里并不服气。现在您外出巡行，何不趁这个时机，查究郡县守尉有罪的就处死他，上则威震天下，下则铲除您平生所不满的人。当今这个时代，不能师法文治，而是武力决定一切，希望陛下顺时从势，不要犹豫不决，而群臣还来不及策划造反。您这英明的君主可以收揽起用遗民，低贱的使他高贵，贫穷的使他富有，疏远的亲近他，那样就会上下辑睦，国家安定。”二世说：“很好。”于是杀戮大臣和那些公子们，假借罪名互相株连，来逮捕地位较低的近侍之臣和三署郎官，没有一个人能够保住他的官位，把六个公子处死在杜县。公子将闾兄弟三人被囚禁在宫中，最后审议他们的罪行。二世派使者对将闾下令说：“你不像大臣的样子，按所犯罪行应当处死，法官将给予法律制裁。”将闾说：“宫廷的礼仪，我未尝敢不服从司仪人的指挥；朝廷上的位次，我未尝敢违背礼节；承命回答问题，我未尝敢辞语差错。为什么说我不像大臣的样子呢？希望知道我的罪行之后再死去。”使者说：“我不能参预谋划，只是奉诏办事。”于是将闾仰面连声大呼苍天，喊着说：“天啊！我没有罪！”兄弟三人都涕泪俱下，拔剑自杀。宗室为之震动，恐惧不安。群臣进谏的都认为是诽谤朝廷，大臣拿着俸禄，谄媚讨好，百姓惊恐。

四月，二世还至咸阳，曰：“先帝为咸阳朝廷小，故营阿房宫。为室堂未就，会上崩，罢其作者，复土郦山。郦山事大毕，今释阿房宫弗就，则是章先帝举事过也。”复作阿房宫。外抚四夷，如始皇计。尽征其材士五万人为屯卫咸阳，令教射。狗马禽兽当食者多，度不足，下调郡县转输菽粟刍藁，皆令自赍粮食，咸阳三百里内不得食其谷。用法益刻深。

七月，戍卒陈胜等反故荆地，为张楚。胜自立为楚王，居陈，遣诸将徇地。山东郡县少年苦秦吏，皆杀其守尉令丞反，以应陈涉，相立为侯王，合从西乡，名为伐秦，不可胜数也。谒者使东方来，以反者闻二世。二世怒，下吏。后使者至，上问，对曰："群盗，郡守尉方逐捕，今尽得，不足忧。"上悦。武臣自立为赵王，魏咎为魏王，田儋为齐王。沛公起沛。项梁举兵会稽郡。

二年冬，陈涉所遣周章等将西至戏，兵数十万。二世大惊，与群臣谋曰："奈何？"少府章邯曰："盗已至，众强，今发近县不及矣。郦山徒多，请赦之，授兵以击之。"二世乃大赦天下，使章邯将，击破周章军而走，遂杀章曹阳。二世益遣长史司马欣、董翳佐章邯击盗，杀陈胜城父，破项梁定陶，灭魏咎临济。楚地盗名将已死，章邯乃北渡河，击赵王歇等于钜鹿。

【译文】

四月，二世回到咸阳，他说："先帝因为咸阳宫廷狭小，所以兴建阿房宫。殿堂还没有建成，碰上先帝逝世，停止了工程，去郦山覆土筑陵。郦山的工程大体已经结束，如今放弃阿房宫不去完成，就是表明先帝所做的事情是错误的。"（于是）又开始修建阿房宫。对外安抚四方夷狄，和始皇的策略一样。把健武的士卒五万人全部调来驻守咸阳，让人教习射御。这些人加上畜养的狗马禽兽，要吃粮食的很多，估计储存的粮食不够吃的，就向下面的郡县调用，把粮食草料运送到咸阳，运送的人都自带粮食，咸阳三百里以内的百姓不能食用这批粮谷，（拿去解决咸阳的缺粮问题。）执法更加严厉苛刻。

七月，屯戍的士卒陈胜等人在过去的荆地起兵造反，建立了张楚。陈胜自封为楚王，住在陈县，派遣将领攻城略地。山东郡县的青年人苦于秦朝官吏的统治，都杀死了他们的守尉令丞起来造反，响应陈涉，相互推立为诸侯王，联合起来向西进军，以讨伐秦朝为名，造反的人多得无法计算。谒者出使东方回来，把叛乱的事情报告了二世。二世非常气愤，把谒者交给了狱吏治罪。后面的使者回来了，二世问他情况，使者回答说："是一群盗贼，郡守郡尉正在追捕，现在全部抓获了，不值得担忧。"二世很高兴。武臣自封为赵王，魏咎为魏王，田儋为齐王。沛公在沛县起义。项梁起兵于会稽郡。

第二年冬天，陈涉所派遣的周章等将领西进，到达戏水，有几十万军队。二世大为震惊，和群臣商量说："怎么办呢？"少府章邯说："盗贼已经来到这里，兵众势强，现在调发近处县城的军队为时已晚。郦山刑徒很多，希望能够赦免他们，并且发给兵器，让他们出击盗贼。"于是二世大赦天下，派章邯为将领，打垮了周章的军队，周章逃走，章邯在曹阳杀死了周章。二世又增派长史司马欣、董翳协助章邯进攻盗贼，在城父杀死了陈胜，在定陶打垮了项梁，在临济消灭了魏咎。楚地盗贼的有名将领都已经死了，章邯就向北渡过黄河，在巨鹿进攻赵王歇。

赵高说二世曰："先帝临制天下久，故群臣不敢为非，进邪说。今陛下富于春秋，初即位，奈何与公卿廷决事？事即有误，示群臣短也。天子称朕，固不闻声。"于是二世常居禁中，与高决诸事。其后公卿希得朝见，盗贼益多，而关中卒发东击盗者毋已。右丞相去疾、左丞相斯、将军冯劫进谏曰："关东群盗并起，秦发兵诛击，所杀亡甚众，然犹不止。盗多，皆以戍漕转作事苦，赋税大也。请且止阿房宫作者，减省四边戍转。"二世曰："吾闻之韩子曰：'尧舜采椽不刮，茅茨不翦，饭土塯，啜土形，虽监门之养，不觳于此。禹凿龙门，通大夏，决河亭水，放之海，身自持筑臿，胫毋毛，臣虏之劳不烈于此矣。'凡所为贵有天下者，得肆意极欲，主重明法，下不敢为非，以制御海内矣。夫虞、夏之主，贵为天子，亲处穷苦之实，以徇百姓，尚何于法？朕尊万乘，毋其实，吾欲造千乘之驾，万乘之属，充吾号名。且先帝起诸侯，兼天下，天下已定，外攘四夷以安边竟，作宫室以章得意，而君观先帝功业有绪。今朕即位二年之间，群盗并起，君不能禁，又欲罢先帝之所为，是上毋以报先帝，次不为朕尽忠力，何以在位？"下去疾、斯、劫吏，案责他罪。去疾、劫曰："将相不辱。"自杀。斯卒囚，就五刑。

【译文】

赵高劝告二世说："先帝统治天下的时间很长，所以群臣不敢为非作歹，向先帝提出邪说。现在陛下正是年轻的时候，刚刚即位，怎么能和公卿大臣在朝廷上决议事情呢？如果事情有了差错，就把自己的短处暴露给群臣了。天子自称朕，本来群臣就不应该听到天子的声音。”于是二世常常住在宫中，和赵高决断各种政务。从此以后公卿大臣很少有朝见的机会。盗贼越来越多，关中士卒被调发向东去攻打盗贼的一批接一批。右丞相冯去疾、左丞相李斯、将军冯劫进谏说：“关东成郡的盗贼一块儿起来造反，秦政府出兵讨伐，杀死了很多，然而盗贼还是没有被平息。盗贼这样多，都是因为屯戍边地、水路运载、陆路转输和土木兴作等各种杂泛差役致使百姓太劳苦，赋税也过于沉重。希望停止阿房宫的兴建，减少四方边境的屯戍和运输任务。”二世说：“我从韩子那里听说：‘尧、舜的栎木屋椽不加整治，茅草屋不加修葺，吃饭用土碗，喝水用瓦盆，即使是供给看守城门的吃食和用品，也不俭薄到这种程度。禹开凿龙门，使大夏畅通，修治河道，疏导积水，引入大海，亲自拿着筑墙的杵和挖土的锹，（两条腿整天泡在泥水里，）小腿上的毛都掉光了，奴仆的劳苦程度也不比这更厉害。’凡是尊贵而掌握了天下的人，应该随心所欲，为所欲为，主要着重宣明法治，下面的臣民不敢胡作非为，以此来统治天下。像那虞、夏的君主，贵为天子，亲自处于穷苦的状况，来顺从百姓，这还有什么法治可言？我被尊为万乘之君，却没有万乘之实，我要制造一千乘车驾，设置一万乘的随从徒众，来符合我的万乘之君这一名号。而且先帝起于诸侯，兼并天下，天下已经安定，对外抗御四方夷狄，使边境安宁，兴修宫殿，以显示自己的得意之情，你们看到了先帝功业的开端和发展。如今在我即位的两年之间，成群的盗贼同时并起，你们不能加以禁绝，又想废除先帝所做的事情，这是对上无以报答先帝，其次也是不给我尽忠竭力，凭什么处在现在的职位上？”把冯去疾、李斯、冯劫交给狱吏囚禁，审查追究他们的其他各种罪行。冯去疾、冯劫说：“将相不能身受侮辱。”自杀而死。李斯最后被监禁狱中，遭受了各种刑罚。

三年，章邯等将其卒围钜鹿，楚上将军项羽将楚卒往救钜鹿。冬，赵高为丞相，竟案李斯杀之。夏，章邯等战数却，二世使人让邯，邯恐，使长史欣请事。赵高弗见，又弗信。欣恐，亡去，高使人捕追不及。欣见邯曰：“赵高用事于中，将军有功亦诛，无功亦诛。”项羽急击秦军，虏王离，邯等遂以兵降诸侯。八月己亥，赵高欲为乱，恐群臣不听，乃先设验，持鹿献于二世，曰："马也。"二世笑曰："丞相误邪？谓鹿为马。"问左右，左右或默，或言马以阿顺赵高。或言鹿者，高因阴中诸言鹿者以法。后群臣皆畏高。

高前数言"关东盗毋能为也"，及项羽虏秦将王离等钜鹿下而前，章邯等军数却，上书请益助，燕、赵、齐、楚、韩、魏皆立为王，自关以东，大氐尽畔秦吏应诸侯，诸侯咸率其众西乡。沛公将数万人已屠武关，使人私于高，高恐二世怒，诛及其身，乃谢病不朝见。二世梦白虎啮其左骖马，杀之，心不乐，怪问占梦。卜曰："泾水为祟。"二世乃斋于望夷宫，欲祠泾沈四白马。使使责让高以盗贼事。高惧，乃阴与其婿咸阳令阎乐、其弟赵成谋曰："上不听谏，今事急，欲归祸于吾宗。吾欲易置上，更立公子婴。子婴仁俭，百姓皆载其言。"使郎中令为内应，诈为有大贼，令乐召吏发卒，追劫乐母置高舍。遣乐将吏卒千余人至望夷宫殿门，缚卫令仆射，曰："贼入此，何不止？"卫令曰："周庐设卒甚谨，安得贼敢入宫？"乐遂斩卫令，直将吏入，行射，郎宦者大惊，或走或格，格者辄死，死者数十人。郎中令与乐俱入，射上幄坐帏。二世怒，召左右，左右皆惶扰不斗。旁有宦者一人，侍不敢去。二世入内，谓曰："公何不蚤告我？乃至于此！"宦者曰："臣不敢言，故得全。使臣蚤言，皆已诛，安得至今？"阎乐前即二世数曰："足下骄恣，诛杀无道，天下共畔足下，足下其自为计。"二世曰："丞相可得见否？"乐曰："不可。"二世曰："吾愿得一郡为王。"弗许。又曰："愿为万户侯。"弗许。曰："愿与妻子为黔首，比诸公子。"阎乐曰："臣受命于丞相，为天下诛足下，足下虽多言，臣不敢报。"麾其兵进。二世自杀。

【译文】

三年，章邯等人率领他们的军队包围巨鹿，楚国上将军项羽带领楚国士卒前往巨鹿援救。冬天，赵高做了丞相，彻底审查李斯，杀死了他。夏天，章邯等人在战场上屡次退却，二世派人斥责章邯，章邯心里恐惧，派长史司马欣请示事情。赵高不肯接见，又不信任他。司马欣很害怕，就逃走了。赵高派人追捕，没有追上。司马欣见到章邯说："赵高在朝廷中操纵大权，将军有功也要被杀，无功也要被杀。"项羽迅速地攻打秦军，俘虏了王离，章邯等人就率军投降了各路诸侯。八月己亥，赵高想要作乱，害怕群臣不肯服从，就预先做了一个试验，拿一只鹿献给二世，说："这是一匹马。"二世笑着说："丞相错了吧？把鹿说成是马。"赵高问左右大臣，左右大臣有的缄默不语，有的说是马，来阿谀迎合赵高。有的说是鹿，赵高就假借法律暗中陷害那些说是鹿的人。后来大臣们都很惧怕赵高。

赵高以前多次说"关东的盗贼不会有什么作为"，等到项羽在巨鹿俘虏了秦军将领王离等人，继续向前推进，章邯等人的军队屡次退却，上书请求增加兵员，燕、赵、齐、楚、韩、魏都自立为王，从函谷关以东，差不多都背叛了秦朝官吏，响应各路诸侯，诸侯们率领自己的军队向西推进。沛公率领几万人屠毁了武关，派人私通赵高，赵高害怕二世发怒，遭到杀身之祸，就推说有病，不去朝见。二世梦见白色的老虎咬他驾车的左边的那匹马，最后马被咬死了，二世心里闷闷不乐，感到奇怪，就去问占梦的人。占梦的人占卜说："（这是）泾水的水神在作祟。"于是二世在望夷宫斋戒，打算祭祀泾水的水神，沉入水中四匹白马。派使者以有关盗贼的事情去指责赵高。赵高很恐慌，就暗中和他的女婿咸阳令阎乐、他的弟弟赵成商量说："皇帝不听劝告，如今事已危急，想要嫁祸于我们的家族。我打算废掉二世，另立公子婴做皇帝。公子婴仁爱俭约，百姓都听信他的话。"赵高派郎中令作内应，欺骗说有一大群盗贼来了，命令阎乐叫来官吏发兵追击，又劫持阎乐的母亲，安置在赵高的家里，（逼迫阎乐不能三心二意。）赵高派阎乐带领吏卒一千多人来到望夷宫殿门，把卫令仆射捆绑起来，说："盗贼跑进这里，为什么不加阻止？"卫令说："四周墙垣内的庐舍设有士卒，防卫非常严谨，盗贼怎么敢闯入宫内？"阎乐就杀了卫令，带领吏卒直入宫内，一边走，一边射箭，郎官和宦者大为惊慌，有的逃窜，有的上前搏斗，搏斗的人都被杀死，死了几十人。郎中令和阎乐一起进入二世住处，用箭射向二世坐息的帷帐。二世大怒，叫来了左右侍从人员，左右侍从人员都惶恐纷扰，不敢上前搏斗。身边有一个宦官，陪侍着二世，不敢走掉。二世逃入室内，对陪侍的宦官说："你为什么不早告诉我？（现在）竟到了这种地步！"宦官说："我不敢说，所以才能保住性命。假如我早说了，就已经被杀死，哪里会活到现在？"阎乐上前来到二世面前，列举他的罪状说："你骄横纵恣，屠杀吏民，无道已极，天下百姓一起背叛了你，你自己作打算吧。”二世说：“我可以见见丞相吗？”阎乐说：“不可以。”二世说：“我希望得到一个郡，去做一郡之王。”阎乐不答应。又说：“我愿做万户侯。”阎乐仍不答应。二世说：“希望和妻子儿女成为平民百姓，和那些公子们一样。”阎乐说：“我受命于丞相，替天下百姓处死你，虽然你说了很多话，我不敢向丞相报告。”阎乐指挥他的士卒向前进击。二世自杀。

阎乐归报赵高，赵高乃悉召诸大臣公子，告以诛二世之状。曰：“秦故王国，始皇君天下，故称帝。今六国复自立，秦地益小，乃以空名为帝，不可。宜为王如故，便。”立二世之兄子公子婴为秦王。以黔首葬二世杜南宜春苑中。令子婴斋，当庙见，受王玺。斋五日，子婴与其子二人谋曰：“丞相高杀二世望夷宫，恐群臣诛之，乃详以义立我。我闻赵高乃与楚约，灭秦宗室而王关中。今使我斋见庙，此欲因庙中杀我。我称病不行，丞相必自来，来则杀之。”高使人请子婴数辈，子婴不行，高果自往，曰：“宗庙重事，王奈何不行？”子婴遂刺杀高于斋宫，三族高家以徇咸阳。子婴为秦王四十六日，楚将沛公破秦军入武关，遂至霸上，使人约降子婴。子婴即系颈以组，白马素车，奉天子玺符，降轵道旁。沛公遂入咸阳，封宫室府库，还军霸上。居月余，诸侯兵至，项籍为从长，杀子婴及秦诸公子宗族。遂屠咸阳，烧其宫室，虏其子女，收其珍宝货财，诸侯共分之。灭秦之后，各分其地为三，名曰雍王、塞王、翟王，号曰三秦。项羽为西楚霸王，主命分天下王诸侯，秦竟灭矣。后五年，天下定于汉。

太史公曰：秦之先伯翳，尝有勋于唐虞之际，受土赐姓。及殷夏之间微散。至周之衰，秦兴，邑于西垂。自缪公以来，稍蚕食诸侯，竟成始皇。始皇自以为功过五帝，地广三王，而羞与之侔。善哉乎贾生推言之也！曰：

【译文】

阎乐回来报告赵高，赵高就把所有大臣和公子都召集起来，告诉他们杀死二世的情况。赵高说：“秦本来是诸侯王国，始皇君临天下，所以号称皇帝。现在六国又都各自建立了政权，秦国地域日益缩小，竟仍然称帝，空有其名，这是不可以的。应该像过去一样称王，这样比较合适。”就立二世哥哥的儿子公子婴为秦王。用百姓的礼仪把二世埋葬在杜县南面的宜春苑中。赵高让子婴斋戒，到宗庙参拜祖先，接受秦王印玺。斋戒了五天，子婴和他的两个儿子商量说：“丞相赵高在望夷宫杀死二世，害怕群臣诛伐他，就假装以大义为名，要立我为王。我听说赵高和楚约定，由他消灭秦国宗室，在关中称王。现在让我斋戒，拜见祖庙，这是想要趁我在祖庙的时候杀死我。我就说有病不去，丞相一定会亲自来我这里，来时就杀死他。”赵高好几次派人去请子婴，子婴不去，赵高果然亲自来了，说：“国家大事，你怎么不去？”子婴就在斋戒的宫室里刺死了赵高，全部处死赵高家的三族，在咸阳示众。子婴做了四十六天秦王，楚将沛公打垮了秦军，进入武关，来到霸上，派人去让子婴签约投降。子婴就用丝带系着脖子，白马素车，捧着天子的印玺和符节，在轵道旁投降。于是沛公进入咸阳，封闭宫室府库，回军霸上，过了一个多月，各路诸侯的军队到了，项羽为诸侯联军的领袖，杀死了子婴和秦公子的宗族。屠毁咸阳，焚烧宫室，俘虏了秦国子弟和妇女，把珍宝财物搜刮在一起，诸侯们共同瓜分了。消灭了秦国以后，把它的土地分为三部分，（封立三个王，）名叫雍王、塞王、翟王，号称三秦。项羽为西楚霸王，负责分封天下诸侯王，秦朝最后灭亡了。过了五年，汉朝统一了全国。

太史公说：秦国的祖先伯翳，曾在唐、虞之际建立了功勋，获得了土地，被赐予嬴姓。到了夏、殷之间，势力衰微分散。及至周朝没落，秦国兴起，在西垂建筑了城邑。从缪公以来，渐渐蚕食诸侯，统一事业最后由始皇完成了。始皇自认为功劳超过了五帝，疆域比三王还广阔，耻于和三王五帝相提并论。贾生的论述非常好。他说：

秦并兼诸侯，山东三十余郡，缮津关，据险塞，修甲兵而守之。然陈涉以戍卒散乱之众数百，奋臂大呼，不用弓戟之兵，鉏櫌白梃，望屋而食，横行天下。秦人阻险不守，关梁不阖，长戟不刺，强弩不射。楚师深入，战于鸿门，曾无藩篱之艰。于是山东大扰，诸侯并起，豪俊相立。秦使章邯将而东征，章邯因以三军之众要市于外，以谋其上。群臣之不信，可见于此矣。子婴立，遂不寤。借使子婴有庸主之材，仅得中佐，山东虽乱，秦之地可全而有，宗庙之祀未当绝也。

秦地背山带河以为固，四塞之国也。自缪公以来，至于秦王，二十余君，常为诸侯雄。岂世世贤哉？其势居然也。且天下尝同心并力而攻秦矣。当此之世，贤智并列，良将行其师，贤相通其谋，然困于阻险而不能进。秦乃延入战而为之开关，百万之徒逃北而遂坏。岂勇力智慧不足哉？形不利，势不便也。秦小邑并大城，守险塞而军，高垒毋战，闭关据厄，荷戟而守之。诸侯起于匹夫，以利合，非有素王之行也。其交未亲，其下未附，名为亡秦，其实利之也。彼见秦阻之难犯也，必退师。安土息民，以待其敝，收弱扶罢，以令大国之君，不患不得意于海内。贵为天子，富有天下，而身为禽者，其救败非也。

【译文】

秦兼并了各个诸侯国，山东三十多郡，缮治津渡和关口，占据险隘和要塞，训练军队，加以防守。然而陈涉率领几百个散乱的戍卒，振臂大呼。不用弓戟一类的兵器，只用锄、櫌木棍，（军无存粮，）走到哪里，吃到哪里，横行天下。秦人有险阻而不能固守，有关口桥梁而不能封锁，有长戟而不能刺杀，有强弩而不能发射。张楚的军队深入腹地，在鸿门作战，连越过篱笆一样的困难都没有。于是山东大乱，诸侯同时并起，豪杰俊士互相推立为王。秦派章邯率军东征，章邯在外利用自己统率的军队相要挟，猎取私利，图谋他的君王。群臣不讲信用，从这里就可以看出来了。子婴立为王，最终也没有醒悟。如果子婴具有一般君主的能力，只要得到中等才能的辅佐大臣，山东虽然叛乱，秦国故地还是可以保全的，宗庙祭祀也不会断绝。

秦地背山带河，地势险固，是四面都有屏障和要塞的国家。从缪公以来，至于秦王，有二十多个君主，常常称雄于诸侯。难道秦国世世代代都是贤明的君主吗？那是它的地理形势所造成的。而且天下曾经同心协力进攻秦国。在这个时候，贤人智者会集，优秀的将领统率指挥军队，贤明的宰相互相交流彼此的谋略，然而被险峻的地形所困阻，不能前进。秦就给他们敞开关门，诱敌人深入，进行交战，于是六国百万之众败逃，土崩瓦解。这难道是武力和智慧不足吗？是地形不利，形势不便的缘故。秦国把小聚邑合并成大城市，在险阻要塞驻军防守，高筑营垒，不去交战，封锁关口，占据险隘，持戟把守这些地方。诸侯都是从平民百姓中起来的，以利相合，没有素王那样的德操。他们的交谊并不亲密，他们的下属还没有诚心归服，表面以灭秦为名，实际上图谋私利。他们看到秦国地势险阻，难以侵犯，必然撤军。秦使百姓休养生息，等待诸侯的衰败，收养贫弱，扶持疲困，来向大国诸侯发号施令，不怕不得意于天下。贵为天子，富有天下，而自己被抓去成为俘虏，是因为他挽救败亡的策略不正确。

秦王足已不问，遂过而不变。二世受之，因而不改，暴虐以重祸。子婴孤立无亲，危弱无辅。三主惑而终身不悟，亡，不亦宜乎？当此时也，世非无深虑知化之士也，然所以不敢尽忠拂过者，秦俗多忌讳之禁，忠言未卒于口而身为戮没矣。故使天下之士，倾耳而听，重足而立，钳口而不言。是以三主失道，忠臣不敢谏，智士不敢谋，天下已乱，奸不上闻，岂不哀哉！先王知雍蔽之伤国也，故置公卿大夫士，以饰法设刑，而天下治。其强也，禁暴诛乱而天下服。其弱也，五伯征而诸侯从。其削也，内守外附而社稷存。故秦之盛也，繁法严刑而天下振；及其衰也，百姓怨望而海内畔矣。故周五序得其道，而千余岁不绝。秦本末并失，故不长久。由此观之，安危之统相去远矣。野谚曰“前事之不忘，后事之师也”。是以君子为国，观之上古，验之当世，参以人事，察盛衰之理，审权势之宜，去就有序，变化有时，故旷日长久而社稷安矣。

秦孝公据崤函之固，拥雍州之地，君臣固守而窥周室，有席卷天下，包举宇内，囊括四海之意，并吞八荒之心。当是时，商君佐之，内立法度，务耕织，修守战之备，外连衡而斗诸侯，于是秦人拱手而取西河之外。

【译文】

秦王骄傲自满，不能虚心下问，因循错误而不进行变革。二世继承下来，沿袭不改，残暴凶虐，加重了祸患。子婴势孤力单，没有亲近的人，地位危险脆弱，无人辅助。这三个君主一生迷惑不悟，国家灭亡，不是应该的吗？在这个时候，世上不是没有深谋远虑、知权达变之士，然而所以不敢尽忠直谏，纠正错误，是因为秦国习俗有很多禁忌，忠诚的话还没有说完，而自己已被杀害。所以天下之士，侧耳听命，叠足而立，闭口不言。这三个君主丧失了治国的原则，忠臣不敢直言规劝，智士不敢出谋划策，天下已经大乱，奸邪的事情没有人向君主报告，这难道不是太可悲了吗？先王知道上下壅塞蒙蔽会损害国家的利益，所以设置公卿、大夫、士，以整饬法令，建立刑罚，而使天下太平。国势强盛时，能够禁止残暴，讨伐叛乱，天下归服。国势弱小时，有五霸代替天子征讨，诸侯顺从。国势衰削时，内有所守，外有所附，国家可以存而不亡。秦国强盛时，法令繁密，刑罚严酷，天下震恐。到了它衰落时，百姓怨恨，天下叛离。周朝天子依次得到了治国的规律，所以一千多年间，国运不绝。秦朝本末俱失，因此国祚短促。由此看来，国家安危的基础相差太远了。民间俗话说“前事不忘，后事之师”。因此有道德修养的人治理国家。观察远古的得失，考察当代的所作所为，参酌人的因素，了解盛衰的道理，明悉权力威势的恰当运用，弃取有一定的次序，变革有适当的时间，所以历时久远，而国家安定。

秦孝公据守崤山、函谷关这样坚固的地方，拥有雍州地域，君臣坚守自己的国土，窥视周朝的政权，有席卷全国、收取天下、囊括四海的意图，吞并八方的心愿。在这个时候，商君辅佐秦孝公，对内建立法治和各种制度，致力于耕织，整修攻守的武器，对外采取连衡的策略，使诸侯互相争斗，于是秦国人轻而易举地取得了西河以外的一片土地。

孝公既没，惠王、武王蒙故业，因遗册，南兼汉中，西举巴、蜀，东割膏腴之地，收要害之郡。诸侯恐惧，会盟而谋弱秦，不爱珍器重宝肥美之地，以致天下之士，合从缔交，相与为一。当是时，齐有孟尝，赵有平原，楚有春申，魏有信陵。此四君者，皆明知而忠信，宽厚而爱人，尊贤重士，约从离衡，并韩、魏、燕、楚、齐、赵、宋、卫、中山之众。于是六国之士有宁越、徐尚、苏秦、杜赫之属为之谋，齐明、周最、陈轸、昭滑、楼缓、翟景、苏厉、乐毅之徒通其意，吴起、孙膑、带佗、兒良、王廖、田忌、廉颇、赵奢之朋制其兵。常以十倍之地，百万之众，叩关而攻秦。秦人开关延敌，九国之师逡巡遁逃而不敢进。秦无亡矢遗镞之费，而天下诸侯已困矣。于是从散约解，争割地而奉秦。秦有余力而制其敝，追亡逐北，伏尸百万，流血漂卤。因利乘便，宰割天下，分裂河山，强国请服，弱国入朝。延及孝文王、庄襄王，享国日浅，国家无事。

及至秦王，续六世之余烈，振长策而御宇内，吞二周而亡诸侯，履至尊而制六合，执棰拊以鞭笞天下，威震四海。南取百越之地，以为桂林、象郡，百越之君俯首系颈，委命下吏。乃使蒙恬北筑长城而守藩篱，却匈奴七百余里，胡人不敢南下而牧马，士不敢弯弓而报怨。于是废先王之道，焚百家之言，以愚黔首。隳名城，杀豪俊，收天下之兵聚之咸阳，销锋铸鐻，以为金人十二，以弱黔首之民。然后斩华为城，因河为津，据亿丈之城，临不测之溪以为固。良将劲弩守要害之处，信臣精卒陈利兵而谁何，天下以定。秦王之心，自以为关中之固，金城千里，子孙帝王万世之业也。

秦王既没，余威震于殊俗。陈涉，瓮牖绳枢之子，氓隶之人，而迁徙之徒，才能不及中人，非有仲尼、墨翟之贤，陶朱、猗顿之富，蹑足行伍之间，而倔起什伯之中，率罢散之卒，将数百之众，而转攻秦。斩木为兵，揭竿为旗，天下云集响应，赢粮而景从，山东豪俊遂并起而亡秦族矣。

【译文】

孝公死后，惠王、武王继承旧业，沿用遗留下来的策略，向南兼并了汉中，向西攻占了巴、蜀，向东割取了肥沃的地方，获得了地势险要的郡县。诸侯恐惧，开会结为同盟，商量削弱秦国，不吝惜奇珍异宝和肥美的土地，用来罗致天下之士，合纵缔盟，互相结合在一起。这时，齐国有孟尝君，赵国有平原君，楚国有春申君，魏国有信陵君。这四个人，都明智忠信，宽厚爱人，尊贤重士，相约以合纵来破坏秦国的连衡策略，集合了韩、魏、燕、楚、齐、赵、宋、卫、中山的士卒。当时六国之士有宁越、徐尚、苏秦、杜赫这一类人为各国出谋划策，齐明、周最、陈轸、昭滑、楼缓、翟景、苏厉、乐毅这一伙人沟通各国的意见，吴起、孙膑、带佗、兒良、王廖、田忌、廉颇、赵奢这一批人训练和统率各国的军队。常常用十倍于秦的土地，上百万大军，冲击函谷关，进攻秦国。秦人开关迎战，九国军队徘徊逃遁，不敢前进。秦国没有耗费一箭一镞，而天下诸侯已处于困境。于是合纵瓦解，盟约废弃，争先恐后地割地奉献给秦国。秦国有余力来利用各国的短处，追赶败北逃亡的敌人，使百万尸体横卧在地，流的血把大盾都漂浮了起来。趁着战争胜利的便利条件，宰割天下诸侯，把山河一块一块地割取过来，强国请求归附，弱国入秦朝拜。延续到孝文王、庄襄王，在位时间短暂，国家没有发生重大的事情。

等到秦王，继承六代先王遗留下来的功业，挥舞长鞭，驾御天下，兼并了西周、东周，消灭了各国诸侯，登上帝位，控制了天地四方，手执鞭杖来抽打天下，威震四海。向南取得了百越地区，设置了桂林、象郡，百越的君主低着头，用绳子系着脖子，把生命交给秦国的下级官吏。又派蒙恬到北方修筑长城，守卫边界，使匈奴退却七百多里，胡人不敢南下牧马，武士不敢挽弓复仇。于是废除古代帝王的原则，烧毁诸子百家的典籍，以此来愚弄百姓。毁坏坚固的名城，杀死豪杰俊士，没收全国的兵器，集中在咸阳，把这些兵器全部销毁，熔铸成钟镰，又做了十二个铜人，以此来削弱百姓的反抗力量。然后劈开华山作为城垣，利用黄河作为渡口，据守高达亿丈的城池，下临深不可测的溪流，作为固守的凭借。优秀的将领、强劲的弓弩手把守要害的地方，忠实的大臣、精锐的士卒摆开锋利的武器，谁也无可奈何，天下得到安定。秦王的心里，自以为关中地方坚固，就像有千里铜墙铁壁，子孙可以世代做帝王，功业流传千秋万代。

秦王已经死了，余威还远震四夷。陈涉是用破瓮做窗户、用绳捆做门轴的穷人家子弟，为人佣耕的农民，而又是流徙之徒，才能赶不上一个中等人，并不具有仲尼、墨翟那样的贤智，陶朱、猗顿那样的财富，插足士卒行列之间，崛起田野之中，率领疲惫散乱的士卒，带着几百个徒众，转身攻秦。砍断树木作为兵器，高举竹竿当作旗帜，天下百姓响应陈涉，云集在一起，携带着粮食，如影相随，山东豪杰俊士同时并起，消灭了秦国。

且夫天下非小弱也，雍州之地，崤函之固自若也。陈涉之位，非尊于齐、楚、燕、赵、韩、魏、宋、卫、中山之君；钼耰棘矜，非铦于勾戟长铩也；谪戍之众，非抗于九国之师；深谋远虑，行军用兵之道，非及乡时之士也。然而成败异变，功业相反也。试使山东之国与陈涉度长絜大，比权量力，则不可同年而语矣。然秦以区区之地，千乘之权，招八州而朝同列，百有余年矣。然后以六合为家，崤函为宫，一夫作难而七庙隳，身死人手，为天下笑者，何也？仁义不施而攻守之势异也。

秦并海内，兼诸侯，南面称帝，以养四海，天下之士斐然乡风，若是者何也？曰：近古之无王者久矣。周室卑微，五霸既殁，令不行于天下，是以诸侯力政，强侵弱，众暴寡，兵革不休，士民罢敝。今秦南面而王天下，是上有天子也。既元元之民冀得安其性命，莫不虚心而仰上，当此之时，守威定功，安危之本在于此矣。

秦王怀贪鄙之心，行自奋之智，不信功臣，不亲士民，废王道，立私权，禁文书而酷刑法，先诈力而后仁义，以暴虐为天下始。夫并兼者高诈力，安定者贵顺权，此言取与守不同术也。秦离战国而王天下，其道不易，其政不改，是其所以取之守之者无异也。孤独而有之，故其亡可立而待。借使秦王计上世之事，并殷周之迹，以制御其政，后虽有淫骄之主而未有倾危之患也。故三王之建天下，名号显美，功业长久。

【译文】

再说秦国并不弱小，雍州的领土，崤山、函谷关的险固，还是和从前一样。陈涉的地位，并不比齐、楚、燕、赵、韩、魏、宋、卫、中山的君主尊贵；锄耰戟柄，并不比钩戟长矛锋利；被遣送远方戍守的一群人，并不能与九国的军队相抗衡；深谋远虑，行军用兵的方法，比不上过去的谋士。然而成败情况大不相同，所建立的功业大小截然相反。如果拿山东各诸侯国与陈涉比较长短大小，衡量权势和力量，则是不能相提并论的。秦凭借一块小小的领土，一千辆兵车的力量，招致八州诸侯国，使与自己地位同等的诸侯来秦朝见，（这种情况）已有一百多年。然后把天地四方当成自己的家私，用崤山、函谷关作为宫垣，（但是）一人发难，宗庙全部毁灭，生命死在别人手中，被天下人笑话，这是为什么呢？是因为不施行仁义，进退攻守的形势发生了变化的缘故。

秦国统一了四海之内，兼并了各国诸侯，南面称帝，来抚养海内百姓，天下之士闻风倾服，如此局面是什么原因呢？可以回答说：“这是因为近古以来很长时间没有帝王的缘故。”周室衰微，五霸已经去世，天子政令在全国不能下达，因此诸侯使用武力进行征伐，强国侵略弱国，人口多的欺压人口少的，战争连绵不断，百姓疲敝。现在秦王南面而坐，称王天下，是在上面有了一个天子。凡是庶民百姓都希望能人生安定，没有不虚心敬仰天子的。在这个时候，保持威势，巩固功业，国家安危的关键就在这里。

秦王怀着贪婪卑鄙的心理，运用一己私智，不信任功臣，不亲近士民，废弃仁义治国的原则，树立个人的权威，禁止典籍流传，使刑法残酷，以权术暴力为先，以仁义为后，把暴虐作为统治天下的开端。兼并天下的人崇尚权术暴力，安定天下的人重视顺应民心，知权达变，这就是说攻取征战和持盈守成在方法上是不同的。秦摆脱了战国纷争的局面，称王天下，它的统治原则没有更替，它的政令没有改变，它用以创业和守业的方法没有什么差异。秦王（没有分封子弟功臣）孤单一人占有天下，所以他很快地灭亡了。假使秦王能够考虑一下上古的事情，以及殷、周兴衰的踪迹，来制定和实行他的政策，后世虽然有骄奢淫逸的君主，也不会出现危亡之患。所以三王建立国家，名号显扬而完美，功业传世长久。

今秦二世立，天下莫不引领而观其政。夫寒者利裋褐而饥者甘糟糠，天下之嗷嗷，新主之资也。此言劳民之易为仁也。乡使二世有庸主之行，而任忠贤，臣主一心而忧海内之患，缟素而正先帝之过，裂地分民以封功臣之后，建国立君以礼天下，虚囹圄而免刑戮，除去收帑污秽之罪，使各反其乡里，发仓廪，散财币，以振孤独穷困之士，轻赋少事，以佐百姓之急，约法省刑以持其后，使天下之人皆得自新，更节修行，各慎其身，塞万民之望，而以威德与天下，天下集矣。即四海之内，皆欢然各自安乐其处，唯恐有变，虽有狡猾之民，无离上之心，则不轨之臣无以饰其智，而暴乱之奸止矣。二世不行此术，而重之以无道，坏宗庙与民，更始作阿房宫，繁刑严诛，吏治刻深，赏罚不当，赋敛无度，天下多事，吏弗能纪，百姓困穷而主弗收恤。然后奸伪并起，而上下相遁，蒙罪者众，刑戮相望于道，而天下苦之。自君卿以下至于众庶，人怀自危之心，亲处穷苦之实，咸不安其位，故易动也。是以陈涉不用汤武之贤，不借公侯之尊，奋臂于大泽而天下响应者，其民危也。故先王见始终之变，知存亡之机，是以牧民之道，务在安之而已。天下虽有逆行之臣，必无响应之助矣。故曰

“安民可与行义，而危民易与为非”，此之谓也。贵为天子，富有天下，身不免于戮杀者，正倾非也。是二世之过也。

【译文】

如今秦二世即位，天下百姓无不伸长脖子来观察他的政令。挨冷受冻的人有件粗布短衣就很满意，饥饿难忍的人觉得糟糠也是甜美的，天下百姓饥寒哀吟，正是新皇帝（治国安民）的资本。这就是所谓对于劳苦的民众容易实行仁政。如果过去二世具有一般君主的德行，而任用忠臣贤士，君臣同心，把天下百姓的苦难挂在心上，在穿着丧服的时候就纠正先帝的错误，割裂疆土，划分民户，分封给功臣的后裔，让他们创立诸侯王国，设置君主，用礼制治理天下，使监狱空无一人，百姓免遭刑戮，废除收捕罪人妻子儿子为徒隶和各种污秽的罪名，让罪犯回到他们的家乡，打开贮藏粮食的仓库，散发钱财，用来救济孤独穷困的人，轻徭薄赋，帮助百姓解决困急，减少刑罚，只有等到礼义教化无效时才运用刑罚，使天下百姓都能得到重新做人的机会，改变态度，修养品德，每人都谨慎地立身处世，满足千千万万民众的愿望，使用威震天下的仁德来治理全国，全国就会安定了。那么四海之内，都欢欢喜喜，各自安居乐业，唯恐发生变化，虽然有狡诈顽猾的人，天下百姓也没有背叛皇帝的想法，（这样，）行为不轨的大臣就无法掩饰他的阴谋诡计，不再发生暴乱一类的邪恶事件。二世不实行这种治国方法，而是更加暴虐无道，损害国家和人民，又开始修筑阿房宫，刑罚繁细，严于诛杀，官吏处置事情刻薄残酷，赏罚不当，无限制地征收赋税，天下事情繁多，官吏都不能全部办理，百姓穷困，而君主不去安抚救济。于是奸诈邪伪的事情一起爆发，上下互相隐瞒，获罪的人很多，受刑被杀的人充塞道路，天下百姓痛苦不堪。从卿相以下至于庶民百姓，人人怀着自危的心情，亲身处于穷困苦难的境地，都不安心自己的地位，所以很容易动摇。陈涉不必利用商汤、周武王那样优秀的才能和德行，不必凭借公侯一样尊贵的地位，在大泽乡奋臂而起，天下响应，这是由于百姓心怀危惧的缘故。古代先王洞察事物从始至终的变化，知道国家存亡的契机，因此，统治人民的原则，在于尽力使人民安定而已。（这样，）天下虽然有倒行逆施的臣子，但一定不会得到人民的响应和帮助。

所以常言说“生活安定的人民可以和他们一起奉公守法，而危惧不安的人民容易和他们一起为非作歹”，就是说的这个道理。贵为天子，拥有天下的财富，自身没有免遭杀害，是因为挽救危亡的方法不正确。这是二世的错误。

襄公立，享国十二年。初为西畤。葬西垂。生文公。

文公立，居西垂宫。五十年死，葬西垂。生静公。

静公不享国而死。生宪公。

宪公享国十二年，居西新邑。死，葬衙。生武公、德公、出子。

出子享国六年，居西陵。庶长弗忌、威累、参父三人，率贼贼出子鄙衍，葬衙。武公立。

武公享国二十年。居平阳封宫。葬宣阳聚东南。三庶长伏其罪。德公立。

德公享国二年。居雍大郑宫。生宣公、成公、缪公。葬阳。初伏，以御蛊。

宣公享国十二年。居阳宫。葬阳。初志闰月。

成公享国四年。居雍之宫。葬阳。齐伐山戎、孤竹。

缪公享国三十九年。天子致霸。葬雍。缪公学著人。生康公。

康公享国十二年。居雍高寝。葬竘社。生共公。

共公享国五年。居雍高寝。葬康公南。生桓公。

桓公享国二十七年。居雍太寝。葬义里丘北。生景公。

景公享国四十年。居雍高寝。葬丘里南。生毕公。

毕公享国三十六年。葬车里北。生夷公。

【译文】

襄公即位，在位十二年。开始修建西畤。襄公埋葬在西垂。生了文公。

文公即位，居住西垂宫。在位五十年死去，埋葬在西垂。生了静公。

静公没有即位就死了。生了宪公。

宪公在位十二年，居住西新邑。死后埋葬在衙邑。生了武公、德公、出子。

出子在位六年，居住西陵。庶长弗忌、威累、参父三个人，率领盗贼在鄙衍把出子杀害了，埋葬在衙邑。武公嗣立。

武公在位二十年。居住平阳封宫。埋葬在宣阳聚东南。三个庶长伏法被诛。德公嗣立。

德公在位二年。居住雍邑大郑宫。生了宣公、成公、缪公。埋葬在阳邑。开始规定三伏节令，在城郭四门杀狗，禳除暑热瘟疫。

宣公在位十二年。居住阳宫。埋葬在阳邑。开始记载闰月。

成公在位四年，居住在雍邑的宫殿里。埋葬在阳邑。齐国讨伐山戎、孤竹。

缪公在位三十九年。天子给予霸主的地位。埋葬在雍邑地区。缪公向宫殿门屏之间的守卫人员学习。生了康公。

康公在位十二年。居住雍邑高寝。埋葬在竘社。生了共公。

共公在位五年。居住雍邑高寝。埋葬在康公南面。生了桓公。

桓公在位二十七年。居住雍邑太寝。埋葬在义里丘北面。生了景公。

景公在位四十年。居住雍邑高寝。埋葬在丘里南面。生了毕公。

毕公在位三十六年。埋葬在车里北面。生了夷公。

夷公不享国死，葬左宫。生惠公。

惠公享国十年。葬车里，康景。生悼公。

悼公享国十五年。葬僖公西。城雍。生剌龚公。

剌龚公享国三十四年。葬入里。生躁公、怀公。其十年，彗星见。

躁公享国十四年。居受寝。葬悼公南。其元年，彗星见。

怀公从晋来。享国四年。葬栎圉氏。生灵公。诸臣围怀公，怀公自杀。

肃灵公，昭子子也。居泾阳。享国十年。葬悼公西。生简公。

简公从晋来。享国十五年。葬僖公西。生惠公。其七年，百姓初带剑。

惠公享国十三年。葬陵圉。生出公。

出公享国二年。出公自杀，葬雍。

献公享国二十三年。葬嚣圉。生孝公。

孝公享国二十四年。葬弟圉。生惠文王。其十三年，始都咸阳。

惠文王享国二十七年。葬公陵。生悼武王。

悼武王享国四年。葬永陵。

昭襄王享国五十六年。葬茝阳。生孝文王。

孝文王享国一年。葬寿陵。生庄襄王。

庄襄王享国三年。葬茝阳。生始皇帝。吕不韦相。

【译文】

夷公没有即位就死了，埋葬在左宫。生了惠公。

惠公在位十年。埋葬在车里。车里位于康公、景公二墓之间。生了悼公。

悼公在位十五年。埋葬在僖公西面。在雍邑筑城。生了剌龚公。

剌龚公在位三十四年。埋葬在入里。生了躁公、怀公。剌龚公十年，彗星出现。

躁公在位十四年。居住受寝。埋葬在悼公南面。躁公元年，彗星出现。

怀公从晋国返回。在位四年。埋葬在栎圉。生了灵公。群臣围攻怀公，怀公自杀。

肃灵公是昭子的儿子。居住泾阳。在位十年。埋葬在悼公西面。生了简公。

简公从晋国返回。在位十五年。埋葬在僖公西面。生了惠公。简公七年，百姓开始佩带剑器。

惠公在位十三年。埋葬在陵圉。生了出公。

出公在位二年。出公自杀，埋葬在雍邑。

献公在位二十三年。埋葬在嚣圉。生了孝公。

孝公在位二十四年。埋葬在弟圉。生了惠文王。孝公十三年，开始建都咸阳。

惠文王在位二十七年。埋葬在公陵。生了悼武王。

悼武王在位四年。埋葬在永陵。

昭襄王在位五十六年。埋葬在烛阳。生孝文王。

孝文王在位一年。埋葬在寿陵。生了庄襄王。

庄襄王在位三年。埋葬在烛阳。生了始皇帝。吕不韦为丞相。

献公立七年，初行为市。十年，为户籍相伍。

孝公立十六年，时桃李冬华。

惠文王生十九年而立。立二年，初行钱。有新生婴儿曰“秦且王”。

悼武王生十九年而立。立三年，渭水赤三日。

昭襄王生十九年而立。立四年，初为田开阡陌。

孝文王生五十三年而立。

庄襄王生三十二年而立。立二年，取太原地。庄襄王元年，大赦，修先王功臣，施德厚骨肉，布惠于民。东周与诸侯谋秦，秦使相国不韦诛之，尽入其国。秦不绝其祀，以阳人地赐周君，奉其祭祀。

始皇享国三十七年。葬郦邑。生二世皇帝。始皇生十三年而立。

二世皇帝享国三年。葬宜春。赵高为丞相安武侯。二世生十二年而立。

右秦襄公至二世，六百一十岁。

孝明皇帝十七年十月十五日乙丑，曰：

周历已移，仁不代母。秦直其位，吕政残虐。然以诸侯十三，并兼天下，极情纵欲，养育宗亲。三十七年，兵无所不加，制作政令，施于后王。盖得圣人之威，河神授图，据狼、狐，蹈参、伐，佐政驱除，距之称始皇。

【译文】

献公即位七年，开始设置市场，进行贸易。十年，建立户籍，按五家为一伍进行编制。

孝公即位十六年，当时桃树李树在冬天开花。

惠文王生后十九年即位。即位二年，开始铸造发行钱币。有一个刚生下来的婴儿说“秦国将要称王天下”。

悼武王生后十九年即位。即位三年，渭水红了三天。

昭襄王生后十九年即位。即位四年，开始在耕地上设置新田界。

孝文王生后五十三年即位。

庄襄王生后三十二年即位。即位二年，攻取了太原地区。庄襄王元年，大赦天下，崇敬先王的功臣，广施恩德，亲厚宗室骨肉，播惠于百姓。东周和各国诸侯图谋秦国，秦国派相国吕不韦消灭了东周，兼并了它的国土。秦国不断绝它的祭祀，把阳人地区赐予周君，在那里奉事周先祖的祭祀。

始皇在位三十七年。埋葬在郦邑。生了二世皇帝。始皇生后十三年即位。

二世皇帝在位三年。埋葬在宜春。赵高为丞相，封安武侯。二世生后十二年即位。

右秦襄公至二世，六百一十年。

孝明皇帝十七年十月十五日乙丑，班固说：

周朝的历数已经过去了，按照仁德规范，处在子位的王朝不能代替母位王朝的位置。（秦对周来说，应处在子位，）它却自居母位，（成为历史发展规律以外的一个多余的王朝，因此，）吕政为政残酷暴虐。然而却能以十三岁的一个诸侯，兼并了天下，放纵情欲，抚养宗族。三十七年之间，兵锋无所不至，制定政令，传给以后的帝王。他大概得到了圣人的神威，河神给了他图录，身据狼、狐，脚踏参、伐，上天帮助他驱除天下，最后终于（统一天下），号称始皇。

始皇既殁，胡亥极愚，郦山未毕，复作阿房，以遂前策。云“凡所为贵有天下者，肆意极欲，大臣至欲罢先君所为”。诛斯、去疾，任用赵高。痛哉言乎！人头畜鸣。不威不伐恶，不笃不虚亡，距之不得留，残虐以促期，虽居形便之国，犹不得存。

子婴度次得嗣，冠玉冠，佩华绂，车黄屋，从百司，谒七庙。小人乘非位，莫不怳忽失守，偷安日日，独能长念却虑，父子作权，近取于户牖之间，竟诛猾臣，为君讨贼。高死之后，宾婚未得尽相劳，餐未及下咽，酒未及濡唇，楚兵已屠关中，真人翔霸上，素车婴组，奉其符玺，以归帝者。郑伯茅旌鸾刀，严王退舍。河决不可复壅，鱼烂不可复全。贾谊、司马迁曰：“向使婴有庸主之才，仅得中佐，山东虽乱，秦之地可全而有，宗庙之祀未当绝也。”秦之积衰，天下土崩瓦解，虽有周旦之材，无所复陈其巧，而以责一日之孤，误哉！俗传秦始皇起罪恶，胡亥极，得其理矣。复责小子，云秦地可全，所谓不通时变者也。纪季以酅，《春秋》不名。吾读《秦纪》，至于子婴车裂赵高，未尝不健其决，怜其志。婴死生之义备矣。

【译文】

始皇死后，胡亥极其愚蠢，郦山工程还没有结束，又去继续修建阿房宫，来完成以前始皇遗留下来的计划。说什么“凡是尊贵而掌握了天下的人，应随心所欲，为所欲为，大臣们竟然想废除先君所做的事情”。他杀死了李斯、冯去疾，任用赵高。二世说的话，真是令人痛心啊！长着人头，说的话却像畜生在叫唤。不凭借帝王威势就不能夸耀自己的邪恶，邪恶不积累很多就不会轻易灭亡，到了君位无法保持时，残酷暴虐使在位时间更加短促，虽然占据地形有利的国土，还是不能存身立国。

子婴按照次序嗣立为王，头戴玉冠，身佩华丽的系印丝带，车子使用黄缯作盖里，身后随从百官，拜谒列祖的灵庙。如果小人登上不符合自己身份的位子，都会恍恍惚惚，若有所失，天天苟且偷安，而子婴却能作长远打算，排除忧虑，父子使用计谋，就近在门户之内，竟然杀死了狡猾的奸臣，替已死的皇帝诛戮了这个贼子。赵高死后，宾亲姻娅还没有全部慰劳，饭还没有来得及咽下去，酒还没有来得及沾着嘴唇，楚国士卒已经屠戮关中，仙人翔至霸上，子婴素车白马，用丝带系着脖子，捧着他的符节和印玺，来归降真正的皇帝。真有点像当年郑伯左持茅旌、右执鸾刀，楚庄王后撤七里。黄河决口不能再堵塞，鱼腐烂了不能再使它完整。贾谊、司马迁说：“如果当时子婴具有一般君主的能力，只要得到中等才能的辅佐大臣，山东虽然叛乱，秦国故地还是可以保全的，宗庙祭祀不会断绝。”秦国的衰败局面是日久天长积聚而成，天下土崩瓦解，虽然有周旦这样的人才，也无法再施展他的聪明才智，去责备即位短暂的一个君主，那是错误的！民间流传一种说法，认为罪恶起源于秦始皇，胡亥时登峰造极，这一看法是有道理的。贾谊、司马迁又责备子婴，说是秦国故地可以保全，这就是所谓的不懂得形势变化的人。（齐国将要吞灭纪国，）纪季把酅邑送给齐国，（成为齐国的附庸，使纪国的宗庙祭祀保存下来，）《春秋》赞美他，（记载这件事时，）不直呼其名。（纪季就是一个通权达变的人。）我读《秦纪》，读到子婴车裂赵高，未尝不认为他决断果敢且雄武，对他的心意表示同情。子婴就死生大义而言，是很完备的。

项羽本纪

项籍者，下相人也，字羽。初起时，年二十四。其季父项梁，梁父即楚将项燕，为秦将王翦所戮者也。项氏世世为楚将，封于项，故姓项氏。

项籍少时，学书不成，去学剑，又不成。项梁怒之。籍曰："书足以记名姓而已。剑一人敌，不足学，学万人敌。"于是项梁乃教籍兵法，籍大喜，略知其意，又不肯竟学。项梁尝有栎阳逮，乃请蕲狱掾曹咎书抵栎阳狱掾司马欣，以故事得已。项梁杀人，与籍避仇于吴中。吴中贤士大夫皆出项梁下。每吴中有大繇役及丧，项梁尝为主办，阴以兵法部勒宾客及子弟，以是知其能。秦始皇帝游会稽，渡浙江，梁与籍俱观。籍曰："彼可取而代也。"梁掩其口，曰："毋妄言，族矣！"梁以此奇籍。籍长八尺余，力能扛鼎，才气过人，虽吴中子弟皆已惮籍矣

【译文】

项籍是下相人，字羽。开始起兵时二十四岁。他的叔父是项梁，项梁的父亲就是楚军将领项燕，是被秦将王翦杀掉的。项氏世世代代为楚将，封在项，所以姓项。

项籍年少时，学习读书认字没有成就，就去学剑，又没学成。项梁很生他的气。项籍说："字只不过用来记住姓名而已。剑也只能抵敌一人，不值得学，要学能抵抗万人的。"于是项梁就教项籍兵法，项籍非常高兴，粗略地知道了兵法大意，但又不肯认真学完。项梁曾因栎阳罪案受到牵连，就请蕲县狱掾曹咎写信给栎阳狱掾司马欣，因此事情得到了结。项梁杀了人，和项籍到吴中躲避仇家。吴中有才能的士大夫都比不上项梁。每当吴中有大规模的繇役和丧葬，项梁常常主持办理，暗中用兵法部署调度宾客和子弟，因此了解了每个人的能力。秦始皇帝巡游会稽，渡过浙江，项梁和项籍一同去观看。项籍说："那个皇帝，我可以取而代之。"项梁捂住他的嘴，说："别胡说，会灭族的!"项梁因此认为项籍是奇才。项籍身高八尺多，力能扛鼎，才气过人，连吴中子弟也都已经畏惧项籍。

秦二世元年七月，陈涉等起大泽中。其九月，会稽守通谓梁曰："江西皆反，此亦天亡秦之时也。吾闻先即制人，后则为人所制。吾欲发兵，使公及桓楚将。"是时桓楚亡在泽中。梁曰："桓楚亡，人莫知其处，独籍知之耳。"梁乃出，诫籍持剑居外待。梁复入，与守坐，曰："请召籍，使受命召桓楚。"守曰："诺。"梁召籍入。须臾，梁眴籍曰："可行矣！"于是籍遂拔剑斩守头。项梁持守头，佩其印绶。门下大惊，扰乱，籍所击杀数十百人。一府中皆慑伏，莫敢起。梁乃召故所知豪吏，谕以所为起大事，遂举吴中兵。使人收下县，得精兵八千人。梁部署吴中豪杰为校尉、候、司马。有一人不得用，自言于梁。梁曰："前时某丧使公主某事，不能办，以此不任用公。"众仍皆伏。于是梁为会稽守，籍为裨将，徇下县。

广陵人召平于是为陈王徇广陵，未能下。闻陈王败走，秦兵又且至，乃渡江矫陈王命，拜梁为楚王上柱国。曰："江东已定，急引兵西击秦。"项梁乃以八千人渡江而西。闻陈婴已下东阳，使使欲与连和俱西。陈婴者，故东阳令史，居县中，素信谨，称为长者。东阳少年杀其令，相聚数千人，欲置长，无适用，乃请陈婴。婴谢不能，遂强立婴为长，县中从者得二万人。少年欲立婴便为王，异军苍头特起。陈婴母谓婴曰："自我为汝家妇，未尝闻汝先古之有贵者。今暴得大名，不祥。不如有所属，事成犹得封侯，事败易以亡，非世所指名也。"婴乃不敢为王。谓其军吏曰："项氏世世将家，有名于楚。今欲举大事，将非其人，不可。我倚名族，亡秦必矣。"于是众从其言，以兵属项梁。项梁渡淮，黥布、蒲将军亦以兵属焉。凡六七万人，军下邳。

【译文】

秦二世元年七月，陈涉等在大泽乡起义。这一年九月，会稽郡守殷通对项梁说"江西都造反了，这也是上天灭亡秦朝的时候。我听说先发则能制人，后发则为人所制。我想发兵，派你和桓楚带领。"当时桓楚逃亡在湖泽之中。项梁说："桓楚亡匿在外，人们不知道他的下落，只有项籍知道。"项梁走出来，吩咐项籍持剑在外面等候。项梁又走进去，与郡守一块儿坐着。项梁说："请允许我叫项籍进来，让他接受命令召回桓楚。"

郡守说："好吧。"项梁招呼项籍进来。不一会儿，项梁使眼色给项籍说："可以行动了！"于是项籍拔出剑来砍掉了郡守的脑袋。项梁拿着郡守的脑袋，身上系着郡守的官印。郡守的侍从护卫大为惊慌，一片混乱，项籍杀死了百十来人。全府中的人都慌惧畏服，没有人敢动手反抗。项梁就召集昔日所熟悉的有胆识的府吏，把所要做的起兵反秦这件事情向大家讲清楚，于是征集吴中士卒起义。派人搜罗下属各县丁壮，得到精兵八千人。项梁安排吴中豪杰为校尉、候、司马。有一人没有得到任用，自己去向项梁申述。项梁说："前些时候有一丧事，让你主办一件事，你不能办，因此不能任用你。"于是大家都很佩服项梁。项梁为会稽郡守，项籍为裨将。镇抚下属县邑。

广陵人召平这时在为陈王争夺广陵，没能攻下。听说陈王败逃，秦军又要来到，于是渡过长江假托陈王的命令，任命项梁为楚王上柱国。说："江东已经平定，赶快引兵西进攻打秦军。"项梁就以八千人渡江向西进发。他听说陈婴已经攻下东阳，便派遣使者，想要与陈婴联合西进。陈婴这个人，原来是东阳令史，在县里一向诚实谨慎，人们称之为忠厚长者。东阳的青年杀死了他们的县令，聚合了几千人，想要选出一个首领，没有找到可用的人，就请陈婴来担任。陈婴推辞说不能胜任，大家就强行推立他做首领，县中随从的有两万人。青年们打算推举陈婴就便称王，士兵为了同其他各路军队相区别，头上裹以青巾，表示异军突起。陈婴的母亲对陈婴说："自从我做了你们陈家的媳妇，未曾听说你的前辈有过高官贵爵。现在突然得到很大的名声，不是好兆头。不如有所归属，事情成功了，犹能得到封侯；事情失败了，也容易逃脱，因为不是社会上指名道姓的人。"因此陈婴不敢为王。对他的军吏说："项家世代为将，有名于楚。现在想要干成大事，将帅不得其人不行。我们依附名门大族，一定能使秦朝灭亡。"于是大家听从了他的话，把军队归属项梁。项梁渡过淮水，黥布、蒲将军也率军归附。项梁共有六七万人，驻扎在下邳。

当是时，秦嘉已立景驹为楚王，军彭城东，欲距项梁。项梁谓军吏曰："陈王先首事，战不利，未闻所在。今秦嘉倍陈王而立景驹，逆无道。"乃进兵击秦嘉。秦嘉军败走，追之至胡陵。嘉还战一日，嘉死，军降。景驹走死梁地。项梁已并秦嘉军，军胡陵，将引军而西。章邯军至栗，项梁使别将朱鸡石、余樊君与战。余樊君死。朱鸡石军败，亡走胡陵。项梁乃引兵入薛，诛鸡石。项梁前使项羽别攻襄城，襄城坚守不下。已拔，皆坑之。还报项梁。项梁闻陈王定死，召诸别将会薛计事。此时沛公亦起沛，往焉。

居鄛人范增，年七十，素居家，好奇计，往说项梁曰："陈胜败固当。夫秦灭六国，楚最无罪。自怀王入秦不反，楚人怜之至今，故楚南公曰'楚虽三户，亡秦必楚'也。今陈胜首事，不立楚后而自立，其势不长。今君起江东，楚蜂午之将皆争附君者，以君世世楚将，为能复立楚之后也。"于是项梁然其言，乃求楚怀王孙心民间，为人牧羊，立以为楚怀王，从民所望也。陈婴为楚上柱国，封五县，与怀王都盱台。项梁自号为武信君。

居数月，引兵攻亢父，与齐田荣、司马龙且军救东阿，大破秦军于东阿。田荣即引兵归，逐其王假。假亡走楚。假相田角亡走赵。角弟田间故齐将，居赵不敢归。田荣立田儋子市为齐王。项梁已破东阿下军，遂追秦军。数使使趣齐兵，欲与俱西。田荣曰："楚杀田假，赵杀田角、田间，乃发兵。"项梁曰："田假为与国之王，穷来从我，不忍杀之。"赵亦不杀田角、田间以市于齐。齐遂不肯发兵助楚。项梁使沛公及项羽别攻城阳，屠之。西破秦军濮阳东，秦兵收入濮阳。沛公、项羽乃攻定陶。定陶未下，去，西略地至雍丘，大破秦军，斩李由。还攻外黄，外黄未下。

【译文】

这时，秦嘉已立景驹为楚王，驻扎在彭城东面，想要抵挡项梁。项梁对军吏说："陈王首先起事，作战不利，不知道下落。现在秦嘉背叛陈王而立景驹，大逆不道。"项梁就进兵攻打秦嘉。秦嘉的军队败逃，项梁追到胡陵。秦嘉回军打了一天，秦嘉阵亡，士卒投降。景驹逃走，死在梁地。项梁已经合并了秦嘉的军队，驻扎在胡陵，将要引军西进。章邯的军队到达栗县，项梁派别将朱鸡石、余樊君和他交战。余樊君战死，朱鸡石军败，逃跑到胡陵。项梁便带兵进入薛县，杀了朱鸡石。项梁在这之前派项羽另率一军攻打襄城，襄城坚守不降。攻克以后，全部坑杀了守城军民，回来报告项梁。项梁听说陈王确实死了，召集各路将领会合到薛县商讨大事。这时沛公也起兵于沛，前往薛县。

居鄛人范增，七十岁了，平常住在家里，好出奇计，去游说项梁道：“陈胜失败本来是应该的。秦灭六国，楚国最没有过错。自从楚怀王入秦不返，楚人至今还十分想念他。所以楚南公说‘楚国即使只有几户人家，也能灭掉秦国’。如今陈胜首先起事，没有立楚国的后裔而自立为王，他的局面不会长久。现在你起兵江东，楚地将领有如群蜂纵横，都争先恐后地归附你的缘故，是因为项家世代为楚将，能够再立楚国的后裔。”项梁认为他说的对，就在民间寻访到了楚怀王的孙子心，他在给人放羊，项梁立他为楚怀王，顺从人民的愿望。陈婴为楚上柱国，封地有五个县，和楚怀王一起，建都盱台。项梁自称为武信君。

过了几个月，项梁带兵攻打亢父，与齐田荣、司马龙且的军队一起援救东阿，在东阿大败秦军。田荣率军回到旧地，赶跑了齐王田假。田假逃到楚国。田假的相国田角逃到赵国。田角的弟弟田间原来是齐国的将领，留在赵国不敢回去。田荣立了田儋的儿子田市为齐王。项梁已经打垮了东阿方面的秦军，于是乘胜追击。屡次派遣使者催促齐国军队，打算与他联兵西进。田荣说：“楚国杀了田假，赵国杀了田角、田间，我就出兵。”项梁说：“田假是楚国友好国家的国王，走投无路才来依附我，不忍心杀他。”赵国也不杀田角、田间，作为与齐交换的条件。于是齐国不肯发兵帮助楚国。项梁派沛公和项羽另率一支军队攻打城阳，屠毁了县城。向西在濮阳东面击破了秦军，秦军收兵进入濮阳。沛公、项羽就攻打定陶。没有攻下定陶，率军离去，西进略地，到达雍丘，大破秦军，杀了李由。回军攻打外黄，没有攻下来。

项梁起东阿，西，比至定陶，再破秦军，项羽等又斩李由，益轻秦，有骄色。宋义乃谏项梁曰：“战胜而将骄卒惰者败。今卒少惰矣，秦兵日益，臣为君畏之。”项梁弗听。乃使宋义使于齐。道遇齐使者高陵君显，曰：“公将见武信君乎？”曰：“然。”曰：“臣论武信君军必败。公徐行即免死，疾行则及祸。”秦果悉起兵益章邯，击楚军，大破之定陶，项梁死。沛公、项羽去外黄攻陈留，陈留坚守不能下。沛公、项羽相与谋曰："今项梁军破，士卒恐。"乃与吕臣军俱引兵而东。吕臣军彭城东，项羽军彭城西，沛公军砀。

章邯已破项梁军，则以为楚地兵不足忧，乃渡河击赵，大破之。当此时，赵歇为王，陈余为将，张耳为相，皆走入钜鹿城。章邯令王离、涉间围钜鹿，章邯军其南，筑甬道而输之粟。陈余为将，将卒数万人而军钜鹿之北，此所谓河北之军也。

楚兵已破于定陶，怀王恐，从盱台之彭城，并项羽、吕臣军自将之。以吕臣为司徒，以其父吕青为令尹。以沛公为砀郡长，封为武安侯，将砀郡兵。

初，宋义所遇齐使者高陵君显在楚军，见楚王曰："宋义论武信君之军必败，居数日，军果败。兵未战而先见败征，此可谓知兵矣。"王召宋义与计事而大说之，因置以为上将军；项羽为鲁公，为次将，范增为末将，救赵。诸别将皆属宋义，号为卿子冠军。

【译文】

项梁从东阿出发，向西，等到达定陶，再次打败秦军，项羽等又杀死了李由，因此越发轻视秦军，有骄傲之色。宋义就劝项梁说："打了胜仗而将领骄傲、士卒懈怠的就要失败。现在士卒稍有懈怠，秦兵日益增多，我替你担心。"项梁不听劝告。就派宋义出使齐国。路上遇到齐国使者高陵君显，问他："你将要去见武信君吗？"回答说："是的。"宋义说："我断定武信君的军队一定失败。你慢走就可以免死，快走就要遭殃。"秦果然发动全部兵力增援章邯，攻打楚军，大破楚军于定陶，项梁战死。沛公、项羽离开外黄攻打陈留，陈留坚兵固守，不能攻下。沛公、项羽互相商量说："如今项梁的军队垮了，士卒恐惧。"于是就领兵同吕臣的军队一起向东进发。吕臣驻扎在彭城东面，项羽驻扎在彭城西面，沛公驻扎在砀。

章邯已经打垮了项梁的军队，以为楚地的敌人不用担心了，就渡过黄河攻打赵地，大破赵军。这个时候，赵歇为赵王，陈余为将，张耳为相，都跑进了钜鹿城。章邯命令王离、涉间围攻钜鹿，章邯驻扎在钜鹿南面，修筑甬道输送粮食。陈余作为将领，统率士卒数万人驻扎在钜鹿的北面，这就是所说的河北之军。

楚军已在定陶被打败，怀王害怕，从盱台来到彭城，合并项羽、吕臣的军队亲自统率。任命吕臣为司徒，任命吕臣的父亲吕青为令尹。任命沛公为砀郡长，封为武安侯，统率砀郡的军队。

以前宋义所遇到的齐国使者高陵君显还在楚国的军队里，他见到楚怀王说："宋义断定武信君的军队一定失败，过了几天，他的军队果然失败了。军队没有开战而先看到了失败的征兆，这可说是懂得军事了。"楚怀王召见宋义，和他商量事情，大为高兴，因此委任为上将军；项羽为鲁公，担任次将，范增为末将，去援救赵国。各路别将都统属于宋义，宋义号为卿子冠军。

行至安阳，留四十六日不进。项羽曰："吾闻秦军围赵王钜鹿，疾引兵渡河，楚击其外，赵应其内，破秦军必矣。"宋义曰："不然。夫搏牛之虻不可以破虮虱。今秦攻赵，战胜则兵罢，我承其敝；不胜，则我引兵鼓行而西，必举秦矣。故不如先斗秦赵。夫被坚执锐，义不如公；坐而运策，公不如义。"因下令军中曰："猛如虎，很如羊，贪如狼，强不可使者，皆斩之。"乃遣其子宋襄相齐，身送之至无盐，饮酒高会。天寒大雨，士卒冻饥。项羽曰："将戮力而攻秦，久留不行。今岁饥民贫，士卒食芋菽，军无见粮，乃饮酒高会，不引兵渡河因赵食，与赵并力攻秦，乃曰'承其敝'。夫以秦之强，攻新造之赵，其势必举赵。赵举而秦强，何敝之承！且国兵新破，王坐不安席，埽境内而专属于将军，国家安危，在此一举。今不恤士卒而徇其私，非社稷之臣。"项羽晨朝上将军宋义，即其帐中斩宋义头，出令军中曰："宋义与齐谋反楚，楚王阴令羽诛之。"当是时，诸将皆慑服，莫敢支吾。皆曰："首立楚者，将军家也。今将军诛乱。"乃相与共立羽为假上将军。使人追宋义子，及之齐，杀之。使桓楚报命于怀王。怀王因使项羽为上将军，当阳君、蒲将军皆属项羽。

项羽已杀卿子冠军，威震楚国，名闻诸侯。乃遣当阳君、蒲将军将卒二万渡河，救钜鹿。战少利，陈余复请兵。项羽乃悉引兵渡河，皆沉船，破釜甑，烧庐舍，持三日粮，以示士卒必死，无一还心。于是至则围王离，与秦军遇，九战，绝其甬道，大破之，杀苏角，虏王离。涉间不降楚，自烧杀。当是时，楚兵冠诸侯。诸侯军救钜鹿下者十余壁，莫敢纵兵。及楚击秦，诸将皆从壁上观。楚战士无不一以当十，楚兵呼声动天，诸侯军无不人人惴恐。于是已破秦军，项羽召见诸侯将，入辕门，无不膝行而前，莫敢仰视。项羽由是始为诸侯上将军，诸侯皆属焉。

章邯军棘原，项羽军漳南，相持未战。秦军数却，二世使人让章邯。章邯恐，使长史欣请事。至咸阳，留司马门三日，赵高不见，有不信之心。长史欣恐，还走其军，不敢出故道，赵高果使人追之，不及。欣至军，报曰："赵高用事于中，下无可为者。今战能胜，高必嫉妒吾功；战不能胜，不免于死。愿将军孰计之。"陈余亦遗章邯书曰："白起为秦将，南征鄢、郢，北阬马服，攻城略地，不可胜计，而竟赐死。蒙恬为秦将，北逐戎人，开榆中地数千里，竟斩阳周。何者？功多，秦不能尽封，因以法诛之。今将军为秦将三岁矣，所亡失以十万数，而诸侯并起滋益多。彼赵高素谀日久，今事急，亦恐二世诛之，故欲以法诛将军以塞责，使人更代将军以脱其祸。夫将军居外久，多内却，有功亦诛，无功亦诛。且天之亡秦，无愚智皆知之。今将军内不能直谏，外为亡国将，孤特独立而欲常存，岂不哀哉！将军何不还兵与诸侯为从，约共攻秦，分王其地，南面称孤；此孰与身伏鈇质，妻子为僇乎？"章邯狐疑，阴使候始成使项羽，欲约。约未成，项羽使蒲将军日夜引兵度三户，军漳南，与秦战，再破之。项羽悉引兵击秦军污水上，大破之。

【译文】

走到安阳，停留四十六天而不前进。项羽说："我听说秦军把赵王围在钜鹿，赶快带兵渡河，楚军从外面攻打，赵军在内响应，一定能打垮秦军。"宋义说："不是的。咬牛的牛虻不能伤害虱子，现在秦军攻打赵军，打胜了则兵疲力尽，我们可乘秦军疲惫发动进攻；打不胜，我们就率领军队鸣鼓西进，一定能打垮秦军。所以不如先让秦、赵相斗。身披甲胄，手执利器，冲锋陷阵，宋义不如你；坐下来运筹划策，你不如宋义。"因此向军中下令说："凶猛如虎，狠戾如羊，贪婪如狼，倔强不听指挥的人，一律斩首。"宋义又派遣他的儿子宋襄去辅助齐国，亲自送他到无盐，摆酒设筵，大会宾客。当时，天寒大雨，士卒冻饿交加。项羽说："本来打算并力攻秦，却长期停留不进。现在年荒岁饥，人民贫困，士卒只吃半升豆子，食不果腹，军中没有存粮，宋义却还设酒宴，会宾客，不率领军队渡河就地取用赵国的粮食，而说什么'等待秦军疲惫'。像秦那样强大的兵力，进攻新建立的赵国，形势发展的结果必定是秦军打垮赵国的军队。赵国的军队被打垮了，而秦军更加强大，还有什么疲惫的机会可乘！而且楚军最近被打败，国王坐不安席，把国内的所有兵力都集中起来统属于上将军，国家安危，在此一举。如今不体恤士卒，而徇情营私，不是与国家同休共戚之臣。"项羽早晨参见上将军宋义，就在他的帐幕中割下了宋义的脑袋，出来发令军中说："宋义和齐国阴谋反楚，楚王秘密命令我杀死他。"这时，将领们都恐惧屈服，没有敢抗拒的。都说："创建楚国的，是将军一家。现在又是将军处死了叛乱的人。"将领们就共同推立项羽为假上将军。派人去追宋义的儿子，在齐国赶上了，杀死了他。项羽派桓楚向楚怀王报告。楚怀王就让项羽做上将军，当阳君、蒲将军都归项羽节制。

项羽已经杀了卿子冠军，威震楚国，名闻诸侯，他便派遣当阳君、蒲将军带领两万士卒渡河，援救钜鹿。战事稍有胜利，陈余又向项羽请求救兵。项羽就率领全军渡河，凿沉船只，砸破炊具，烧毁营舍，携带三天口粮，用以表示士卒愿拼死决战，没有一个有活着回来的打算。军队一到就围困了王离，与秦军遭遇，打了九仗，截断了秦军的甬道，大破秦军。杀了苏角，俘虏了王离。涉间不向楚军投降，自焚而死。这时候，秦军勇冠诸侯。援救钜鹿的诸侯军有十多个营垒，都不敢纵兵出战。等到楚军攻击秦军时，诸侯将领都在营垒上观战。楚军战士无不以一当十，楚兵喊声震天，诸侯军人人胆战心惊。已经打垮了秦军，项羽召见各诸侯将领，他们进入辕门，无不用膝盖行走，不敢抬头仰视。项羽从此成为诸侯军的上将军，各路诸侯隶属于他。

章邯的军队驻扎在棘原，项羽的军队驻扎在漳水南岸，两军相持，没有交战。秦军几次后撤，二世派人责备章邯。章邯害怕，派长史司马欣去请示。司马欣到了咸阳，在司马门待了三天，赵高仍不接见，有不相信他的意思。长史司马欣心里害怕，急忙逃回军中。他怕有人来追杀，没有敢走原路，赵高果然派人追赶他，没有追上。司马欣到了军中，向章邯报告说："赵高居中用事，下面的人不可能有所作为。如今仗能打赢，赵高必定嫉妒我们的功劳；仗打不赢，免不了被处死。希望将军深思熟虑。"陈余也送给章邯一封信说：“白起为秦将，向南攻拔鄢、郢，向北坑杀马服，攻城略地，不可胜数，而最后竟然赐死。蒙恬为秦将，北逐匈奴，开辟榆中几千里的地域，最终竟然斩于阳周。为什么呢？功劳太多，秦不能按功行封，因此罗织罪名，用法来杀死他们。现在将军为秦将三年了，所损失的士卒以十万计，而诸侯军同时并起，越来越多。那个赵高一向谄谀，为时已久，眼下形势危急，也怕二世杀他，所以打算用法杀死将军，借以推卸自己的责任，别外派人替代将军，以此来摆脱祸患。将军在外时日已久，朝廷中很多人与你有隔阂，有功也是被杀，无功也是被杀。况且天要亡秦，无论是愚笨的人还是聪明的人全都知道。如今将军在内不能直言规谏，在外为即将灭亡的国家的将领，孑然孤立而想长期存在，岂不可哀！将军何不倒戈与各路诸侯联合，签订和约，共同攻秦，割地为王，南向而坐，称孤道寡；这同自己伏砧受戮，妻子被杀，哪个比较好一些呢？”章邯犹豫不决，暗中派军候始成到项羽营中，想要签署和约。和约没有商妥，项羽让蒲将军昼夜领兵渡过三户津，扎营漳水南岸，与秦军交战，又一次打败了秦军。项羽率领全军士卒在污水上攻击秦军，把秦军打得大败。

章邯使人见项羽，欲约。项羽召军吏谋曰：“粮少，欲听其约。”军吏皆曰：“善。”项羽乃与期洹水南殷虚上。已盟，章邯见项羽而流涕，为言赵高。项羽乃立章邯为雍王，置楚军中。使长史欣为上将军，将秦军为前行。

到新安。诸侯吏卒异时故繇使屯戍过秦中，秦中吏卒遇之多无状，及秦军降诸侯，诸侯吏卒乘胜多奴虏使之，轻折辱秦吏卒。秦吏卒多窃言曰：“章将军等诈吾属降诸侯，今能入关破秦，大善；即不能，诸侯虏吾属而东，秦必尽诛吾父母妻子。”诸将微闻其计，以告项羽。项羽乃召黥布、蒲将军计曰：“秦吏卒尚众，其心不服，至关中不听，事必危，不如击杀之，而独与章邯、长史欣、都尉翳入秦。”于是楚军夜击坑秦卒二十余万人新安城南。

行略定秦地。函谷关有兵守关，不得入。又闻沛公已破咸阳，项羽大怒，使当阳君等击关。项羽遂入，至于戏西。沛公军霸上，未得与项羽相见。沛公左司马曹无伤使人言于项羽曰：“沛公欲王关中，使子婴为相，珍宝尽有之。”项羽大怒，曰：“旦日飨士卒，为击破沛公军！”当是时，项羽兵四十万，在新丰鸿门，沛公兵十万，在霸上。范增说项羽曰：“沛公居山东时，贪于财货，好美姬。今入关，财物无所取，妇女无所幸，此其志不在小。吾令人望其气，皆为龙虎，成五采，此天子气也。急击勿失。”

【译文】

章邯派人去见项羽，打算订立和约。项羽召集军吏商量说：“军中粮少，想允许他签订和约。”军吏都说：“好。”项羽就与章邯定期在洹水南岸殷墟相见。已经缔结了盟约，章邯见到项羽，涕泪交下，向项羽诉说赵高的种种行径。项羽就立章邯为雍王，安置在楚军营中。使长史司马欣为上将军，率领秦军为先行部队。

到了新安。诸侯军中的官兵以前服徭役或守边路过秦中时，秦中官兵对他们多有无礼之处，到秦军投降诸侯后，诸侯军中官兵大多乘胜把秦军官兵当奴隶俘虏般使唤，随便折磨侮辱他们。秦军官兵纷纷暗中议论道：“章将军等欺骗我们投降诸侯军。如今能够入关破秦，当然很好；如果不能，诸侯军就会俘虏我们东去，秦势必把我们的父母妻子全都处死。”诸侯军的将领们暗中听到了他们的打算，报告了项羽。项羽就找来黥布、蒲将军商量说：“秦军官兵还很多，他们心里不服，到了关中不听从命令，事情必然岌岌可危，不如杀掉他们，而只与章邯、长史司马欣、都尉董翳一起入秦。”于是楚军夜间把秦军士卒二十多万人处死掩埋在新安城南。

项羽将要攻取秦关中地带。函谷关有兵把守，不能进去。又听说沛公已经攻破咸阳，项羽大怒，派当阳君等扣关。项羽便进入了函谷关，到达戏水西岸。沛公驻军霸上，没有能够和项羽相见。沛公左司马曹无伤派人对项羽说：“沛公想称王关中，使子婴为相，占有了全部珍宝。”项羽怒气冲天地说：“明天早晨饱餐士卒，将击溃沛公的军队！”这时，项羽有兵四十万，驻扎在新丰鸿门，沛公有兵十万，驻扎在霸上。范增劝告项羽说：“沛公在山东时，贪财好货，喜爱美女。现在进了关，不收财物，不亲近妇女，由此看来，他的志向不小。我叫人观望他上空的云气，都呈龙虎形状，五颜六色，这是天子之气。请赶快进击，不要失掉机会。”

楚左尹项伯者，项羽季父也，素善留侯张良。张良是时从沛公，项伯乃夜驰之沛公军，私见张良，具告以事，欲呼张良与俱去。曰："毋从俱死也。"张良曰："臣为韩王送沛公，沛公今事有急，亡去不义，不可不语。"良乃入，具告沛公。沛公大惊，曰："为之奈何？"张良曰："谁为大王为此计者？"曰："鲰生说我曰'距关，毋内诸侯，秦地可尽王也'。故听之。"良曰："料大王士卒足以当项王乎？"沛公默然，曰："固不如也，且为之奈何？"张良曰："请往谓项伯，言沛公不敢背项王也。"沛公曰："君安与项伯有故？"张良曰："秦时与臣游，项伯杀人，臣活之。今事有急，故幸来告良。"沛公曰："孰与君少长？"良曰："长于臣。"沛公曰："君为我呼入，吾得兄事之。"张良出，要项伯。项伯即入见沛公。沛公奉卮酒为寿，约为婚姻，曰："吾入关，秋豪不敢有所近，籍吏民，封府库，而待将军。所以遣将守关者，备他盗之出入与非常也。日夜望将军至，岂敢反乎！愿伯具言臣之不敢倍德也。"项伯许诺。谓沛公曰："旦日不可不早自来谢项王。"沛公曰："诺。"于是项伯复夜去，至军中，具以沛公言报项王。因言曰："沛公不先破关中，公岂敢入乎？今人有大功而击之，不义也，不如因善遇之。"项王许诺。

沛公旦日从百余骑来见项王，至鸿门，谢曰："臣与将军戮力而攻秦，将军战河北，臣战河南，然不自意能先入关破秦，得复见将军于此。今者有小人之言，令将军与臣有郤。"项王曰："此沛公左司马曹无伤言之；不然，籍何以至此。"项王即日因留沛公与饮。项王、项伯东向坐，亚父南向坐。亚父者，范增也。沛公北向坐，张良西向侍。范增数目项王，举所佩玉玦以示之者三，项王默然不应。范增起，出召项庄，谓曰："君王为人不忍，若入前为寿，寿毕，请以剑舞，因击沛公于坐，杀之。不者，若属皆且为所虏。"庄则入为寿。寿毕，曰："君王与沛公饮，军中无以为乐，请以剑舞。"项王曰："诺。"项庄拔剑起舞，项伯亦拔剑起舞，常以身翼蔽沛公，庄不得击。于是张良至军门，见樊哙。樊哙曰："今日之事何如？"良曰："甚急。今者项庄拔剑起舞，其意常在沛公也。"哙曰："此迫矣，臣请入，与之同命。"哙即带剑拥盾入军门。交戟之卫士欲止不内，樊哙侧其盾以撞，卫士仆地，哙遂入，披帷西向立，瞋目视项王，头发上指，目眦尽裂。项王按剑而跽曰："客何为者？"张良曰："沛公之参乘樊哙者也。"项王曰："壮士！赐之卮酒。"则与斗卮酒。哙拜谢，起，立而饮之。项王曰："赐之彘肩。"则与一生彘肩。樊哙覆其盾于地，加彘肩上，拔剑切而啖之。项王曰："壮士！能复饮乎？"樊哙曰："臣死且不避，卮酒安足辞！夫秦王有虎狼之心，杀人如不能举，刑人如恐不胜，天下皆叛之。怀王与诸将约曰'先破秦入咸阳者王之'。今沛公先破秦入咸阳，毫毛不敢有所近，封闭宫室，还军霸上，以待大王来。故遣将守关者，备他盗出入与非常也。劳苦而功高如此，未有封侯之赏，而听细说，欲诛有功之人。此亡秦之续耳，窃为大王不取也。"项王未有以应，曰："坐。"樊哙从良坐。坐须臾，沛公起如厕，因招樊哙出。

沛公已出，项王使都尉陈平召沛公。沛公曰："今者出，未辞也，为之奈何？"樊哙曰："大行不顾细谨，大礼不辞小让。如今人方为刀俎，我为鱼肉，何辞为。"于是遂去。乃令张良留谢。良问曰："大王来何操？"曰："我持白璧一双，欲献项王，玉斗一双，欲与亚父，会其怒，不敢献。公为我献之。"张良曰："谨诺。"当是时，项王军在鸿门下，沛公军在霸上，相去四十里。沛公则置车骑，脱身独骑，与樊哙、夏侯婴、靳强、纪信等四人持剑盾步走，从郦山下，道芷阳间行。沛公谓张良曰："从此道至吾军，不过二十里耳。度我至军中，公乃入。"沛公已去，间至军中，张良入谢，曰："沛公不胜杯杓，不能辞。谨使臣良奉白璧一双，再拜献大王足下；玉斗一双，再拜奉大将军足下。"项王曰："沛公安在？"良曰："闻大王有意督过之，脱身独去，已至军矣。"项王则受璧，置之坐上。亚父受玉斗，置之地，拔剑撞而破之，曰："唉！竖子不足与谋。夺项王天下者，必沛公也，吾属今为之虏矣。"沛公至军，立诛杀曹无伤。

【译文】

楚国左尹项伯这个人，是项羽的叔父，一向和留侯张良友好。张良这时跟随着沛公，项伯就夜间骑马跑到沛公军营，私下见到张良，讲述了事情的经过，打算叫张良和他一起离去。他说："不要跟他们一起死掉。"

张良说："我为韩王护送沛公，现在沛公的事情发生了危急，逃走是不道义的，不能不说一声。"张良就走了进去，把情况全部告诉了沛公。沛公大吃一惊，说："怎么办呢？"张良说："谁给大王出的这个主意？"沛公说："一个小子劝我说'守住函谷关，不要让诸侯军进来，秦地可以全部占为己有，在这里称王'。我听信了他的话。"张良说："估计大王的军力足以抵挡项王吗？"沛公默然不语，过了一会说："军力当然不如项羽，又该怎么办呢？"张良说："请让我去告诉项伯，说沛公不敢背叛项王。"沛公说："你怎么与项伯有交情？"张良说："秦未灭六国时，项伯和我交游，他杀了人，我救了他。现在事有危急，幸亏他来告诉我。"沛公说："项伯与你相比，谁年纪大？谁年纪小？"张良说："他比我大。"沛公说："你替我叫他进来，我要对他以兄长相待。"张良走出来，邀请项伯。项伯就进去见沛公。沛公向项伯举杯敬酒，约为儿女亲家。沛公说："我入了关，丝毫利益不敢有所接近，造册登记吏民，封存府库，等待将军。所以遣将守关，是为了防备别的盗贼出入和意外事件。我日日夜夜盼望将军到来，哪里敢反叛！请伯兄向将军详细说明我是不敢忘恩负义的。"项伯答应了。对沛公说："明天早晨不可不早来向项王道歉。"沛公说："是的。"于是项伯又当夜离去，回到军中，把沛公的话原原本本报告了项王。随即对项羽说："沛公不先攻破关中，你难道敢进来吗？如今人家立有大功而去攻打他，是不道义的，不如借他来请罪的机会好好对待他。"项王答应了。

沛公第二天一早就带着一百多人马来见项王，到了鸿门，谢罪说："我与将军合力攻秦，将军在河北作战，我在河南作战，可没想到我自己能先入关破秦，能够又在这里见到将军。现在有小人进谗言，使将军与我有了隔阂。"项王说："这是你沛公左司马曹无伤说的，不然，我何至于如此。"项王当天就留沛公一同饮酒。项王、项伯面朝东坐，亚父面朝南坐。亚父就是范增。沛公面朝北坐，张良面朝西陪坐。范增向项王多次使眼色，再三举起佩带的玉玦向项王示意，项王默然不应。范增起身出去找来项庄，对他说："君王为人不狠，你进去上前祝酒，祝酒完了，请求舞剑，趁机在座上袭击沛公，杀死他。不然的话，你们这些人都将被他俘虏。"项庄便进去祝酒。祝酒完了说："君王和沛公饮酒，军中没有什么可供娱乐的，请允许我舞剑助乐。”项王说：“好吧。”项庄拔剑起舞，项伯也拔剑起舞，常常用身体掩蔽沛公，项庄得不到刺杀机会。这时张良来到军门，看见了樊哙。樊哙说：“今天的事情怎么样了？”张良说：“极为危急。此刻项庄正在舞剑，他的用意时时在沛公身上。”樊哙说：“这可紧急了，请让我进去，与沛公同生共死。”樊哙立即带着剑，手拥盾牌，进入军门。交戟守门的卫士打算阻拦，不让他进去，樊哙侧过他的盾牌撞击，卫士倒在地上，樊哙就进入了大帐，揭开帷帐，向西而立，圆睁怒目，看着项王，头发上指，眼眶破裂。项王按剑长跪说：“来客是干什么的？”张良说：“这是沛公的参乘樊哙。”项王说：“壮士！赏赐他一杯酒。”左右就给他一大杯酒。樊哙拜谢后起来，站着一饮而尽。项王说：“赏给他猪腿。”左右就给他一只生猪腿。樊哙覆盾于地，把猪腿放在盾上，拔出剑来切肉吃。项王说：“壮士！能再喝酒吗？”樊哙说：“我死都不怕，一杯酒哪里值得推辞！秦王有虎狼之心，杀人唯恐杀不尽，用刑唯恐刑不重，天下人都反叛他。楚怀王和将领们约定说‘先攻破秦地进入咸阳的做关中王’。现在沛公先攻破了秦地进入咸阳，丝毫利益不敢有所接近，封闭宫室，回军霸上，等待大王到来。所以遣将守关，是为了防备别的盗贼和意外事件。如此劳苦功高，没有得到封侯的赏赐，而听信闲言细语，要杀有功的人。这是继承了已经灭亡的秦朝的道路，以我私见，大王这样做是不可取的。”项王无辞以对，只说：“坐。”樊哙在张良旁边坐下来。坐了不一会儿，沛公起来上厕所，趁机招呼樊哙出来。

沛公出来后，项王派都尉陈平去叫沛公。沛公说：“刚才出来，没有告辞，怎么办呢?”樊哙说：“干大事不拘小节，行大礼不讲究小谦让。如今人家为刀俎，我们为鱼肉，还辞别什么！”于是就不辞而去。临走时，叫张良留下道谢。张良问：“大王来时带了什么？”沛公说：“我带来一双白璧，想献给项王，一只玉斗，想送给亚父，正碰上他们生气，不敢进献。你替我献给他们。”张良说：“遵命。”当时，项王的军队在鸿门，沛公的军队在霸上，相去四十里。沛公丢下车骑，一人骑马脱身而去，樊哙、夏侯婴、靳强、纪信等四人握剑持盾步行，从郦山下取道芷阳，抄行小路。沛公对张良说：“从这条路到我们军营，不过二十里而已。估计我到了军中，你再进去。”沛公走后，张良估计抄小路已经到达军中，就进去道谢说："沛公经受不了杯盏，不能亲自来辞行。谨使张良奉上白璧一双，拜献大王；玉斗一只，拜送大将军。"项王说："沛公在哪里？"张良说："听说大王有意责备他，独自脱身而去，现在已经回到军中了。"项王接过玉璧，放在坐席上。亚父接过玉斗，放在地上，拔剑一击而碎，说："唉！这小子不足以共谋大事。夺取项王天下的，一定是沛公，我们这些人就要被他俘虏了。"沛公回到军中，立刻杀了曹无伤。

居数日，项羽引兵西屠咸阳，杀秦降王子婴，烧秦宫室，火三月不灭，收其货宝妇女而东。人或说项王曰："关中阻山河四塞，地肥饶，可都以霸。"项王见秦宫室皆以烧残破，又心怀思欲东归，曰："富贵不归故乡，如衣绣夜行，谁知之者！"说者曰："人言楚人沐猴而冠耳，果然。"项王闻之，烹说者。

项王使人致命怀王。怀王曰："如约。"乃尊怀王为义帝。项王欲自王，先王诸将相。谓曰："天下初发难时，假立诸侯后以伐秦。然身被坚执锐首事，暴露于野三年，灭秦定天下者，皆将相诸君与籍之力也。义帝虽无功，故当分其地而王之。"诸将皆曰："善。"乃分天下，立诸将为侯王。

项王、范增疑沛公之有天下，业已讲解，又恶负约，恐诸侯叛之，乃阴谋曰："巴、蜀道险，秦之迁人皆居蜀。"乃曰："巴、蜀亦关中地也。"故立沛公为汉王，王巴、蜀、汉中，都南郑。而三分关中，王秦降将以距塞汉王。

项王乃立章邯为雍王，王咸阳以西，都废丘。长史欣者，故为栎阳狱掾，尝有德于项梁；都尉董翳者，本劝章邯降楚。故立司马欣为塞王，王咸阳以东至河，都栎阳；立董翳为翟王，王上郡，都高奴。徙魏王豹为西魏王，王河东，都平阳。瑕丘申阳者，张耳嬖臣也，先下河南郡，迎楚河上，故立申阳为河南王，都洛阳。韩王成因故都，都阳翟。赵将司马卬定河内，数有功，故立卬为殷王，王河内，都朝歌。徙赵王歇为代王。赵相张耳素贤，又从入关，故立耳为常山王，王赵地，都襄国。当阳君黥布为楚将，常冠军，故立布为九江王，都六。鄱君吴芮率百越佐诸侯，又从入关，故立芮为衡山王，都邾。义帝柱国共敖将兵击南郡，功多，因立敖为临江王，都江陵。徙燕王韩广为辽东王。燕将臧荼从楚救赵，因从入关，故立荼为燕王，都蓟。徙齐王田市为胶东王。齐将田都从共救赵，因从入关，故立都为齐王，都临菑。故秦所灭齐王建孙田安，项羽方渡河救赵，田安下济北数城，引其兵降项羽，故立安为济北王，都博阳。田荣者，数负项梁，又不肯将兵从楚击秦，以故不封。成安君陈余弃将印去，不从入关，然素闻其贤，有功于赵，闻其在南皮，故因环封三县。番君将梅鋗功多，故封十万户侯。项王自立为西楚霸王，王九郡，都彭城。

【译文】

过了几天，项羽带兵西进屠灭咸阳，杀了投降的秦王子婴，烧毁了秦朝宫室，大火三个月不灭；夺取秦朝的财宝和妇女，向东离去。有人劝说项王道："关中以山河为险阻，四面都是要塞，土地肥沃，可以建都称霸。"项王看到秦宫室都已焚烧残破，又怀念家乡想回到东方，说："富贵了不回家乡，就好比穿着锦绣衣服在夜间行走，谁能看得到!"说客说："人家都说楚人是猴子戴人帽，果然如此。"项王听说了，把那个说客活煮了。

项王派人向楚怀王报告请示。楚怀王说："按照约定办。"项羽就尊楚怀王为义帝。项王想自己称王，就先封诸侯将相为王。对他们说："天下最初发难的时候，暂时拥立诸侯后裔为王，以便讨伐秦朝。然而亲自身穿铠甲，手执兵器，率先起义，三年来风餐露宿，消灭秦朝，平定天下的，都是各位将相和我项籍的力量。只有义帝没有功劳，本来应该瓜分他的土地，封大家为王。"将领们都说："好。"项王就分割天下，封将领们为侯王。

项王、范增疑心沛公将来会占有天下，不想让他称王关中，但既已和解，又怕违背原约，诸侯反叛，他们就暗中商量说："巴、蜀道路险恶，秦朝被迁徙的罪人都居住蜀地。"于是就扬言说："巴、蜀也是关中地区。"所以封沛公为汉王，称王于巴、蜀、汉中，建都南郑。而把关中分为三部分，封给秦朝降将为王，阻挡汉王，防止他将来向东方出兵。

项王封章邯为雍王，称王于咸阳以西，建都废丘。长史司马欣，从前做栎阳狱掾，曾对项梁有过恩德；都尉董翳，最初劝说章邯降楚，所以封司马欣为塞王，称王于咸阳以东到黄河一带，建都栎阳；封董翳为翟王，称王于上郡，建都高奴。徙封魏王豹为西魏王，称王于河东，建都平阳。瑕丘申阳是张耳的宠臣，先攻下河南，在黄河岸边迎接楚军，所以立申阳为河南王，建都洛阳。韩王成仍以旧都城为都，建都阳翟。赵将司马卬平定河内，屡立战功，所以封司马卬为殷王，称王于河内，建都朝歌。徙封赵王歇为代王。赵相张耳一向贤能，又随从项王入关，所以封张耳为常山王，称王于赵地，建都襄国。当阳君黥布为楚军将领，常常勇冠全军，所以封黥布为九江王，建都于六。鄱君吴芮率领百越兵协助诸侯军，又随从入关，所以封吴芮为衡山王，建都于邾。义帝的柱国共敖率兵攻打南郡，功劳很多，于是封共敖为临江王，建都江陵。徙封燕王韩广为辽东王。燕将臧荼曾随楚军救赵，遂又跟从入关，所以封臧荼为燕王，建都于蓟。徙封齐王田市为胶东王。齐将田都曾随从项王共同救赵，遂又跟着入关，所以立田都为齐王，建都临淄。原来被秦朝灭亡的齐王建的孙子田安，正在项羽渡河救赵时，攻下济水北边几座城邑，率领他的军队投降了项羽，所以封田安为济北王，建都博阳。田荣多次有负项梁，又不愿率军随楚击秦，因此没有封王。成安君陈余丢弃将印离去，没有随从入关，然而一向听说他贤能，有功于赵，知道他在南皮，所以把环绕南皮的三个县封给他。番君的将领战功很多，所以封为十万户侯。项王自立为西楚霸王，封有九郡，建都彭城。

汉之元年四月，诸侯罢戏下，各就国。项王出之国，使人徙义帝，曰："古之帝者地方千里，必居上游。"乃使使徙义帝长沙郴县。趣义帝行，其群臣稍稍背叛之，乃阴令衡山、临江王击杀之江中。韩王成无军功，项王不使之国，与俱至彭城，废以为侯，已又杀之。臧荼之国，因逐韩广之辽东，广弗听，荼击杀广无终，并王其地。

田荣闻项羽徙齐王市胶东，而立齐将田都为齐王，乃大怒，不肯遣齐王之胶东，因以齐反，迎击田都。田都走楚。齐王市畏项王，乃亡之胶东就国。田荣怒，追击杀之即墨。荣因自立为齐王，而西击杀济北王田安，并王三齐。荣与彭越将军印，令反梁地。陈余阴使张同、夏说说齐王田荣曰："项羽为天下宰，不平。今尽王故王于丑地，而王其群臣诸将善地。逐其故主，赵王乃北居代，余以为不可。闻大王起兵，且不听不义，愿大王资余兵，请以击常山，以复赵王，请以国为捍蔽。"齐王许之，因遣兵之赵。陈余悉发三县兵，与齐并力击常山，大破之。张耳走归汉。陈余迎故赵王歇于代，反之赵。赵王因立陈余为代王。

是时，汉还定三秦。项羽闻汉王皆已并关中，且东，齐、赵叛之，大怒。乃以故吴令郑昌为韩王，以距汉。令萧公角等击彭越。彭越败萧公角等。汉使张良徇韩，乃遗项王书曰："汉王失职，欲得关中，如约即止，不敢东。"又以齐、梁反书遗项王曰："齐欲与赵并灭楚。"楚以此故无西意，而北击齐。征兵九江王布。布称疾不往，使将将数千人行。项王由此怨布也。

【译文】

汉元年四月，在项王旌麾之下诸侯罢兵散归，各自回到封国。项王也出关回到封国，派人迁徙义帝，说："古代做帝王的拥有千里见方的土地，必须住在上游。"于是就派遣使者把义帝迁往长沙郴县。项王催促义帝快些动身，义帝群臣渐渐背叛了他，项王就暗中命令衡山王、临江王把义帝击杀在江中。韩王成没有军功，项王不让他就国，一起到了彭城，废去王号，改封为侯，不久又杀死了他。臧荼到了封国，就驱逐韩广去辽东，韩广不服从，臧荼在无终击杀了韩广，兼并了他的封地。

田荣听说项羽把齐王田市徙封胶东，而立齐将田都为齐王，十分气愤，不愿让齐王去胶东，就据齐反叛，迎击田都。田都逃往楚国。齐王田市害怕项王，就潜往胶东就国。田荣大为生气，派兵追击，在即墨杀死了他。田荣便自立为齐王，向西进兵，击杀了济北王田安，兼并了三齐。田荣把将军印授予彭越，让他在梁地反楚。陈余秘密派遣张同、夏说劝告齐王田荣说："项羽为天下的主宰，分封侯王不公平。如今把原来的诸侯王都封在坏地方称王，而他的群臣诸将都封在好地方称王。因为要赶走原来的诸侯王，赵王就只好到北方居住代地，我以为这样是不能答应的。听说大王已经起兵，而且不接受不道义的命令，希望大王援助我一些兵马，允许我用以攻打常山，恢复赵王的地位，愿把赵国作为齐国的屏障。"齐王答应了，就遣兵赴赵。陈余调动了三县的全部士卒，与齐军合力攻打常山，打垮了常山的军队。张耳逃走归服了汉王。陈余去代地迎接原来的赵王歇返归赵地。赵王就立陈余为代王。

这时，汉王回军平定了三秦。项羽听说汉王已经兼并了关中，将要东进，齐、赵又反叛了他，非常愤怒。就以从前的吴令郑昌为韩王，来阻挡汉军。命令萧公角等人攻击彭越。彭越打败了萧公角等人。汉王派张良巡行招抚韩地，张良就给项王写信说："汉王没有如约称王关中，有失职守，打算取得关中，实现了原来的约定就停止进军，不敢继续东进。"张良又把齐、梁的反叛文告送给项王，说："齐想和赵并力灭楚。"楚军因此无意西进，而向北攻打齐国。项王向九江王黥布征调兵力。黥布称病不往，派将领率兵几千人前去。项王从此怨恨黥布。

汉之二年冬，项羽遂北至城阳，田荣亦将兵会战。田荣不胜，走至平原，平原民杀之。遂北烧夷齐城郭室屋，皆坑荣降卒，系虏其老弱妇女。徇齐至北海，多所残灭。齐人相聚而叛之。于是田荣弟田横收齐亡卒得数万人，反城阳。项王因留，连战未能下。

春，汉王部五诸侯兵，凡五十六万人，东伐楚。项王闻之，即令诸将击齐，而自以精兵三万人南从鲁出胡陵。四月，汉皆已入彭城，收其货宝美人，日置酒高会。项王乃西从萧，晨击汉军而东，至彭城，日中，大破汉军。汉军皆走，相随入谷、泗水，杀汉卒十余万人。汉卒皆南走山，楚又追击至灵壁东睢水上。汉军却，为楚所挤，多杀，汉卒十余万人皆入睢水，睢水为之不流。围汉王三帀田。于是大风从西北而起，折木发屋，扬沙石，窈冥昼晦，逢迎楚军。楚军大乱，坏散，而汉王乃得与数十骑遁去。欲过沛，收家室而西；楚亦使人追之沛，取汉王家。家皆亡，不与汉王相见。汉王道逢得孝惠、鲁元，乃载行。楚骑追汉王，汉王急，推堕孝惠、鲁元车下，滕公常下收载之。如是者三。曰："虽急，不可以驱！奈何弃之！"于是遂得脱。求太公、吕后不相遇。审食其从太公，吕后间行，求汉王，反遇楚军。楚军遂与归，报项王，项王常置军中。

是时吕后兄周吕侯为汉将兵居下邑，汉王间往从之，稍稍收其士卒。

至荥阳，诸败军皆会，萧何亦发关中老弱未傅悉诣荥阳，复大振。楚起于彭城，常乘胜逐北，与汉战荥阳南京、索间，汉败楚，楚以故不能过荥阳而西。

项王之救彭城，追汉王至荥阳，田横亦得收齐，立田荣子广为齐王。汉王之败彭城，诸侯皆复与楚而背汉。汉军荥阳，筑甬道属之河，以取敖仓粟。

【译文】

汉二年冬，项羽北上到达城阳，田荣也率军到此与项羽会战。田荣兵败，逃到平原，平原百姓杀死了他。楚军北进，烧毁齐国房屋，夷平齐国城郭，坑杀田荣降卒，掳掠老弱妇女。在齐攻城略地，直至北海，到处烧杀掠夺。齐国人联合起来反抗项羽。田荣的弟弟田横收集齐国逃散的士卒，得到几万人，反于城阳。项王因此留下来，连续攻打几次都没有攻下城阳。

春天，汉王统率五个诸侯国的军队，总共五十六万人，东进攻打楚国。项王听说了，就命将领们攻打齐国，而亲自率精兵三万人南进，从鲁县出胡陵。四月，汉军都已进入彭城，掳掠那里的财宝、美人，每天摆酒席聚会。项王于是从西边的萧县出发，早晨攻打汉军，向东打到彭城，中午时分，把汉军打得大败。汉军溃退，相继逃入谷水、泗水，楚军杀死了十多万汉军士卒。汉军向南往山里逃跑，楚军又追击到灵壁东面的睢水上。汉军退却，为楚军所逼，拥挤在一起，多被杀伤，汉军十多万人落入睢水，睢水因此不流。楚军把汉王包围了三层。这时大风从西北刮起，吹断了树木，掀毁了房屋，飞沙走石，天色昏昏沉沉，狂风夹杂着沙石向楚军迎面扑来。楚军大乱，阵形溃散，汉王才得以和几十个骑兵逃走。打算经过沛县，接取家眷西行；楚军也派人追往沛县，掠取汉王家眷。家眷都已逃亡，没有和汉王相见。汉王在路上遇到了孝惠、鲁元，就用车拉着一块儿走。楚军骑兵追赶汉王，汉王着急了，把孝惠、鲁元推下车去，滕公便下车把他们抱上来，这样推下抱上了好几次。滕公说："事虽危急，不是可以把车赶得快一些！怎么能丢弃他们！"汉王终于脱身而出。他寻找太公、吕后，没有找到。审食其跟随太公、吕后从小路潜行，寻找汉王，却碰上了楚军。楚军就带他们回到军营，报告了项王，项王把他们拘留在军营里。

这时吕后的哥哥周吕侯为汉率兵驻扎在下邑，汉王抄小路来到周吕侯那里，稍稍收集了一些逃散的士卒。到了荥阳，各路败军都会合在一起，萧何也征发关中没有著籍的老弱全部来到荥阳，声势又振作起来。楚军从彭城出发，常常乘胜追击败兵，与汉军在荥阳南面的京、索之间交战，汉军打败了楚军，楚军因此不能越过荥阳西进。

项王解救彭城，追赶汉王到达荥阳，田横趁机收复了齐国，立田荣子田广为齐王。汉王在彭城战败，诸侯又都向楚背汉。汉军驻扎在荥阳，修筑了一条甬道，与黄河相连，以便运取敖仓的粮食。

汉之三年，项王数侵夺汉甬道，汉王食乏，恐，请和，割荥阳以西为汉。项王欲听之。历阳侯范增曰："汉易与耳，今释弗取，后必悔之。"项王乃与范增急围荥阳。汉王患之，乃用陈平计间项王。项王使者来，为太牢具，举欲进之。见使者，详惊愕曰："吾以为亚父使者，乃反项王使者。"更持去，以恶食食项王使者。使者归报项王，项王乃疑范增与汉有私，稍夺之权。范增大怒，曰："天下事大定矣，君王自为之。愿赐骸骨归卒伍。"项王许之。行未至彭城，疽发背而死。

汉将纪信说汉王曰："事已急矣，请为王诳楚为王，王可以间出。"于是汉王夜出女子荥阳东门被甲二千人，楚兵四面击之。纪信乘黄屋车，傅左纛，曰："城中食尽，汉王降。"楚军皆呼万岁。汉王亦与数十骑从城西门出，走成皋。项王见纪信，问："汉王安在？"信曰："汉王已出矣。"项王烧杀纪信。

汉王使御史大夫周苛、枞公、魏豹守荥阳。周苛、枞公谋曰："反国之王，难与守城。"乃共杀魏豹。楚下荥阳城，生得周苛。项王谓周苛曰："为我将，我以公为上将军，封三万户。"周苛骂曰："若不趣降汉，汉今虏若，若非汉敌也。"项王怒，烹周苛，并杀枞公。

汉王之出荥阳，南走宛、叶，得九江王布，行收兵，复入保成皋。汉之四年，项王进兵围成皋。汉王逃，独与滕公出成皋北门，渡河走修武，从张耳、韩信军。诸将稍稍得出成皋，从汉王。楚遂拔成皋，欲西。汉使兵距之巩，令其不得西。

是时，彭越渡河击楚东阿，杀楚将军薛公。项王乃自东击彭越。汉王得淮阴侯兵，欲渡河南。郑忠说汉王，乃止壁河内。使刘贾将兵佐彭越，烧楚积聚。项王东击破之，走彭越。汉王则引兵渡河，复取成皋。军广武。就敖仓食。项王已定东海来，西，与汉俱临广武而军，相守数月。

【译文】

汉三年，项王屡次侵夺汉军的甬道，汉王粮食缺乏，恐慌起来，请求讲和，划分荥阳以西归汉。项王想要答应他。历阳侯范增说："汉军容易对付，现在放掉他们，不予以消灭，以后一定会懊悔。"项王就和范增加紧围攻荥阳。汉王深为忧虑，就采用陈平的计策离间项王和范增。项王的使者来了，给他准备了牛、羊、豕齐全的丰盛筵席，打算端上去。端饭菜的人一看使者，假装惊愕地说："我以为是亚父的使者，没想到反而是项王的使者。"把饭菜又端了下去，拿粗菜恶饭给项王的使者吃。使者回来报告了项王，项王就怀疑范增私通汉军，渐渐剥夺了他的权力。范增大怒，说："天下的形势，大局已定，君王好自为之。请赐还我的躯体，让我成为一个普通的士卒。"项王答应了他。范增走了，还没有到彭城，因背上长毒疮死去了。

汉军将领纪信劝汉王说："形势已经很危急了，请让我假装成大王替你去蒙骗楚军，大王可以趁机逃出城去。"于是汉王夜间从荥阳东门放出两千名身穿铠甲的妇女，楚军四面围击。纪信乘坐黄屋车，左边的车衡上竖立着大纛旗，卫士大声地说："城中粮食吃光了，汉王投降。"楚军都高呼万岁。汉王和几十名骑兵从西门出城，奔向成皋。项王见到纪信，问他："汉王在哪里？"纪信说："汉王已经出城了。"项王烧死了纪信。

汉王派御史大夫周苛、枞公、魏豹守卫荥阳。周苛、枞公商量说："魏豹这个叛国之王，很难和他共守城池。"（于是）就一起杀死了魏豹。楚军攻下荥阳城，活捉了周苛。项王对周苛说："做我的将领，我以你为上将军，封三万户。"周苛骂着说："你不赶快投降汉军，汉军就要俘虏你，你不是汉军的对手。"项王大怒，烹死了周苛，并杀了枞公。

汉王逃出荥阳，南走宛、叶，收服了九江王黥布，一边走一边收集士卒，又进入成皋固守。汉四年，项王围攻成皋。汉王逃走了，单身一人与滕公出了成皋北门，渡河奔向修武，到了张耳、韩信军营。诸将陆续逃出成皋，追随汉王。楚军攻下成皋，想要向西进军。汉王派兵在巩县阻击，使楚军不能西进。

这时，彭越渡河在东阿攻击楚军，杀死了楚将军薛公。项王亲自东去攻打彭越。汉王得到淮阴侯的军队，打算渡河南下。郑忠劝阻汉王，汉王就停留在河内筑起营垒。派刘贾领兵协同彭越，烧掉楚军的粮食。项王东进打败了刘贾和彭越，彭越逃走了。汉王率军渡河，又夺取了成皋，驻扎在广武，取食敖仓。项王已经平定了东海，率军回来，向西进发，与汉军都在广武驻扎，相持了好几个月。

当此时，彭越数反梁地，绝楚粮食，项王患之。为高俎，置太公其上，告汉王曰："今不急下，吾烹太公。"汉王曰："吾与项羽俱北面受命怀王，曰'约为兄弟'，吾翁即若翁，必欲烹而翁，则幸分我一杯羹。"项王怒，欲杀之。项伯曰："天下事未可知，且为天下者不顾家，虽杀之无益，只益祸耳。"项王从之。

楚汉久相持未决，丁壮苦军旅，老弱罢转漕。项王谓汉王曰："天下匈匈数岁者，徒以吾两人耳，愿与汉王挑战决雌雄，毋徒苦天下之民父子为也。"汉王笑谢曰："吾宁斗智，不能斗力。"项王令壮士出挑战。汉有善骑射者楼烦，楚挑战三合，楼烦辄射杀之。项王大怒，乃自被甲持戟挑战。楼烦欲射之，项王瞋目叱之，楼烦目不敢视，手不敢发，遂走还入壁，不敢复出。汉王使人间问之，乃项王也。汉王大惊。于是项王乃即汉王相与临广武间而语。汉王数之，项王怒，欲一战。汉王不听，项王伏弩射中汉王。汉王伤，走入成皋。

项王闻淮阴侯已举河北，破齐、赵，且欲击楚，乃使龙且往击之。淮阴侯与战，骑将灌婴击之，大破楚军，杀龙且。韩信因自立为齐王。项王闻龙且军破，则恐，使盱台人武涉往说淮阴侯。淮阴侯弗听。是时，彭越复反，下梁地，绝楚粮。项王乃谓海春侯大司马曹咎等曰："谨守成皋，则汉欲挑战，慎勿与战，毋令得东而已。我十五日必诛彭越，定梁地，复从将军。”乃东，行击陈留、外黄。

外黄不下。数日，已降，项王怒，悉令男子年十五已上诣城东，欲坑之。外黄令舍人儿年十三，往说项王曰：“彭越强劫外黄，外黄恐，故且降，待大王。大王至，又皆坑之，百姓岂有归心？从此以东，梁地十余城皆恐，莫肯下矣。”项王然其言，乃赦外黄当坑者。东至睢阳，闻之皆争下项王。

汉果数挑楚军战，楚军不出。使人辱之，五六日，大司马怒，渡兵汜水。士卒半渡，汉击之，大破楚军，尽得楚国货赂。大司马咎、长史翳、塞王欣皆自刭汜水上。大司马咎者，故蕲狱掾，长史欣亦故栎阳狱吏，两人尝有德于项梁，是以项王信任之。当是时，项王在睢阳，闻海春侯军败，则引兵还。汉军方围钟离眜于荥阳东，项王至，汉军畏楚，尽走险阻。

是时，汉兵盛食多，项王兵罢食绝。汉遣陆贾说项王，请太公，项王弗听。汉王复使侯公往说项王，项王乃与汉约，中分天下，割鸿沟以西者为汉，鸿沟而东者为楚。项王许之，即归汉王父母妻子。军皆呼万岁。汉王乃封侯公为平国君。匿弗肯复见。曰：“此天下辩士，所居倾国，故号为平国君。”项王已约，乃引兵解而东归。

汉欲西归，张良、陈平说曰：“汉有天下大半，而诸侯皆附之。楚兵罢食尽，此天亡楚之时也，不如因其机而遂取之。今释弗击，此所谓‘养虎自遗患’也。”汉王听之。

【译文】

当时，彭越在梁地多次反击楚军，断绝楚军的粮食，项王很是忧虑。他设置了一个高大的砧板，把太公放在上面，告诉汉王说：“现在不快快投降，我就烹杀太公。”汉王说：“我和你项羽都是北面称臣，受命于怀王，说是‘结为兄弟’，我的老子就是你的老子，如果一定要烹杀你的老子，那么希望你分给我一杯肉羹。”项王十分气愤，打算杀死太公。项伯说：“天下大事还不能预料，而且打天下的人不顾念家眷，虽然杀了太公也没有好处，只能增加祸患。”项王听从了项伯的话。

楚、汉长期相持，未决胜负，年轻力壮的苦于行军作战，年老体弱的疲于水陆运输。项王对汉王说："几年来天下扰攘不安，只是由于我们两个人的缘故，愿意与你挑战，一决雌雄，不要使天下百姓空受痛苦。"汉王笑着拒绝说："我宁愿斗智，不愿斗力。"项王叫壮士出去挑战。汉军有个善长骑马射箭的人叫楼烦，楚军派壮士挑战三次，楼烦都把壮士射死了。项王大怒，就亲自披甲持戟出来挑战。楼烦想要射他，项王怒目呵叱，楼烦被吓得眼不敢正视，手不敢发箭，跑回营垒，不敢再出来。汉王派人暗中打听，才知道挑战的人原来是项王。汉王大为震惊。于是项王靠近汉王军营，和他隔着广武涧对话。汉王历数项王的罪状，项王非常气愤，要求决战。汉王没有答应，项王埋伏的弓弩射中了汉王。汉王受伤跑回成皋。

项王听说淮阴侯已经攻下河北，打垮了齐、赵的军队，而且将要进攻楚军，就派龙且前往迎击。淮阴侯与龙且交战，骑兵将领灌婴也出击龙且，大破楚军，杀死了龙且。韩信就自立为齐王。项王听说龙且的军队垮了，大为恐慌，派遣盱台人武涉去游说淮阴侯。淮阴侯不肯听从。这时，彭越又起来反楚，攻下梁地，断绝楚军的粮道。项王就对海春侯大司马曹咎等人说："小心守卫成皋，即使汉军挑战，千万不要和它交战，不要让它东进就行了。我十五天一定杀掉彭越，平定梁地，再与将军会合。"于是项王率军东去，进军过程中攻打陈留、外黄。

外黄没有攻下。过了几天，外黄投降了，项王很生气，命令十五岁以上的男子全部到城东，准备坑杀他们。外黄令门客的儿子才十三岁，前去劝告项王说："彭越用武力逼迫外黄百姓，外黄百姓很害怕，所以暂时投降，等待大王到来。大王到了，又都坑杀他们，难道百姓还会有归顺之心吗？从这儿往东，梁地十多个城邑都心怀恐惧，没有肯投降的了。"项王赞成他的话，就赦免了外黄应当坑杀的那些人。从外黄往东直至睢阳，听到这个消息，都争先恐后地向项王投降。

汉军果然多次向楚军挑战，楚军不出战。汉军派人辱骂楚军，五六天后，大司马发怒，带兵渡过汜水。士卒们渡到一半时，汉军攻打他们，大败楚军，尽得楚军财物。大司马曹咎、长史欣都自刎在汜水上。大司马曹咎原来是蕲县的狱掾，长史司马欣原来是栎阳的狱吏，两人曾对项梁有过恩德，因此项王信任他们。当时，项王在睢阳，听说海春侯的军队失败了，就率军返回。汉军正在荥阳东面围攻钟离眛，项王一到，汉军害怕楚军，全部撤走到险阻地带。

这时，汉军兵多粮足，项王兵疲粮绝。汉王派遣陆贾劝说项王，请求释放太公，项王没有答应。汉王又派遣侯公前去劝说项王，项王就和汉约定，平分天下，划鸿沟以西归汉，鸿沟以东归楚。项王答应了侯公的要求，就把汉王的父母妻子送了回来。汉军都高呼万岁。汉王封侯公为平国君。侯公隐匿起来，不肯再见汉王。汉王说："这个人是天下善辩之士，所到之处，可以使人国家覆灭，所以封号为平国君。"项王已经订立和约，就解除了军事对峙，率军东归。

汉王准备西归，张良、陈平劝汉王说："汉王占领了大半个天下，而诸侯都归附了我们。楚军兵疲粮尽，这是上天让楚灭亡的时候，不如趁这个机会消灭它。现在放走项王而不去攻打他，这就是所谓'养虎自遗患。'"

汉五年，汉王乃追项王至阳夏南，止军，与淮阴侯韩信、建成侯彭越期会而击楚军。至固陵，而信、越之兵不会。楚击汉军，大破之。汉王复入壁，深堑而自守。谓张子房曰："诸侯不从约，为之奈何？"对曰："楚兵且破，信、越未有分地，其不至固宜。君王能与共分天下，今可立致也。即不能，事未可知也。君王能自陈以东傅海，尽与韩信，睢阳以北至谷城，以与彭越，使各自为战，则楚易败也。"汉王曰："善。"于是乃发使者告韩信、彭越曰："并力击楚。楚破，自陈以东傅海与齐王，睢阳以北至谷城与彭相国。"使者至。韩信、彭越皆报曰："请今进兵。"韩信乃从齐往，刘贾军从寿春并行，屠城父，至垓下。大司马周殷叛楚，以舒屠六，举九江兵，随刘贾、彭越皆会垓下，诣项王。

项王军壁垓下，兵少食尽，汉军及诸侯兵围之数重。夜闻汉军四面皆楚歌，项王乃大惊曰："汉皆已得楚乎？是何楚人之多也！"项王则夜起，饮帐中。有美人名虞，常幸从；骏马名骓，常骑之。于是项王乃悲歌慷慨，自为诗曰："力拔山兮气盖世，时不利兮骓不逝。骓不逝兮可奈何，虞兮虞兮奈若何！"歌数阕，美人和之。项王泣数行下，左右皆泣，莫能仰视。

【译文】

汉五年，汉王追击项王到了阳夏南面，军队驻扎下来，与淮阴侯韩信、建成侯彭越约期会合进攻楚军。到达固陵，而韩信、彭越的军队不来会合。楚军攻击汉军，把汉军打得大败。汉王又进入营垒，挖深沟堑，自为固守。汉王对张子房说："诸侯不遵守约定，怎么办呢？"张子房回答说："楚军即将崩溃，韩信、彭越没有分到一块封地，他们不来会合是很自然的。君王能和他们共分天下，眼下可以使他们立刻前来。如果不能这样，局势的发展就很难预料。君王能从陈县以东到海边的地区，全部划给韩信，睢阳以北到谷城，分给彭越，使他们各自为战，那么楚军是容易打败的。"汉王说："好。"于是就派遣使者告诉韩信、彭越说："合力攻打楚军。楚军崩溃后，从陈县以东到海边给予齐王，睢阳以北到谷城给予彭相国。"使者一到，韩信、彭越都回话说："请让我们立刻进兵。"韩信就从齐地出发，刘贾的军队从寿春出发并行，屠毁了城父，到达垓下。大司马周殷背叛了楚国，利用舒地的兵力屠毁了六县，调动全部九江士卒，随同刘贾、彭越都汇集在垓下，来到项王阵前。

项王军队在垓下筑起营垒，兵少粮尽，汉军及诸侯军队重重包围了他们。夜间听到汉军四面都唱着楚歌，项王大惊道："汉军都已得到楚国的土地了吗?为什么楚人这么多呢!"项王就连夜起来，在帐中饮酒。有位美人名叫虞，经常受宠幸跟从；骏马名叫骓，经常骑它。于是项王慷慨悲歌，自己作诗唱道："力拔山啊气盖世，时不利啊骓不走。骓不走啊怎么办，虞啊虞啊把你怎么办!"唱了几遍，美人伴唱。项王泪下数行，随从们都哭了，不忍抬头看他。

于是项王乃上马骑，麾下壮士骑从者八百余人，直夜溃围南出，驰走。平明，汉军乃觉之，令骑将灌婴以五千骑追之。项王渡淮，骑能属者百余人耳。项王至阴陵，迷失道，问一田父，田父绐曰"左"。左，乃陷大泽中。以故汉追及之。项王乃复引兵而东，至东城，乃有二十八骑。

汉骑追者数千人。项王自度不得脱，谓其骑曰：“吾起兵至今八岁矣，身七十余战，所当者破，所击者服，未尝败北，遂霸有天下。然今卒困于此，此天之亡我，非战之罪也。今日固决死，愿为诸君快战，必三胜之，为诸君溃围，斩将，刈旗，令诸君知天亡我，非战之罪也。”乃分其骑以为四队，四向。汉军围之数重。项王谓其骑曰：“吾为公取彼一将。”令四面骑驰下，期山东为三处。于是项王大呼驰下，汉军皆披靡，遂斩汉一将。是时，赤泉侯为骑将，追项王，项王瞋目而叱之，赤泉侯人马俱惊，辟易数里。与其骑会为三处。汉军不知项王所在，乃分军为三，复围之。项王乃驰，复斩汉一都尉，杀数十百人，复聚其骑，亡其两骑耳。乃谓其骑曰：“何如？”骑皆伏曰：“如大王言。”

于是项王乃欲东渡乌江。乌江亭长檥船待，谓项王曰：“江东虽小，地方千里，众数十万人，亦足王也。愿大王急渡。今独臣有船，汉军至，无以渡。”项王笑曰：“天之亡我，我何渡为！且籍与江东子弟八千人渡江而西，今无一人还，纵江东父兄怜而王我，我何面目见之？纵彼不言，籍独不愧于心乎？”乃谓亭长曰：“吾知公长者。吾骑此马五岁，所当无敌，尝一日行千里，不忍杀之，以赐公。”乃令骑皆下马步行，持短兵接战。独籍所杀汉军数百人。项王身亦被十余创。顾见汉骑司马吕马童，曰：“若非吾故人乎？”马童面之，指王翳曰：“此项王也。”项王乃曰：“吾闻汉购我头千金，邑万户，吾为若德。”乃自刎而死。王翳取其头，余骑相蹂践争项王，相杀者数十人。最其后，郎中骑杨喜，骑司马吕马童，郎中吕胜、杨武各得其一体。五人共会其体，皆是。故分其地为五：封吕马童为中水侯，封王翳为杜衍侯，封杨喜为赤泉侯，封杨武为吴防侯，封吕胜为涅阳侯。

项王已死，楚地皆降汉，独鲁不下。汉乃引天下兵欲屠之，为其守礼义，为主死节，乃持项王头视鲁，鲁父兄乃降。始，楚怀王初封项籍为鲁公，及其死，鲁最后下，故以鲁公礼葬项王谷城。汉王为发哀，泣之而去。

诸项氏枝属，汉王皆不诛。乃封项伯为射阳侯。桃侯、平皋侯、玄武侯皆项氏，赐姓刘。

太史公曰：吾闻之周生曰“舜目盖重瞳子”，又闻项羽亦重瞳子。羽岂其苗裔邪？何兴之暴也！夫秦失其政，陈涉首难，豪杰蜂起，相与并争，不可胜数。然羽非有尺寸，乘势起陇亩之中，三年，遂将五诸侯灭秦，分裂天下，而封王侯，政由羽出，号为“霸王”，位虽不终，近古以来未尝有也。及羽背关怀楚，放逐义帝而自立，怨王侯叛己，难矣。自矜功伐，奋其私智而不师古，谓霸王之业，欲以力征经营天下，五年卒亡其国，身死东城，尚不觉悟而不自责，过矣。乃引“天亡我，非用兵之罪也”，岂不谬哉!

【译文】

于是项王上马突围，部下壮士骑马随从的有八百多人，当夜冲破包围，向南飞驰而去。天亮，汉军才发觉，派骑兵将领灌婴率五千骑兵追赶项王。项王渡过淮水，能够跟从的骑兵只有一百多人。项王到阴陵，迷失了道路，询问一个种田的人，种田的人欺骗他说：“往左”。项王往左去，结果陷入了一大片沼泽中。因此，汉军追上了项王。项王就又带兵向东，到了东城，只有二十八个骑兵了。追赶的汉军骑兵有几千人。项王估计自己不能脱身了，对他的骑兵说：“我起兵到现在八年了，亲身打过七十多次仗，谁抵挡我，我就打垮谁，我攻击谁，谁就降伏，未曾打过败仗，因而霸有天下。然而现在终于被围困在这里，这是上天要灭亡我，不是我打仗的过错。今天固然要决心战死，愿意为各位痛痛快快地打一仗，一定要三次取胜，为各位突破重围，斩杀敌将，砍倒敌人军旗，让各位知道是上天灭亡我，不是我打仗的过错。”项王就把他的骑兵分为四队，面向四方。汉军把项王包围了好几层。项王对他的骑兵说：“我为你们斩他一个将领。”项王命令骑兵四面疾驰而下，约定在山的东面会合为三处。于是项王大声呼喊着，飞奔直下，汉军惊惶溃乱，项王就斩了一个汉军将领。当时，赤泉侯做骑兵将领，追赶项王，项王怒目大吼，赤泉侯人马俱惊，倒退了好几里。项王和他的骑兵会合为三处。汉军不知道项王在哪里，就把军队分为三部分，又把项王包围起来。项王骑马冲驰，又斩了汉军的一个都尉，杀死了百十来人，再把他的骑兵集合起来，只丧失了两个骑兵。项王就对他的骑兵说：“怎么样？”骑兵都佩服地说：“正像大王所说的那样。”

项王想要向东渡过乌江。乌江亭长把船靠在岸边等待着项王。他对项王说："江东虽小，地方也纵横上千里，民众数十万，足以称王。希望大王赶快渡江。现在只有我有船只，汉军来到这，没有船只渡江。"项王笑着说："上天要灭亡我，我渡江干什么呢！况且我和江东子弟八千人渡江西进，现在没有一个人回来，即使江东父兄怜悯我，让我称王，我有什么脸面去见他们呢？即使他们不说什么，我项籍难道不于心有愧吗？"最后项王对亭长说："我知道你是个忠厚长者。我骑这匹马五年了，所向无敌，曾经一天奔驰一千里，不忍心杀了它，把它送给你吧。"就叫骑兵都下马步行，用短兵接战。单单项籍一人就杀死汉军几百人。项王身上也受了十多处伤。他回头看见汉军的骑司马吕马童，说："你不是我的老朋友吗？"吕马童背对项王，指给王翳说："这就是项王。"项王说："我听说汉军用一千斤黄金、一万户封邑来购买我的头，我给你做件好事吧。"就自刎而死。王翳割了项王的头，其他骑兵自相蹂躏践踏，争夺项王的尸体，互相残杀了几十人。最后，郎中骑杨喜，骑司马吕马童，郎中吕胜、杨武各自得到了项王的一段肢体。五个人把肢体合拢起来，都确实是项王的。所以把准备封赏的土地分为五部分：封吕马童为中水侯，封王翳为杜衍侯，封杨喜为赤泉侯，封杨武为吴防侯，封吕胜为涅阳侯。

项王死后，楚国各地都投降了汉军，只有鲁城不肯投降。汉王就带领天下士卒打算屠毁鲁城，因为他们坚守礼义，为主人以死守节，就拿项王的头给鲁城人看，鲁城父兄才投降了。最初，楚怀王曾封项籍为鲁公，等到项籍死了，鲁城又最后投降，所以用鲁公的礼仪把项王埋葬在谷城。汉王为项王举哀，哭了一场，然后离开了鲁城。

项王的亲属们，汉王都不杀。又封项伯为射阳侯。桃侯、平皋侯、玄武侯都姓项，汉王赐他们姓刘。

太史公说：我听周生说"舜的眼睛是双瞳子"，又听说项羽也是双瞳子。项羽难道是舜的后代吗?为什么突然兴起呢？秦政令失误，陈涉首先发难，豪杰蜂起，互相争斗，数不胜数。可是项羽没有一点权势，乘势兴起于平民百姓之中，三年时间，就率领五路诸侯军消灭了秦朝，分割天下，封王建侯，政自己出，号为"霸王"，虽然没有始终保持他的地位，但近古以来，还未曾有过这样的事情。等到项羽放弃关中，怀恋楚地，放逐义帝而自立为王，抱怨王侯背叛自己，这时已经难以控制局势了。自我夸耀功勋，逞一己私智，不效法古人，以为创立霸王的事业，需要用武力来经营天下，五年的时间就丢掉了自己的国家，身死东城，还不觉悟，不责备自己，错了呀。又说“天要灭我，不是用兵的过错”，岂不是太荒谬了吗？

高祖本纪

高祖，沛丰邑中阳里人，姓刘氏，字季。父曰太公，母曰刘媪。其先刘媪尝息大泽之陂，梦与神遇。是时雷电晦冥，太公往视，则见蛟龙于其上。已而有身，遂产高祖。

高祖为人，隆准而龙颜，美须髯，左股有七十二黑子。仁而爱人，喜施，意豁如也。常有大度，不事家人生产作业。及壮，试为吏，为泗水亭长，廷中吏无所不狎侮。好酒及色。常从王媪、武负贳酒，醉卧，武负、王媪见其上常有龙，怪之。高祖每酤留饮，酒雠数倍。及见怪，岁竟，此两家常折券弃责。

高祖常繇咸阳，纵观，观秦皇帝，喟然太息曰："嗟乎，大丈夫当如此也！"

【译文】

高祖，沛县丰邑中阳里人。姓刘，字季。父亲叫太公，母亲叫刘媪。先前刘媪曾经休息于大湖岸边，睡梦中与神相交合。这时雷电交作，天昏地暗。太公去看刘媪，见到一条蛟龙在她身上。后来刘媪怀了孕，就生了高祖。

高祖这个人，高鼻梁，有像龙一样丰满的额角，漂亮的须髯，左腿上有七十二颗黑痣。仁厚爱人，喜欢施舍，胸襟开阔。常有远大的志向，不从事一般百姓的生产作业。到了壮年，试做官吏，当了泗水亭亭长，公廷中的官吏，没有一个不混得很熟，受他戏弄。爱好喝酒，喜欢女色。常常向王媪、武负赊酒，喝醉了卧睡，武负、王媪看见他上面常有一条龙，感到很奇怪。高祖每次来买酒，留在酒店中饮酒，酒店的酒比平常多卖几倍。等到发现了奇怪的现象，年终时，这两家酒店常折毁账目，放弃债权。

高祖曾经到咸阳服徭役，（有一次秦始皇车驾出巡，）纵任人们观看，他看到了秦始皇，喟然长叹说："啊，大丈夫应当像这个样子！"

单父人吕公善沛令，避仇从之客，因家沛焉。沛中豪桀吏闻令有重客，皆往贺。萧何为主吏，主进，令诸大夫曰："进不满千钱，坐之堂下。"高祖为亭长，素易诸吏，乃绐为谒曰"贺钱万"，实不持一钱。谒入，吕公大惊，起，迎之门。吕公者，好相人，见高祖状貌，因重敬之，引入坐。萧何曰："刘季固多大言，少成事。"高祖因狎侮诸客，遂坐上坐，无所诎。酒阑，吕公因目固留高祖。高祖竟酒，后。吕公曰："臣少好相人，相人多矣，无如季相，愿季自爱。臣有息女，愿为季箕帚妾。"酒罢，吕媪怒吕公曰："公始常欲奇此女，与贵人。沛令善公，求之不与，何自妄许与刘季？"吕公曰："此非儿女子所知也。"卒与刘季。吕公女乃吕后也，生孝惠帝、鲁元公主。

高祖为亭长时，常告归之田。吕后与两子居田中耨，有一老父过请饮，吕后因餔之。老父相吕后曰："夫人天下贵人。"令相两子，见孝惠，曰："夫人所以贵者，乃此男也。"相鲁元，亦皆贵。老父已去，高祖适从旁舍来，吕后具言客有过，相我子母皆大贵。高祖问，曰："未远。"乃追及，问老父。老父曰："乡者夫人婴儿皆似君，君相贵不可言。"高祖乃谢曰："诚如父言，不敢忘德。"及高祖贵，遂不知老父处。

高祖为亭长，乃以竹皮为冠，令求盗之薛治之，时时冠之，及贵常冠，所谓"刘氏冠"乃是也。

【译文】

单父人吕公与沛县县令相友好，为了躲避仇人到县令家做客，因而迁家到沛县。沛县中的豪杰官吏听说县令有贵客，都去送礼祝贺。萧何为县里的主吏，主管收礼物，对各位贵客说："礼物不满一千钱的，坐在堂下。"高祖做亭长，向来轻视那些官吏，于是欺骗地在名刺上说"贺万钱"，其实没有拿出一个钱。名刺递了进去，吕公大惊，站起来，到门口迎接高祖。吕公这个人，好给人相面，看到高祖的状貌，就特别敬重他，带他到堂上入座。萧何说："刘季本来大话很多，很少成事。"（由于受到吕公的敬重，）高祖便戏辱堂上的客人，自己坐在上座，毫不谦让。酒席就要散尽，吕公以目示意高祖不要走。高祖喝完了酒，留在后面。吕公说："我从年少时就好给人相面，相过的人多了，没有一个像你刘季这样的贵相，希望你刘季保重。我有一亲生女儿，愿意作为你刘季执帚洒扫的妻子。"酒席结束后，吕媪生吕公的气，说："你最初常想使这个女儿与众不同，把她嫁给贵人。沛令与你相友好，求娶女儿，你不答应，为什么自己妄作主张许配给了刘季？"吕公说："这不是妇孺之辈所能懂得的。"终于把女儿嫁给了刘季。吕公的女儿就是吕后，她生了孝惠帝、鲁元公主。

高祖做亭长时，曾经请假回家。吕后与两个孩子在田间除草，有一老人路过，想要些水喝，吕后就请他吃了饭。老人给吕后相面，说："夫人是天下的贵人。"吕后让他给两个孩子看相。老人看了孝惠，说："夫人所以显贵，就是这个孩子的缘故。"看了鲁元，也是贵相。老人已经走了，高祖正好从别人家来到田间，吕后告诉他一位客人从这里经过，给我们母子看相，说将来都是大贵人。高祖问老父在哪儿。吕后说："走出不远。"高祖追上了老人，向他询问。老人说："刚才相过夫人和孩子，他们都跟你相似，你的相貌，贵不可言。"高祖便道谢说："如果真像老父所说，决不忘记对我的恩德。"等到高祖显贵，竟然不知道老人的去处了。

高祖做亭长，以竹皮为帽，这帽子是他派求盗到薛县制作的，经常戴着它。等到显贵时，仍然常常戴着，所谓"刘氏冠"，就是指这种帽子。

高祖以亭长为县送徒郦山，徒多道亡，自度比至皆亡之。到丰西泽中，止饮，夜乃解纵所送徒。曰："公等皆去，吾亦从此逝矣！"徒中壮士愿从者十余人。高祖被酒，夜径泽中，令一人行前。行前者还报曰："前有大蛇当径，愿还。"高祖醉，曰："壮士行，何畏！"乃前，拔剑击斩蛇。蛇遂分为两，径开。行数里，醉，因卧。后人来至蛇所，有一老妪夜哭。人问何哭，妪曰："人杀吾子，故哭之。"人曰："妪子何为见杀？"妪曰："吾子，白帝子也；化为蛇，当道，今为赤帝子斩之，故哭。"人乃以妪为不诚，欲告之。妪因忽不见。后人至，高祖觉。后人告高祖，高祖乃心独喜，自负。诸从者日益畏之。

秦始皇帝常曰"东南有天子气。"于是因东游以厌之。高祖即自疑，亡匿，隐于芒、砀山泽岩石之间。吕后与人俱求，常得之。高祖怪问之。

吕后曰："季所居上常有云气，故从往常得季。"高祖心喜。沛中子弟或闻之，多欲附者矣。

【译文】

高祖因身任亭长，为县里送役徒去郦山，役徒多在途中逃亡。他估计，等走到郦山，大概都逃光了。到丰邑西面的沼泽地带，停下来喝酒，夜间高祖就释放了所押送的役徒。高祖说："各位都走吧，我也从此一去不返了！"役徒中有十多个年轻力壮的愿意跟随高祖。高祖带着酒意，当夜抄小路通过这片沼泽，派一人前行探路。前行探路的人回来报告说："前面有条大蛇横在路当中，请回去吧。"高祖醉醺醺地，说："好汉走路，何所畏惧！"于是，就走上前去，拔剑击蛇，斩为两段，道路打通了。走了几里地，酒性发作，便躺下睡觉。后面的人来到斩蛇的地方，见有一个老太太在夜里哭泣。人们问为什么啼哭，老太太说："有人杀了我的儿子，所以我哭。"人们又说："老太太，你的儿子为什么被杀了？"老太太说："我儿子，是白帝的儿子，变为蛇，横在路当中，现在被赤帝的儿子杀了，所以我才哭。"人们以为老太太不诚实，想要给她点苦头吃，老太太忽然不见了。落在后面的人到了高祖休息的地方，高祖已经醒了。他们把刚才发生的事告诉了高祖，高祖听了暗自高兴，觉得自命不凡。那些跟随他的人对他日益敬畏。

秦始皇帝常说"东南有天子气"，因而巡游东方，借以镇伏东南的天子气。高祖怀疑这件事与自己有关，就逃跑藏了起来，隐身在芒山、砀山一带的山泽岩石之间。吕后和别人一块儿寻找，常常一去就找到了高祖。高祖感到奇怪，就问吕后。吕后说："你所处的地方上面常有云气，向着有云气的地方去找，常常可以找到你。"高祖心里非常高兴。沛县子弟有的听到这件事，很多人都想归附于他。

秦二世元年秋，陈胜等起蕲，至陈而王，号为"张楚"。诸郡县皆多杀其长吏以应陈涉。沛令恐，欲以沛应涉。掾、主吏萧何、曹参乃曰："君为秦吏，今欲背之，率沛子弟，恐不听。愿君召诸亡在外者，可得数百人，因劫众，众不敢不听。"乃令樊哙召刘季。刘季之众已数十百人矣。

于是樊哙从刘季来。沛令后悔，恐其有变，乃闭城城守，欲诛萧、曹。萧、曹恐，逾城保刘季。刘季乃书帛射城上，谓沛父老曰："天下苦秦久矣。今父老虽为沛令守，诸侯并起，今屠沛。沛今共诛令，择子弟可立者立之，以应诸侯，则家室完。不然，父子俱屠，无为也。"父老乃率子弟共杀沛令，开城门迎刘季，欲以为沛令。刘季曰："天下方扰，诸侯并起，今置将不善，一败涂地。吾非敢自爱，恐能薄，不能完父兄子弟。此大事，愿更相推择可者。"萧、曹等皆文吏，自爱，恐事不就，后秦种族其家，尽让刘季。诸父老皆曰："平生所闻刘季诸珍怪，当贵，且卜筮之，莫如刘季最吉。"于是刘季数让。众莫敢为，乃立季为沛公。祠黄帝，祭蚩尤于沛庭，而衅鼓旗。帜皆赤，由所杀蛇白帝子，杀者赤帝子，故上赤。于是少年豪吏如萧、曹、樊哙等皆为收沛子弟二三千人，攻胡陵、方与，还守丰。

【译文】

秦二世元年秋天，陈胜等人在蕲县起义，到了陈县自立为王，号称"张楚"。各郡县都大多杀死长官，响应陈胜。沛县县令恐惧，想要以沛县响应陈胜。主吏萧何、狱掾曹参对他说："您身为秦朝的官吏，如今要叛秦起事，率领沛县子弟，恐怕他们不愿听命。希望您召集逃亡在外面的人，可以得到几百人。利用这股力量胁持群众，群众不敢不听您的命令。"县令就派樊哙去召唤刘季，刘季的队伍已经近百人了。

于是樊哙跟着刘季来到沛县。沛县县令又后悔了，恐怕刘季发生变故，就关闭城门，派人防守（不让刘季进城），打算杀掉萧何、曹参。萧何、曹参恐惧，翻过城墙依附刘季。刘季用帛写了一封信，射到城上，告诉沛县父老说："天下苦于秦朝的暴政已经很久了。现在父老为沛令守城，但各国诸侯都已起事（一旦城破），就要屠戮沛县。如果沛县父老共同起来杀死沛令，选择子弟中可以立为首领的做领导，以响应诸侯军，那么就能保全身家性命。不然的话，父子全遭杀害，死得毫无意义。"父老们就率领子弟共同杀了沛令，打开城门，迎接刘季，想让他做沛县县令。刘季说："天下正在混乱当中，诸侯都已起事，如果推选的将领不能胜任，就会一败涂地。我不是吝惜自己的生命，只怕才劣力薄，不能保全父兄子弟。这是件大事，希望另外共同推选一位能够胜任的人。”萧何、曹参等都是文官，看重身家性命，怕事情不成，秦朝会诛灭他们的全族，所以都推让刘季。父老们都说：“我们平时听到刘季许多奇异的事情，看来刘季是该显贵的。而且又经过占卜，没有比刘季更吉利的。”这时刘季再三谦让，大家都不敢担任，最后还是立刘季为沛公。在沛县衙门的庭院里祭祀黄帝和蚩尤，又用牲血衅鼓旗。旗子一律红色，因为刘季所杀蛇是白帝的儿子，杀蛇的是赤帝的儿子，所以崇尚赤色。于是少年子弟和有势的官吏，如萧何、曹参、樊哙等人，都为沛公征集兵员，集合了两三千人，攻打胡陵、方与，回军固守丰邑。

秦二世二年，陈涉之将周章军西至戏而还。燕、赵、齐、魏皆自立为王。项氏起吴。秦泗川监平将兵围丰，二日，出与战，破之。命雍齿守丰，引兵之薛。泗川守壮败于薛，走至戚，沛公左司马得泗川守壮，杀之。沛公还军亢父，至方与，未战。陈王使魏人周市略地。周市使人谓雍齿曰：“丰，故梁徙也。今魏地已定者数十城。齿今下魏，魏以齿为侯守丰。不下，且屠丰。”雍齿雅不欲属沛公，及魏招之，即反为魏守丰。沛公引兵攻丰，不能取。沛公病，还之沛。沛公怨雍齿与丰子弟叛之，闻东阳宁君、秦嘉立景驹为假王，在留，乃往从之，欲请兵以攻丰。是时秦将章邯从陈，别将司马尼将兵北定楚地，屠相，至砀。东阳宁君、沛公引兵西，与战萧西，不利。还收兵聚留，引兵攻砀，三日乃取砀。因收砀兵，得五六千人。攻下邑，拔之。还军丰。闻项梁在薛，从骑百余往见之。项梁益沛公卒五千人，五大夫将十人。沛公还，引兵攻丰。

从项梁月余，项羽已拔襄城还。项梁尽召别将居薛。闻陈王定死，因立楚后怀王孙心为楚王，治盱台。项梁号武信君。居数月，北攻亢父，救东阿，破秦军。齐军归，楚独追北，使沛公、项羽别攻城阳，屠之。军濮阳之东，与秦军战，破之。

【译文】

秦二世二年，陈胜将领周章的军队西至戏水而还。燕、赵、齐、魏都自立为王。项梁、项羽起兵于吴。秦泗水郡郡监平率兵围丰，两天后，沛公出兵应战，打败了秦军。沛公命令雍齿守卫丰邑，自己引兵赴薛。泗水郡郡守壮在薛地战败，逃到戚。沛公左司马擒获泗水郡郡守壮，杀死了他。沛公回军亢父，到了方与，没有交战。陈王陈胜派魏人周市攻城略地。周市使人对雍齿说："丰，原来梁王曾迁徙到这里。如今魏地已经攻占的有数十城，你雍齿如果降魏，魏封你雍齿为侯，仍然驻守丰邑。不投降的话，就要血洗丰邑。"雍齿本来就很不愿意隶属沛公，等到魏国招降他，就背叛沛公，为魏防守丰邑。沛公引兵攻丰，没有攻下。沛公病了，回到沛县。沛公怨恨雍齿和丰邑子弟都背叛他，听说东阳宁君、秦嘉立景驹为假王，住在留县，就去依附他们，想借兵攻打丰邑。这时，秦将章邯在追击陈王的部队，别将司马尼率军北向，攻占楚地，在相屠城，到了砀县。东阳宁君、沛公引兵西进，与司马夷在萧县西面交战，没有占着便宜。退回来收集散兵，屯聚留县，引兵攻砀，三天就攻下了砀县。收编砀县降兵，得到五六千人，进攻下邑，打了下来。回军丰邑。听说项梁在薛县，带了随从骑兵一百多人去见项梁。项梁给沛公增拨士兵五千人，五大夫一级的将领十人。沛公回来，引兵攻丰。

沛公跟随项梁一个多月，项羽已经攻克了襄城回来。项梁把各路将领都召集到薛县，听说陈王确实死了，就立楚国后人、楚怀王的孙子心为楚王，建都盱台。项梁号为武信君。停了几个月，向北攻打亢父，救援东阿（被围的齐军），打败了秦军。齐军回齐，楚军单独追击败兵。派沛公、项羽另率军队攻打城阳，大肆杀戮城中军民。沛公、项羽驻军濮阳东面，与秦军接战，击破了秦军。

秦军复振，守濮阳，环水。楚军去而攻定陶，定陶未下。沛公与项羽西略地至雍丘之下，与秦军战，大破之，斩李由。还攻外黄，外黄未下。

项梁再破秦军，有骄色。宋义谏，不听。秦益章邯兵，夜衔枚击项梁，大破之定陶，项梁死。沛公与项羽方攻陈留，闻项梁死，引兵与吕将军俱东。吕臣军彭城东，项羽军彭城西，沛公军砀。

章邯已破项梁军，则以为楚地兵不足忧，乃渡河，北击赵，大破之。当是之时，赵歇为王，秦将王离围之钜鹿城，此所谓河北之军也。

【译文】

秦军又振作起来，固守濮阳，决水自环。楚军离去，转攻定陶，定陶没有攻下。沛公和项羽向西攻城略地，到了雍丘城下，与秦军交战，大破秦军，杀了李由。回军攻打外黄，外黄没有攻克。

项梁又一次打败了秦军，有骄傲的神色。宋义劝诫他，他不听。秦派兵增援章邯，夜间衔枚偷袭项梁，大破项梁于定陶，项梁战死。沛公和项羽正在攻打陈留，听说项梁死了，带兵和吕将军一起向东进发。吕臣驻扎在彭城东面，项羽驻扎在彭城西面，沛公驻扎在砀。

章邯已经打垮了项梁的军队，以为楚地的敌人不用担心了，就渡过黄河，北进攻打赵地，大破赵军。这个时候，赵歇为赵王，秦将王离围困赵歇于钜鹿城。（被围在钜鹿的军队，）这就是所谓的“河北之军”。

秦二世三年，楚怀王见项梁军破，恐，徙盱台，都彭城，并吕臣、项羽军自将之。以沛公为砀郡长，封为武安侯，将砀郡兵。封项羽为长安侯，号为鲁公。吕臣为司徒，其父吕青为令尹。

赵数请救，怀王乃以宋义为上将军，项羽为次将，范增为末将，北救赵。令沛公西略地入关。与诸将约，先入定关中者王之。

当是时，秦兵强，常乘胜逐北，诸将莫利先入关。独项羽怨秦破项梁军，奋，愿与沛公西入关。怀王诸老将皆曰：“项羽为人僄悍猾贼。项羽尝攻襄城，襄城无遗类，皆坑之，诸所过无不残灭。且楚数进取，前陈王、项梁皆败。不如更遣长者扶义而西，告谕秦父兄。秦父兄苦其主久矣，今诚得长者往，毋侵暴，宜可下。今项羽僄悍，今不可遣。独沛公素宽大长者，可遣。”卒不许项羽，而遣沛公西略地，收陈王、项梁散卒。乃道砀至咸阳，与杠里秦军夹壁，破秦二军。楚军出兵击王离，大破之。

【译文】

秦二世三年，楚怀王看到项梁的军队被打垮了，心里恐惧，迁离盱台，建都彭城，合并吕臣、项羽的军队，亲自统率。以沛公任砀郡长，封为武安侯，统领砀郡的军队。封项羽为长安侯，号为鲁公。吕臣任司徒，他的父亲吕青做令尹。

赵多次请求救援，楚怀王就以宋义为上将军，项羽为次将，范增为末将，北上救赵。命令沛公西出略地，打入关中。同将领们约定：先攻入关中的，就封在关中做王。

这时候，秦军强盛，常常乘胜追击，众将领没人认为先入关的是有利的。唯独项羽痛恨秦打垮了项梁的军队，心中愤激，愿和沛公西进入关。怀王的老将都说："项羽为人轻捷而凶猛，狡诈而残忍。项羽曾经攻打襄城，襄城没有留下一个活人，全都活埋了。所经过的地方，无不残杀毁灭。况且楚军多次进兵攻取，（没有获胜，）以前陈王、项梁都失败了。不如另派宽厚长者，以正义为号召，向西进发，把道理向秦父老兄弟讲清楚。秦父老兄弟苦于他们君主的统治很久了，现在如果真能得到宽厚长者去关中，不加欺凌暴虐，应该能够拿下关中。而今项羽僄悍，不可派遣。只有沛公向来是宽大长者，可以派遣。"终于没有答应项羽，而派遣沛公西进攻取秦地。收集陈王、项梁的散兵，路经砀，到达咸阳，与杠里的秦军对垒，打败了秦军的两支部队。楚军出兵攻击王离，把他的军队打得大败。

沛公引兵西，遇彭越昌邑，因与俱攻秦军，战不利。还至栗，遇刚武侯，夺其军，可四千余人，并之。与魏将皇欣、魏申徒武蒲之军并攻昌邑，昌邑未拔。西过高阳。郦食其为监门，曰："诸将过此者多，吾视沛公大人长者。"乃求见说沛公。沛公方踞床，使两女子洗足。郦生不拜，长揖，曰："足下必欲诛无道秦，不宜踞见长者。"于是沛公起，摄衣谢之，延上坐。食其说沛公袭陈留，得秦积粟。乃以郦食其为广野君，郦商为将，将陈留兵，与偕攻开封，开封未拔。西与秦将杨熊战白马，又战曲遇东，大破之。杨熊走之荥阳，二世使使者斩以徇。南攻颍阳，屠之。因张良遂略韩地轘辕。

当是时，赵别将司马卬方欲渡河入关，沛公乃北攻平阴，绝河津，南，战洛阳东，军不利，还至阳城，收军中马骑，与南阳守齮战犨东，破之。略南阳郡，南阳守齮走，保城守宛。沛公引兵过而西。张良谏曰："沛公虽欲急入关，秦兵尚众，距险。今不下宛，宛从后击，强秦在前，此危道也。"于是沛公乃夜引兵从他道还，更旗帜，黎明，围宛城三帀。南阳守欲自刭。其舍人陈恢曰："死未晚也。"乃逾城见沛公，曰："臣闻足下约，先入咸阳者王之。今足下留守宛。宛，大郡之都也，连城数十，人民众，积蓄多，吏人自以为降必死，故皆坚守乘城。今足下尽日止攻，士死伤者必多，引兵去宛，宛必随足下后，足下前则失咸阳之约，后又有强宛之患。为足下计，莫若约降，封其守，因使止守，引其甲卒与之西。诸城未下者，闻声争开门而待，足下通行无所累。"沛公曰："善。"乃以宛守为殷侯，封陈恢千户，引兵西，无不下者。至丹水，高武侯鳃、襄侯王陵降西陵。还攻胡阳，遇番君别将梅铜，与皆，降析、郦。遣魏人宁昌使秦，使者未来。是时章邯已以军降项羽于赵矣。

【译文】

沛公引兵西进，在昌邑遇见彭越，就和他一起攻打秦军，这一仗没有打赢。回到栗县，遇到刚武侯，夺了他的军队，大约四千多人，（与沛公原来的队伍）合并在一起。沛公与魏将皇欣、魏中徒武蒲的军队联合攻打昌邑，昌邑没有攻下。西进路过高阳。郦食其为里监门，说："将领们路过这里的很多，我看沛公是一个大人物，有仁厚长者的风度。"就去求见游说沛公。沛公正坐在床上，伸着两腿，让两个女子给他洗脚。郦生不下拜，深深地作了个揖，说："足下一定要消灭残暴无道的秦朝，就不应该伸着两脚接见长者。"于是沛公站了起来，整理好衣服，向他道歉，请入上座。郦食其劝沛公袭击陈留，获得陈留积聚的粮米。沛公就以郦食其为广野君，郦商为将领，统率陈留的军队，和沛公一起攻打开封，开封没有攻下。向西与秦将杨熊在白马打了一仗，又接战于曲遇的东面，大破杨熊军。杨熊逃往荥阳，秦二世派使者斩首示众。沛公向南攻打颍阳，屠了颍阳城。依靠张良攻占了韩国的轘辕。

这时，赵将司马卬正要渡过黄河进入函谷关，沛公就北进攻打平阴，切断黄河渡口。向南进发，在洛阳东面交战，战斗不利，回到阳城，集中军中的骑兵，与南阳郡郡守齮战于犨东，打败了齮军。攻取南阳郡的城邑，南阳郡郡守齮逃走，退守宛县。沛公引兵绕过宛城西进。张良进谏说："沛公你虽然急于打入函谷关，但秦兵还很多，又据守险要。如今不拿下宛城，宛城守军从背后攻击，强大的秦军在前面阻挡，这是一种危险的战术。"于是沛公就在夜间率兵从另外一条道路返回，更换了旗帜，天亮时，把宛城包围了三层。南阳郡郡守想要自杀。他的舍人陈恢说："死的还早。"他就翻过城墙去见沛公，说："我听说足下接受楚怀王的约定，先攻入咸阳的称王关中。现在足下停留守在宛城。宛城是大郡的治所，连城数十，人多粮足，官吏和民众认为投降肯定被处死，所以都登城固守。如果足下整天的留在这里攻城，士卒死伤的一定很多，如果引兵离开宛城，宛城守军必然跟踪追击。足下向前则失去先入咸阳的约定，后退又有强大的宛城守军为患。为足下设想，不如明约招降，封南阳郡守官爵，让他留守，足下带领宛城士卒一道西进。许多没有攻下的城邑，听到这个消息，争先打开城门，等待足下，足下可以通行无阻。"沛公说："好。"就以南阳郡守为殷侯，封给陈恢一千户。引兵西进，没有不降服的。到达丹水，高武侯鳃、襄侯王陵在西陵投降。回军攻打胡阳，遇到番君的别将梅鋗，与他一起，迫使析县、郦县投降。派遣魏人宁昌出使秦关中，使者没有回来。这时章邯已经带领全军在赵地投降项羽了。

初，项羽与宋义北救赵，及项羽杀宋义，代为上将军，诸将黥布皆属，破秦将王离军，降章邯，诸侯皆附。及赵高已杀二世，使人来，欲约分王关中。沛公以为诈，乃用张良计，使郦生、陆贾往说秦将，啖以利，因袭攻武关，破之。又与秦军战于蓝田南，益张疑兵旗帜，诸所过毋得掠掳，秦人憙，秦军解，因大破之。又战其北，大破之。乘胜，遂破之。

汉元年十月，沛公兵遂先诸侯至霸上。秦王子婴素车白马，系颈以组，封皇帝玺符节，降轵道旁。诸将或言诛秦王。沛公曰："始怀王遣我，固以能宽容；且人已服降，又杀之，不祥。"乃以秦王属吏，遂西入咸阳。欲止宫休舍，樊哙、张良谏，乃封秦重宝财物府库，还军霸上，召诸县父老豪杰曰："父老苦秦苛法久矣，诽谤者族，偶语者弃市。吾与诸侯约，先入关者王之，吾当王关中。与父老约，法三章耳：杀人者死，伤人及盗抵罪。余悉除去秦法。诸吏人皆案堵如故。凡吾所以来，为父老除害，非有所侵暴，无恐！且吾所以还军霸上，待诸侯至而定约束耳。”乃使人与秦吏行县乡邑，告谕之。秦人大喜，争持牛羊酒食献飨军士。沛公又让不受，曰：“仓粟多，非乏，不欲费人。”人又益喜，唯恐沛公不为秦王。

【译文】

起初，项羽和宋义北进援救赵，等到项羽杀死宋义，代替他为上将军，许多将领和黥布都从属项羽。打垮了秦将王离的军队，使章邯投降，诸侯都归附了他。等到赵高已经杀了秦二世，派人来见沛公，想要定约瓜分关中称王。沛公以为是诈骗，就采用张良的计策，派郦生、陆贾去游说秦军将领，用私利相诱，趁机袭击武关，攻破了关口。又和秦军在蓝田南面交战，增设疑兵，多树旗帜，所经过的地方不许掳掠。秦地的群众很高兴，秦军懈怠了，因此趁机大破秦军。又在蓝田北面接战，再次打败秦军。乘胜追击，彻底打垮了秦军。

汉元年十月，沛公的军队先于各路诸侯到达霸上。秦王子婴素车白马，用丝带系着脖子，封了皇帝的印玺和符节，在轵道旁投降。将领们有的主张杀死秦王。沛公说：“当初楚怀王派遣我，本来是因为我能宽大容人。况且人家已经降服，又杀死人家，不吉利。”于是就把秦王交给了官吏，向西进入咸阳。沛公想要留在宫殿中休息，樊哙、张良劝说后，才封闭了秦宫的贵重珍宝、财物和库房，回军霸上。召集各县的父老、豪杰说：“父老们苦于秦朝的严刑峻法已经很久了，诽谤朝政的要灭族，相聚议论的要在街市上处斩。我和诸侯们约定，先入关的在关中称王，我应当称王关中。同父老们约定，法律只有三章：杀人的处死，伤人和抢劫的处以与所犯罪相当的刑罚。其余的秦朝法律全部废除。官吏和百姓都要安居如故。我所以到这里来，是为父老们除害，不会有欺凌暴虐的行为，不要害怕。我所以回军霸上，是等待诸侯们到来制定共同遵守的纪律。”沛公派人与秦朝官吏巡行县城乡间，告谕百姓。秦地的百姓大为高兴，争先恐后地拿出牛羊酒食来款待士兵。沛公又谦让不肯接受，说：“仓库的谷子很多，不缺乏，不愿破费百姓。”百姓更加高兴，唯恐沛公不做秦王。

或说沛公曰："秦富十倍天下，地形强。今闻章邯降项羽，项羽乃号为雍王，王关中。今则来，沛公恐不得有此。可急使兵守函谷关，无内诸侯军，稍征关中兵以自益，距之。"沛公然其计，从之。十一月中，项羽果率诸侯兵西，欲入关，关门闭。闻沛公已定关中，大怒，使黥布等攻破函谷关。十二月中，遂至戏。沛公左司马曹无伤闻项王怒，欲攻沛公，使人言项羽曰："沛公欲王关中，令子婴为相，珍宝尽有之。"欲以求封。亚父劝项羽击沛公。方飨士，旦日合战。是时项羽兵四十万，号百万。沛公兵十万，号二十万，力不敌。会项伯欲活张良，夜往见良，因以文谕项羽，项羽乃止。沛公从百余骑，驱之鸿门，见谢项羽。项羽曰："此沛公左司马曹无伤言之。不然，籍何以生此！"沛公以樊哙、张良故，得解归。归，立诛曹无伤。

项羽遂西，屠烧咸阳秦宫室，所过无不残破。秦人大失望，然恐，不敢不服耳。

项羽使人还报怀王。怀王曰："如约。"项羽怨怀王不肯令与沛公俱西入关，而北救赵，后天下约。乃曰："怀王者，吾家项梁所立耳，非有功伐，何以得主约！本定天下，诸将及籍也。"乃详尊怀王为义帝，实不用其命。

【译文】

有人劝沛公说："秦地比天下富足十倍，地势好。如今听说章邯投降了项羽，项羽就给了雍王的封号，称王于关中。现在即将来到关中就国，你沛公恐怕不能占有这个地方了。应赶快派兵把守函谷关，不让诸侯军进来，逐渐征集关中兵，以加强实力，抵抗诸侯兵。"沛公赞成他的计策，照着做了。十一月间，项羽果然率领诸侯军西进，想要入关，而关门闭着。听说沛公已经平定关中，大怒，派黥布等攻破了函谷关。十二月间，就到了戏水。沛公左司马曹无伤听说项王发怒，要攻打沛公，派人告诉项羽说："沛公想要称王关中，令子婴为相，占有了全部的珠宝。"打算以此求得封赏。亚父劝项羽进攻沛公。当时项羽饱餐士卒，准备明日会战。

这时项羽兵四十万，号称百万。沛公兵十万，号称二十万，兵力敌不过项羽。恰巧项伯要救张良，夜间去见他。（回来后）用道理劝说项羽，项羽取消了进攻沛公的计划。沛公带来了一百多骑兵，驰至鸿门，来见项羽，表示歉意。项羽说："这是你沛公左司马曹无伤向我说的。要不然，我项羽何至于做这样的事。"沛公因为樊哙、张良的缘故，得以脱身返回。回来后，立刻杀了曹无伤。

项羽向西进军，屠杀无辜，焚毁咸阳秦宫室，所过之处，无不遭到摧残破坏。秦地的百姓大失所望，然而心里恐惧，不敢不服从。

项羽派人回去报告楚怀王。楚怀王说："按照原来的约定办。"项羽怨恨楚怀王不肯让他与沛公一起西进入关，而派他北上救赵，在天下诸侯争夺称王关中的约定中落在后面。他就说："怀王这个人，我家项梁所立，没有什么功劳，凭什么主持约定。本来安定天下的，是诸位将领和我项籍。"就假意推尊楚怀王为义帝，实际上却不听从他的命令。

正月，项羽自立为西楚霸王，王梁、楚地九郡，都彭城。负约，更立沛公为汉王，王巴、蜀、汉中，都南郑。三分关中，立秦三将：章邯为雍王，都废丘；司马欣为塞王，都栎阳；董翳为翟王，都高奴。楚将瑕丘申阳为河南王，都洛阳。赵将司马卬为殷王，都朝歌。赵王歇徙王代。赵相张耳为常山王，都襄国。当阳君黥布为九江王，都六。怀王柱国共敖为临江王，都江陵。番君吴芮为衡山王，都邾。燕将臧荼为燕王，都蓟。故燕王韩广徙王辽东。广不听，臧荼攻杀之无终。封成安君陈余河间三县，居南皮。封梅鋗十万户。

四月，兵罢戏下，诸侯各就国。汉王之国，项王使卒三万人从，楚与诸侯之慕从者数万人，从杜南入蚀中。去辄烧绝栈道，以备诸侯盗兵袭之，亦示项羽无东意。至南郑，诸将及士卒多道亡归，士卒皆歌思东归。韩信说汉王曰："项羽王诸将之有功者，而王独居南郑，是迁也。军吏士卒皆山东之人也，日夜跂而望归，及其锋而用之，可以有大功。天下已定，人皆自宁，不可复用。不如决策东乡，争权天下。"

项羽出关，使人徙义帝。曰："古之帝者地方千里，必居上游。"乃使使徙义帝长沙郴县，趣义帝行，群臣稍倍叛之，乃阴令衡山王、临江王击之，杀义帝江南。项羽怨田荣，立齐将田都为齐王。田荣怒，因自立为齐王，杀田都而反楚；予彭越将军印，令反梁地。楚令萧公角击彭越，彭越大破之。陈余怨项羽之弗王己也，令夏说说田荣，请兵击张耳。齐予陈余兵，击破常山王张耳，张耳亡归汉。迎赵王歇于代，复立为赵王。赵王因立陈余为代王。项羽大怒，北击齐。

【译文】

正月，项羽自立为西楚霸王，在梁、楚地区的九个郡称王，建都彭城。背弃原来的约定，改立沛公为汉王，在巴、蜀、汉中称王，建都南郑。把关中瓜分为三处，封立秦朝的三个将领：章邯为雍王，建都废丘；司马欣为塞王，建都栎阳；董翳为翟王，建都高奴。封楚将瑕丘申阳为河南王，建都洛阳。封赵将司马卬为殷王，建都朝歌。赵王歇迁徙代地称王。封赵将张耳为常山王，建都襄国。封当阳君黥布为九江王，建都六县。封楚怀王柱国共敖为临江王，建都江陵。封番君吴芮为衡山王，建都邾县。封燕将臧荼为燕王，建都蓟县。原来的燕王韩广迁徙辽东称王。韩广不服从，臧荼攻杀韩广于无终。封成安君陈余河间三县，住在南皮。封给梅鋗十万户。

四月，在项羽旌麾之下诸侯罢兵散归，各自回到封国。汉王回国，项王派兵三万跟随，楚国和其他诸侯国的士卒仰慕汉王而追从的有几万人。他们从杜县南面进入蚀中，离开后就烧断栈道，以防备诸侯军和匪徒的袭击，也向项羽表示没有东进的意图。到达南郑，那些将领和士卒很多在中途逃亡回去，士卒都唱着歌，想要回到东方。韩信劝汉王说："项羽封诸将有功的为王，而大王独自被封在南郑，这实际上是贬徙。军中官吏和士卒都是崤山以东的人，日夜跋踵盼望回家乡。趁他们气势旺盛时加以利用，可以建立大的功业。等到天下已经平定，人人都自然安下心来，就不能再利用了。不如决策向东进军，争夺天下大权。"

项羽出了函谷关，派人迁徙义帝。说："古代做帝王的统辖千里见方的土地，必须居住上游。"就派使者把义帝迁徙到长沙郴县，催促义帝快走。群臣渐渐地背叛了义帝，项羽就暗地里让衡山王、临江王袭击他，把义帝杀死在江南。项羽怨恨田荣，封齐将田都为齐王。田荣恼怒，自立为齐王，杀死田都，反叛项楚，把将军印给予彭越，让他在梁地起兵反楚。楚派萧公角攻打彭越，彭越大败萧公角。陈余怨恨项羽不封自己为王，派夏说游说田荣，借兵攻打张耳。齐借兵给陈余，击败了常山王张耳，张耳逃跑归附了汉王。陈余从代接回赵王歇，又立为赵王，赵王就封陈余为代王。项羽大怒，出兵北向击齐。

八月，汉王用韩信之计，从故道还，袭雍王章邯。邯迎击汉陈仓，雍兵败，还走；止战好畤，又复败，走废丘。汉王遂定雍地。东至咸阳，引兵围雍王废丘，而遣诸将略定陇西、北地、上郡。令将军薛欧、王吸出武关，因王陵兵南阳，以迎太公、吕后于沛。楚闻之，发兵距之阳夏，不得前。令故吴令郑昌为韩王，距汉兵。

二年，汉王东略地，塞王欣、翟王翳、河南王申阳皆降。韩王昌不听，使韩信击破之。于是置陇西、北地、上郡、渭南、河上、中地郡；关外置河南郡。更立韩太尉信为韩王。诸将以万人若以一郡降者，封万户。缮治河上塞。诸故秦苑囿园池，皆令人得田之。正月，虏雍王弟章平。大赦罪人。

汉王之出关至陕，抚关外父老，还，张耳来见，汉王厚遇之。

【译文】

八月，汉王用韩信的计策，从故道回军，袭击雍王章邯。章邯在陈仓迎击汉军，雍王兵败退走，在好畤停下来接战，又失败了，逃到废丘。汉王随即平定了雍地。向东到达咸阳，率军围困雍王于废丘，派遣将领攻占了陇西、北地、上郡。派将军薛欧、王吸出武关，借助王陵驻扎在南阳的兵力，迎接太公、吕后于沛县。楚听到这一消息，出兵在阳夏阻挡，汉军不能前进。楚让原吴县县令郑昌为韩王，抵抗汉军。

二年，汉王东出略取城邑，塞王司马欣、翟王董翳、河南王申阳都投降了。韩王郑昌不愿归附，汉王派韩信打败了他。于是设置了陇西、北地、上郡、渭南、河上、中地各郡，关外设置了河南郡。改立韩太尉信为韩王。将领中以一万人或一郡投降的，封给一万户。整修河上郡内的长城。各处原来的秦朝苑囿园池，都让百姓开垦耕种。正月，俘虏了雍王的弟弟章平。大赦有罪的人。

汉王出函谷关到达陕县，抚慰关外父老，回来后，张耳来见，汉王给了他优厚的待遇。

二月，令除秦社稷，更立汉社稷。

三月，汉王从临晋渡，魏王豹将兵从。下河内，虏殷王，置河内郡。南渡平阴津，至洛阳。新城三老董公遮说汉王以义帝死故。汉王闻之，袒而大哭。遂为义帝发丧，临三日。发使者告诸侯曰："天下共立义帝，北面事之。今项羽放杀义帝于江南，大逆无道。寡人亲为发丧，诸侯皆缟素。悉发关内兵，收三河士，南浮江汉以下，愿从诸侯王击楚之杀义帝者。"

是时项王北击齐，田荣与战城阳。田荣败，走平原，平原民杀之。齐皆降楚。楚因焚烧其城郭，系虏其子女。齐人叛之。田荣弟横立荣子广为齐王，齐王反楚城阳。项羽虽闻汉东，既已连齐兵，欲遂破之而击汉。汉王以故得劫五诸侯兵，遂入彭城。项羽闻之，乃引兵去齐，从鲁出胡陵，至萧，与汉大战彭城灵壁东睢水上，大破汉军，多杀士卒，睢水为之不流。乃取汉王父母妻子于沛，置之军中以为质。当是时，诸侯见楚强汉败，还皆去汉复为楚。塞王欣亡入楚。

【译文】

二月，下令废掉秦社稷，改立汉社稷。

三月，汉王从临晋关渡过黄河，魏王豹率兵随从，攻下河内，俘虏了殷王，设置河内郡。向南渡过平阴津，到达洛阳。新城三老董公拦住汉王，用义帝死这件事游说汉王。汉王听了，袒臂大哭。于是为义帝发丧，哭吊三天。派遣使者通告诸侯说："天下共同拥立义帝，对他北面称臣。现在项羽把义帝放逐、击杀于江南，大逆无道。我亲自为他发丧，诸侯都要穿白色丧服。调发全部关内的兵力，征集三河的士卒，浮江汉南下，愿意跟随各诸侯王讨伐楚国杀害义帝的人。"

当时项王北进攻打齐国，田荣和他战于城阳。田荣兵败，逃到平原，平原的百姓杀了他，齐地都投降了楚国。楚兵焚烧齐人的城郭，掳掠他们的子女，齐人又反叛楚国。田荣的弟弟田横立田荣的儿子田广为齐王，齐王在城阳反楚。项羽虽然闻知汉军东进，但既然已经与齐军交战，就想打垮齐军之后迎击汉军。汉王利用这个机会劫取了五诸侯的兵力，进入彭城。项羽听到这一消息，就带兵离开齐国，由鲁地出胡陵，抵达萧县，与汉军在彭城灵壁东面的睢水上激战，大败汉军，杀死了很多士卒，（由于尸体的堵塞）睢水都不能流通了。楚军从沛县掳取了汉王的父母妻子，放在军中作为人质。这个时候，诸侯看到楚军强盛，汉军败退，又都离汉归楚。塞王司马欣也逃到楚国。

吕后兄周吕侯为汉将兵，居下邑。汉王从之，稍收士卒，军砀。汉王乃西过梁地，至虞。使谒者随何之九江王布所，曰："公能令布举兵叛楚，项羽必留击之。得留数月，吾取天下必矣。"随何往说九江王布，布果背楚。楚使龙且往击之。

汉王之败彭城而西，行使人求家室，家室亦亡，不相得。败后乃独得孝惠，六月，立为太子，大赦罪人。令太子守栎阳，诸侯子在关中者皆集栎阳为卫。引水灌废丘，废丘降，章邯自杀。更名废丘为槐里。于是令祠官祀天地四方上帝山川，以时祀之。兴关内卒乘塞。

是时九江王布与龙且战，不胜，与随何间行归汉。汉王稍收士卒，与诸将及关中卒益出，是以兵大振荥阳，破楚京、索间。

【译文】

吕后的哥哥周吕侯为汉室带领一支军队，驻扎在下邑。汉王到他那里，渐渐聚集士卒，驻军在砀县。汉王西行经过梁地，到了虞县，派谒者随何到九江王黥布那里，汉王说："你能让黥布举兵叛楚，项羽必定留下来攻打他。如果能够滞留几个月，我一定可以取得天下。"随何去说服九江王黥布，黥布果然背叛了楚国，楚国派龙且去攻打他。

汉王兵败彭城后向西撤退，行军中派人寻找家属，家属也逃走了，没有互相碰见。战败后就只找到了孝惠帝，六月，立他为太子，大赦罪人。命令太子驻守栎阳，诸侯国人在关中的都集中在栎阳守卫。引水灌废丘，废丘投降，章邯自杀。把废丘改名为槐里。于是命令祠官祭祀天、地、四方、上帝、山川，以后按时致祭。征发关内士卒登城守卫边塞。

这时九江王黥布与龙且作战，没有取胜，和随何潜行归汉。汉王渐渐地征集了一些士卒，加上各路将领和关中兵的增援，因此军势大振于荥阳，在京、索之间击破了楚军。

三年，魏王豹谒归视亲疾，至即绝河津，反为楚。汉王使郦生说豹，豹不听。汉王遣将军韩信击，大破之，虏豹。遂定魏地，置三郡，曰河东、太原、上党。汉王乃令张耳与韩信遂东下井陉击赵，斩陈余、赵王歇。其明年，立张耳为赵王。

汉王军荥阳南，筑甬道属之河，以取敖仓。与项羽相距岁余。项羽数侵夺汉甬道，汉军乏食，遂围汉王。汉王请和，割荥阳以西者为汉。项王不听。汉王患之，乃用陈平之计，予陈平金四万斤，以间疏楚君臣。于是项羽乃疑亚父。亚父是时劝项羽遂下荥阳，及其见疑，乃怒，辞老，愿赐骸骨归卒伍，未至彭城而死。

汉军绝食，乃夜出女子东门二千余人，被甲，楚因四面击之。将军纪信乃乘王驾，诈为汉王，诳楚，楚皆呼万岁，之城东观，以故汉王得与数十骑出西门遁。令御史大夫周苛、魏豹、枞公守荥阳。诸将卒不能从者，尽在城中。周苛、枞公相谓曰："反国之王，难与守城。"因杀魏豹。

【译文】

三年，魏王豹请假回去省视父母的疾病，到了魏地就断绝了黄河渡口，叛汉归楚。汉王使郦生劝说魏豹，魏豹不听。汉王派遣将军韩信进攻魏豹，大破魏军，俘虏了魏豹，于是平定了魏地，设置了三个郡，名叫河东、太原、上党。汉王命令张耳和韩信向东攻下井陉，进击赵地，杀了陈余、赵王歇。第二年，封张耳为赵王。

汉王驻军在荥阳南面，修筑甬道与黄河相连，以便取用敖仓的粮食。与项羽对峙了一年多。项羽多次夺取了汉军的甬道，汉军缺少粮食，项羽于是围攻汉王。汉王请求讲和，划分荥阳以西的土地归汉。项王没有同意。汉王忧虑，就采取陈平的计策，给陈平黄金四万斤，用来离间楚国君臣。于是项羽对亚父产生了怀疑。亚父这时劝项羽乘势攻下荥阳，当他知道已被怀疑，就很生气，推托自己年老，要求乞身引退，回家乡当老百姓。（项羽答应了），亚父没有到达彭城就死了。

汉军断绝了粮食，就在夜间从东门放出女子两千多人，披戴铠甲，楚军便四面围击。将军纪信乘坐汉王的车驾，伪装成汉王，欺骗楚军。楚军都高呼万岁，争赴城东观看，因此汉王能够与几十骑兵出西门潜逃。汉王命令御史大夫周苛、魏豹、枞公留守荥阳，将领和士卒不能随从的，都留在城中。周苛、枞公商量说："魏豹这个叛国之王，很难和他共守城池。"因此就杀死了魏豹。

汉王之出荥阳入关，收兵欲复东。袁生说汉王曰："汉与楚相距荥阳数岁，汉常困。愿君王出武关，项羽必引兵南走，王深壁，令荥阳成皋间且得休。使韩信等辑河北赵地，连燕齐，君王乃复走荥阳，未晚也。如此，则楚所备者多，力分，汉得休，复与之战，破楚必矣。"汉王从其计，出军宛叶间，与黥布行收兵。

项羽闻汉王在宛，果引兵南。汉王坚壁不与战。是时彭越渡睢水，与项声、薛公战下邳，彭越大破楚军。项羽乃引兵东击彭越。汉王亦引兵北军成皋。项羽已破走彭越，闻汉王复军成皋，乃复引兵西，拔荥阳，诛周苛、枞公，而虏韩王信，遂围成皋。

汉王跳，独与滕公共车出成皋玉门，北渡河，驰宿修武。自称使者，晨驰入张耳、韩信壁，而夺之军。乃使张耳北益收兵赵地，使韩信东击齐。汉王得韩信军，则复振。引兵临河，南飨军小修武南，欲复战。郎中郑忠乃说止汉王，使高垒深堑，勿与战。汉王听其计，使卢绾、刘贾将卒二万人，骑数百，渡白马津，入楚地，与彭越复击破楚军燕郭西，遂复下梁地十余城。

【译文】

汉王逃出荥阳进入函谷关，收集士卒，想再次东进。袁生劝汉王说："汉与楚在荥阳相持了几年，汉军常处于困境。希望君王从武关出去，项羽肯定引兵向南行进，君王深沟高垒，让荥阳、成皋之间得到休息。派韩信等安辑黄河以北的赵地，联合燕、齐，君王再赴荥阳，也为时不晚。这样，楚军多方设防，军力分散，汉军得到休整，再与楚军作战，肯定可以打破楚军了。”汉王采纳了他的计策，出兵宛县、叶县之间，与黥布在进军中收集兵马。

项羽听说汉王在宛县，果然带兵南下。汉王坚壁固守，不和他交战。这时彭越渡过睢水，与项声、薛公战于下邳，彭越大败楚军。于是项羽率军向东攻打彭越，汉王也引兵向北驻军成皋。项羽已经取胜，赶走了彭越，得知汉军又驻扎在成皋，就又领兵西进，攻克荥阳，杀了周苛、枞公，俘虏了韩王信，于是进围成皋。

汉王逃走了，单身一人与滕公同乘一辆车出了成皋的玉门，向北渡过黄河，驰至修武住了一夜。自称为使者，早晨驰入张耳、韩信的营中，夺取了他们的军队，派张耳去北边赵地更多的收集兵力，派韩信东进攻齐。汉王得到韩信的军队，军威又振作起来。率军来到黄河岸边，向南进发，在小修武南面让士卒吃饱喝足，打算与项羽再一次交战。郎中郑忠劝阻汉王，让他深沟高垒，不要和项羽交锋。汉王采用了郑忠的计策，派卢绾、刘贾率兵两万人，几百个骑士，渡过白马津，进入楚地，与彭越在燕县城西又打败了楚军，随后又攻下梁地十多座城邑。

淮阴已受命东，未渡平原。汉王使郦生往说齐王田广，广叛楚，与汉和，共击项羽。韩信用蒯通计，遂袭破齐。齐王烹郦生，东走高密。项羽闻韩信已举河北兵破齐、赵，且欲击楚，则使龙且、周兰往击之。韩信与战，骑将灌婴击，大破楚军，杀龙且。齐王广犇彭越。当此时，彭越将兵居梁地，往来苦楚兵，绝其粮食。

四年，项羽乃谓海春侯大司马曹咎曰：“谨守成皋。若汉挑战，慎勿与战，无令得东而已。我十五日必定梁地，复从将军。”乃行击陈留、外黄、睢阳，下之。汉果数挑楚军，楚军不出，使人辱之五六日，大司马怒，度兵汜水。士卒半渡，汉击之，大破楚军，尽得楚国金玉货赂。大司马咎、长史欣皆自刭汜水上。项羽至睢阳，闻海春侯破，乃引兵还。汉军方围钟离眛于荥阳东，项羽至，尽走险阻。

韩信已破齐，使人言曰：“齐边楚，权轻，不为假王，恐不能安齐。”汉王欲攻之。留侯曰：“不如因而立之，使自为守。”乃遣张良操印绶立韩信为齐王。

【译文】

淮阴侯已经接受命令向东进军，在平原没有渡过黄河。汉王派郦生前去说服齐王田广，田广背叛了楚，与汉讲和，一起攻打项羽。韩信采用蒯通的计策，突然袭击，打败了齐国。齐王烹杀了郦生，向东逃到高密。项羽听到韩信已经全部利用黄河以北的兵力打垮了齐、赵，而且要攻打楚军，就派龙且、周兰前去阻击。韩信与楚交战，骑兵将领灌婴配合出击，大败楚军，杀了龙且。齐王田广投奔彭越。在这个时候，彭越领兵驻扎梁地，往来骚扰楚军，断绝它的粮食。

四年，项羽对海春侯大司马曹咎说："谨慎防守成皋。如果汉军挑战，千万小心，不要应战，不让汉军东进就行了。我十五天一定平定梁地，再与将军会合。"于是就进军攻打陈留、外黄、睢阳，都攻了下来。汉军果然屡次向楚军挑战，楚军不肯出战。汉军派人辱骂了五六天楚军，大司马十分气愤，让士卒渡过汜水。士卒渡过一半，汉军出击，大败楚军，缴获了楚国全部的金玉财宝。大司马曹咎、长史司马欣都自刎在汜水上。项羽到达睢阳，听到海春侯兵败，就带兵返回。汉军正在荥阳东面围攻钟离昧，项羽一到，全部撤走到险阻地带。

韩信已经打垮了齐国，派人对汉王说："齐国靠近楚国，如果权力太小，不立为暂时代理的国王，恐怕不能安定齐地。"汉王想要攻打韩信。留侯说："不如就此封他为王，让他自己防守齐地。"汉王便派遣张良带着印绶去齐国立韩信为齐王。

项羽闻龙且军破，则恐，使盱台人武涉往说韩信。韩信不听。

楚汉久相持未决，丁壮苦军旅，老弱罢转饷。汉王项羽相与临广武之间而语。项羽欲与汉王独身挑战。汉王数项羽曰："始与项羽俱受命怀王，曰先入定关中者王之，项羽负约，王我于蜀汉，罪一。项羽矫杀卿子冠军而自尊，罪二。项羽已救赵，当还报，而擅劫诸侯兵入关，罪三。怀王约入秦无暴掠，项羽烧秦宫室，掘始皇帝冢，私收其财物，罪四。又强杀秦降王子婴，罪五。诈坑秦子弟新安二十万，王其将，罪六。项羽皆王诸将善地，而徙逐故主，令臣下争叛逆，罪七。项羽出逐义帝彭城，自都之，夺韩王地，并王梁楚，多自予，罪八。项羽使人阴弑义帝江南，罪九。夫为人臣而弑其主，杀已降，为政不平，主约不信，天下所不容，大逆无道，罪十也。吾以义兵从诸侯诛残贼，使刑余罪人击杀项羽，何苦乃与公挑战！”项羽大怒，伏弩射中汉王。汉王伤匈，乃扪足曰：“虏中吾指！”汉王病创卧，张良强请汉王起行劳军，以安士卒，毋令楚乘胜于汉。汉王出行军，病甚，因驰入成皋。

病愈，西入关，至栎阳，存问父老，置酒，枭故塞王欣头栎阳市。留四日，复如军，军广武。关中兵益出。

【译文】

项羽听闻龙且的军队战败了，心里很恐惧，派盱台人武涉前去游说韩信。韩信不肯听从。

楚、汉长期相持，胜负未决，年轻力壮的苦于当兵打仗，年老体弱的疲于转运粮食。汉王、项羽一同站在广武涧两边对话。项羽想跟汉王单身挑战。汉王历数项羽的罪过说：“最初我和你项羽都受命于怀王，说是先入关平定关中的，就在关中做王。你项羽违背约定，让我在蜀、汉做王，这是第一罪。你项羽假借怀王的命令，杀了卿子冠军，而自尊为上将军，这是第二罪。你项羽已经援救了赵地，应当返回复命，而你擅自胁迫诸侯的军队进入函谷关，这是第三罪。怀王约定到秦地不要残暴掠夺，你项羽火烧秦朝宫室，挖了始皇帝的坟墓，私自聚敛秦朝财物，这是第四罪。又硬是杀掉了投降的秦王子婴，这是第五罪。在新安，用欺骗的手段坑杀了秦朝子弟二十万，而封他们的将领做王，这是第六罪。你项羽让自己的将领都在好地方做王，而迁走原来的诸侯王，使臣下争相叛逆，这是第七罪。你项羽把义帝驱逐出彭城，自己建都彭城，夺取韩王的土地，合并梁、楚称王，多划给自己土地，这是第八罪。你项羽派人在江南暗杀义帝，这是第九罪。为人臣下而杀害了他的君主，屠杀已经投降的人，执政不公允，主持约定不守信用，为天下人所不容，大逆无道，这是第十罪。我带领正义之师随从诸侯来诛除残暴的贼人，派受过刑的罪人杀死你项羽，我何苦与你挑战！”项羽大怒，用埋伏的弓弩射中了汉王。汉王伤了胸部，却摸着脚说：“这个贼人射中了我的脚趾！”汉王身受创伤，卧床不起，张良请汉王勉强起来巡行慰劳士卒，以安定军心，不让楚军乘机取胜于汉。汉王出来巡视军队，伤势加重，就驱车进入成皋休养。

汉王病好了，向西进入函谷关，来到栎阳，慰问父老，设酒招待。砍了塞王司马欣的脑袋，挂在栎阳街市上示众。停了四天，又回到军中，驻扎在广武。关中的兵力大举出动。

当此时，彭越将兵居梁地，往来苦楚兵，绝其粮食。田横往从之。项羽数击彭越等，齐王信又进击楚。项羽恐，乃与汉王约，中分天下，割鸿沟而西者为汉，鸿沟而东者为楚。项王归汉王父母妻子，军中皆呼万岁，乃归而别去。

项羽解而东归。汉王欲引而西归，用留侯、陈平计，乃进兵追项羽，至阳夏南止军，与齐王信、建成侯彭越期会而击楚军。至固陵，不会。楚击汉军，大破之。汉王复入壁，深堑而守之。用张良计，于是韩信、彭越皆往。及刘贾入楚地，围寿春。汉王败固陵，乃使使者召大司马周殷举九江兵而迎武王，行屠城父，随刘贾、齐梁诸侯皆大会垓下。立武王布为淮南王。

五年，高祖与诸侯兵共击楚军，与项羽决胜垓下。淮阴侯将三十万自当之，孔将军居左，费将军居右，皇帝在后，绛侯、柴将军在皇帝后。项羽之卒可十万。淮阴先合，不利，却。孔将军、费将军纵，楚兵不利，淮阴侯复乘之，大败垓下。项羽卒闻汉军之楚歌，以为汉尽得楚地，项羽乃败而走，是以兵大败。使骑将灌婴追杀项羽东城，斩首八万，遂略定楚地，鲁为楚坚守，不下。汉王引诸侯兵北，示鲁父老项羽头，鲁乃降。遂以鲁公号葬项羽谷城。还至定陶，驰入齐王壁，夺其军。

【译文】

当时，彭越带兵驻扎梁地，来来往往地骚扰楚军，断绝它的粮食。田横前往依附彭越。项羽多次攻打彭越等人，齐王韩信又进攻楚军。项羽恐惧，就与汉王约定，平分天下，割鸿沟以西归汉，鸿沟以东归楚。

项王送回了汉王的父母妻子，汉军全部高呼万岁，楚军告别汉军回到了驻地。

项羽解兵东归。汉王想要领兵西还，后来采用留侯、陈平的计策，进兵追击项羽，到达阳夏南面收兵驻扎，与齐王韩信、建成侯彭越约定时间会合攻打楚军。到了固陵，韩信、彭越却不来会合。楚军出击汉军，大败汉军。汉王又进入营垒，深挖壕沟进行防守。使用了张良的计策，于是韩信、彭越都前来会合。又有刘贾进入楚地，围攻寿春。汉王在固陵战败，就派使者去召大司马周殷，用全部的九江士卒迎接武王黥布，黥布、周殷在进军中攻下城父，大肆屠杀。他们随从刘贾和齐、梁的诸侯大会垓下。汉王封武王黥布为淮南王。

五年，高祖和诸侯军一起攻打楚军，与项羽在垓下决一胜负。淮阴侯率兵三十万独当正面，孔将军布兵在左面，费将军布兵在右面，皇帝居后，绛侯、柴将军跟随在皇帝后面。项羽的士卒大约十万。淮阴侯首先会战，没有取胜，向后退却。孔将军、费将军纵兵出击，楚军不利，淮阴侯又乘势反攻，大败项羽于垓下。项羽的士兵听到汉军中的楚国歌声，以为汉军全部占领了楚地，项羽就败退逃跑，因此楚兵全军溃败。汉王派骑兵将领灌婴追击项羽，在东城杀了他，斩首八万，于是平定了楚地。鲁县为楚国坚守城池，汉军没有攻下，汉王带领诸侯军北上，把项羽的头给鲁县父老们看，鲁县才投降了。于是就用鲁公的封号在谷城埋葬了项羽。汉王回到定陶，驰入齐王营垒，夺取了他的军队。

正月，诸侯及将相相与共请尊汉王为皇帝。汉王曰："吾闻帝贤者有也，空言虚语，非所守也，吾不敢当帝位。"群臣皆曰："大王起微细，诛暴逆，平定四海，有功者辄裂地而封为王侯。大王不尊号，皆疑不信。臣等以死守之。"汉王三让，不得已，曰："诸君必以为便，便国家。"甲午，乃即皇帝位氾水之阳。

皇帝曰义帝无后，齐王韩信习楚风俗，徙为楚王，都下邳。立建成侯彭越为梁王，都定陶。故韩王信为韩王，都阳翟。徙衡山王吴芮为长沙王，都临湘。番君之将梅销有功，从入武关，故德番君。淮南王布、燕王臧荼、赵王敖皆如故。

天下大定。高祖都雒阳，诸侯皆臣属。故临江王欢为项羽叛汉，令卢绾、刘贾围之，不下。数月而降，杀之洛阳。

【译文】

正月，诸侯和将相互相一起请求尊崇汉王为皇帝。汉王说："我听说皇帝这一尊号，属于有贤德的人，虚言浮语，空有其名，不是这种人所能占有的，我不敢承受皇帝之位。"群臣都说："大王起于贫寒，诛暴讨逆，平定四海，有功的就割地封为王侯。大王不尊崇名号，大家对自己的封号都要疑虑，不敢信以为真。臣等誓死坚持大王尊称皇帝。"汉王再三谦让，迫不得已地说："大家一定以为这样有利于国家。为了对国家有利（我只好做皇帝了）。"甲午年，在汜水北面即皇帝位。

皇帝说义帝没有后代。齐王韩信熟悉楚地风俗，迁徙为楚王，建都下邳。封建成侯彭越为梁王，建都定陶。原来的韩王信仍为韩王，建都阳翟。迁徙衡山王吴芮为长沙王，建都临湘。番君的将领梅鋗立有战功，跟随进入武关，皇帝感谢番君的恩德。淮南王黥布、燕王臧荼、赵王张敖都保持过去的封号。

天下基本平定。高祖建都洛阳，诸侯都成为高祖的属臣。原来的临江王共欢为了项羽起兵叛汉，高祖命令卢绾、刘贾围攻共欢，没有攻克。几个月后投降了，在洛阳杀了共欢。

五月，兵皆罢归家。诸侯子在关中者复之十二岁，其归者复之六岁，食之一岁。

高祖置酒洛阳南宫。高祖曰："列侯诸将无敢隐朕，皆言其情。吾所以有天下者何？项氏之所以失天下者何？"高起、王陵对曰："陛下仁而爱人，项羽慢而侮人。然陛下使人攻城略地，所降下者因以予之，与天下同利也。项羽妒贤嫉能，有功者害之，贤者疑之，战胜而不予人功，得地而不予人利，此所以失天下也。"高祖曰："公知其一，未知其二。夫运筹策帷帐之中，决胜于千里之外，吾不如子房。镇国家，抚百姓，给馈饷，不绝粮道，吾不如萧何。连百万之军，战必胜，攻必取，吾不如韩信。此三者，皆人杰也，吾能用之，此吾所以取天下也。项羽有一范增而不能用，此其所以为我擒也。”

高祖欲长都洛阳，齐人刘敬说，及留侯劝上入都关中，高祖是日驾，入都关中。六月，大赦天下。

【译文】

五月，士卒都解甲回家。诸侯国的士卒留在关中的免除徭役十二年，那些回家乡的免除徭役六年，发给粮食供养一年。

高祖在洛阳南宫摆设酒席。高祖说：“各位诸侯和将领不要隐瞒我，都要说心里话。我所以能够得到天下是什么原因？项氏所以失去天下是什么原因？”高起、王陵回答说：“陛下仁慈而爱护人，项羽傲慢而侮辱人。然而陛下派人攻城略地，所招降攻占的地方就封给他，与天下人利益相共。项羽嫉贤妒能，有功的人加以陷害，贤能的人受到怀疑，打了胜仗而不论功行赏，取得了土地而不与之分利，这就是他之所以失去天下的原因。”高祖说：“你们知其一，不知其二。说到那在帷帐中运筹划策，决胜于千里之外，我不如子房。镇守国家，安抚百姓，供给军粮，畅通粮道，我不如萧何。连兵百万，战必胜，攻必克，我不如韩信。这三个人，都是人中俊杰，我能任用他们，这是我所以取得天下的原因。项羽有一个范增而不能任用，这是他所以被我擒杀的原因。”

高祖想长期建都洛阳，齐人刘敬劝阻高祖，等到留侯说服高祖入都关中，当天高祖命驾起身，进入关中建都。六月，大赦天下。

十月，燕王臧荼反，攻下代地。高祖自将击之，得燕王臧荼。即立太尉卢绾为燕王。使丞相哙将兵攻代。

其秋，利几反，高祖自将兵击之，利几走。利几者，项氏之将。项氏败，利几为陈公，不随项羽，亡降高祖，高祖侯之颍川。高祖至洛阳，举通侯籍召之，而利几恐，故反。

六年，高祖五日一朝太公，如家人父子礼。太公家令说太公曰：“天无二日，土无二王。今高祖虽子，人主也；太公虽父，人臣也。奈何令人主拜人臣！如此，则威重不行。”后高祖朝，太公拥彗，迎门却行。高祖大惊，下扶太公。太公曰：“帝，人主也，奈何以我乱天下法！”于是高祖乃尊太公为太上皇。心善家令言，赐金五百斤。

【译文】

十月，燕王臧荼反叛，攻下代地。高祖亲自统率军队攻打他，擒获了燕王臧荼，随即立太尉卢绾为燕王。派丞相樊哙领兵攻代。

这年秋天，利几反叛，高祖亲自带兵攻打他，利几逃走了。利几这个人，是项氏的将领。项氏失败时，利几为陈县县令，没有跟随项羽，逃走投降了高祖，高祖封他在颍川为侯。高祖到达洛阳，根据全部通侯名籍遍召通侯，利几也被召。利几很慌惧，因此起兵反叛。

六年，高祖五天朝见一次太公，（跪拜）如同一般百姓的父子礼节。太公家令劝诫太公说："天无二日，地无二主。如今高祖虽然是你的儿子，但他是万民的君主；太公虽然是高祖的父亲，但属于臣下。怎么能让君主拜见臣下！这样，就使君主失去了威严和尊贵。"后来高祖朝拜太公，太公抱着扫帚，在门口迎接，倒退着行走。高祖大惊，下车搀扶太公。太公说："皇帝是万民的君主，怎么能因为我的缘故而破坏了天下的法纪！"于是高祖就尊奉太公为太上皇。高祖内心赞美家令的话，赏赐给他黄金五百斤。

十二月，人有上变事告楚王信谋反，上问左右，左右争欲击之。用陈平计，乃伪游云梦，会诸侯于陈，楚王信迎，即因执之。是日，大赦天下。田肯贺，因说高祖曰："陛下得韩信，又治秦中。秦，形胜之国，带河山之险，县隔千里，持戟百万，秦得百二焉。地执便利，其以下兵于诸侯，譬犹居高屋之上建瓴水也。夫齐，东有琅邪、即墨之饶，南有泰山之固，西有浊河之限，北有勃海之利。地方二千里，持戟百万，县隔千里之外，齐得十二焉。故此东西秦也。非亲子弟，莫可使王齐矣。"高祖曰："善。"赐黄金五百斤。

后十余日，封韩信为淮阴侯，分其地为二国。高祖曰将军刘贾数有功，以为荆王，王淮东。弟交为楚王，王淮西。子肥为齐王，王七十余城，民能齐言者皆属齐。乃论功，与诸列侯剖符行封。徙韩王信太原。

七年，匈奴攻韩王信马邑，信因与谋反太原。白土曼丘臣、王黄立故赵将赵利为王以反，高祖自往击之。会天寒，士卒堕指者什二三，遂至平城。匈奴围我平城，七日而后罢去。令樊哙止定代地。立兄刘仲为代王。

【译文】

十二月，有人上书告发楚王韩信谋反。高祖询问左右大臣，大臣们争着要去攻打韩信。高祖采用陈平的计策，假装巡游云梦泽，在陈县会见诸侯，楚王韩信来迎接，就趁机逮捕了他。这一天，大赦天下。田肯来祝贺，就劝高祖说："陛下抓到韩信，又建都秦中。秦地是地理形势优越的地方，有阻山带河之险，与诸侯国悬隔千里，持戟武士一百万，秦比其他地方好上一百倍。地势便利，从这里出兵诸侯，犹如高屋建瓴。要说那齐地，东有琅邪、即墨的富饶，南有泰山的险固，西有浊河这一天然界限，北有渤海鱼盐之利，地方二千里，持戟武士一百万，与各诸侯国悬隔千里之外，齐比其他地方好上十倍。所以这两个地方是东秦和西秦。不是陛下的亲子弟，不要派他在齐地做王。"高祖说："好。"赏赐黄金五百斤。

后来十多天，封韩信为淮阴侯，把他的封地分作两个国。高祖说将军刘贾屡建战功，封为荆王，称王淮东。弟弟刘交为楚王，称王淮西。儿子刘肥为齐王，封给七十余座城，百姓中能讲齐地语言的都归属齐国。高祖论定功劳大小，与列侯剖符为信，封侯食邑。把韩王信迁徙到太原。

七年，匈奴在马邑攻打韩王信，韩王信就与匈奴在太原谋反。白土曼丘臣、王黄立原来的赵国将领赵利为王，反叛汉朝，高祖亲自前往讨伐。正遇上天气寒冷，士卒十人中有两三个都冻掉了手指头，终于到达了平城。匈奴在平城围困高祖，七天之后才撤兵离去。命令樊哙留下来平定代地。立哥哥刘仲为代王。

二月，高祖自平城过赵、洛阳，至长安。长乐宫成，丞相已下徙治长安。

八年，高祖东击韩王信余反寇于东垣。

萧丞相营作未央宫，立东阙、北阙、前殿、武库、太仓。高祖还，见宫阙壮甚，怒，谓萧何曰："天下匈匈，苦战数岁，成败未可知，是何治宫室过度也？"萧何曰："天下方未定，故可因遂就宫室。且夫天子以四海为家，非壮丽无以重威，且无令后世有以加也。"高祖乃说。

高祖之东垣，过柏人，赵相贯高等谋弑高祖，高祖心动，因不留。代王刘仲弃国亡，自归洛阳，废以为合阳侯。

九年，赵相贯高等事发觉，夷三族。废赵王敖为宣平侯。是岁，徙贵族楚昭、屈、景、怀、齐田氏关中。

未央宫成。高祖大朝诸侯群臣，置酒未央前殿。高祖奉玉卮，起为太上皇寿，曰："始大人常以臣无赖，不能治产业，不如仲力。今某之业所就孰与仲多？"殿上群臣皆呼万岁，大笑为乐。

十年十月，淮南王黥布、梁王彭越、燕王卢绾、荆王刘贾、楚王刘交、齐王刘肥、长沙王吴芮皆来朝长乐宫。春夏无事。

【译文】

二月，高祖从平城经过赵地、洛阳，到了长安。长乐宫已经建成，丞相以下迁到新都长安。

八月，高祖率军东去，在东垣攻打韩王信的残余叛贼。

萧丞相修筑未央宫，建立东阙、北阙、前殿、武库、太仓。高祖回来，看见宫阙极为壮丽，非常生气，对萧何说："天下喧扰不安，苦战数年，成败尚未可知，现在为什么要修建宫室豪华过度呢？"萧何说："正是因为天下没有安定，所以才趁这个时机建成宫室。况且天子以四海为家，宫室不壮观华丽，就不足以显示天子的尊贵和威严，并且也是为了不让后世的宫室有所超过。"于是高祖高兴了。

高祖去东垣，经过柏人，赵相贯高等谋杀高祖，高祖心动异常，因而没有在柏人停留。代王刘仲弃国逃跑，自己回到洛阳，被废为合阳侯。

九年，赵相贯高等策划谋杀高祖的事被发觉了，被处死三族。废赵王张敖为宣平侯。这一年，把楚国贵族昭氏、屈氏、景氏、怀氏和齐国贵族田氏迁徙到关中。

未央宫建成了。高祖大朝诸侯和群臣，在未央宫前殿摆设酒宴。高祖手捧玉制酒杯，起身给太上皇祝寿，说："当初大人常常认为我是无以谋生的二流子，不能料理产业，不如仲勤劳。如今我成就的事业与仲相比，谁的多呢？"殿上群臣都高呼万岁，大笑作乐。

十年十月，淮南王黥布、梁王彭越、燕王卢绾、荆王刘贾、楚王刘交、齐王刘肥、长沙王吴芮都来长乐宫朝见。春夏无事。

七月，太上皇崩栎阳宫。楚王、梁王皆来送葬。赦栎阳囚。更命郦邑曰新丰。

八月，赵相国陈豨反代地。上曰："豨尝为吾使，甚有信。代地吾所急也，故封豨为列侯，以相国守代，今乃与王黄等劫掠代地！代地吏民非有罪也，其赦代吏民。"九月，上自东往击之。至邯郸，上喜曰："豨不南据邯郸而阻漳水，吾知其无能为也。"闻豨将皆故贾人也，上曰："吾知所以与之。"乃多以金啖豨将，豨将多降者。

十一年，高祖在邯郸诛豨等未毕，豨将侯敞将万余人游行，王黄军曲逆，张春渡河击聊城。汉使将军郭蒙与齐将击，大破之。太尉周勃道太原入，定代地。至马邑，马邑不下，即攻残之。

豨将赵利守东垣，高祖攻之，不下。月余，卒骂高祖，高祖怒。城降，令出骂者斩之，不骂者原之。于是乃分赵山北，立子恒以为代王，都晋阳。

春，淮阴侯韩信谋反关中，夷三族。

夏，梁王彭越谋反，废迁蜀；复欲反，遂夷三族。立子恢为梁王，子友为淮阳王。

秋七月，淮南王黥布反，东并荆王刘贾地，北渡淮，楚王交走入薛。高祖自往击之。立子长为淮南王。

十二年，十月，高祖已击布军会甀，布走，令别将追之。

【译文】

七月，太上皇崩于栎阳宫，楚王、梁王都来送葬。赦免栎阳的囚犯。郦邑改名新丰。

八月，赵相国陈豨在代地反叛。高祖说："陈豨曾经做过我的使者，很守信用。代地是我所看重的地方，因此封陈豨为列侯，以相国名义守卫代地，如今竟和王黄等劫掠代地。代地的官吏和百姓并非有罪，赦免代地的吏民。"九月，高祖亲自东去攻打陈豨。到达邯郸，高祖高兴地说："陈豨不南去据守邯郸，而凭借漳水为阵，我知道他是没有本事的。"听说陈豨的将领都是过去的商人，高祖说："我知道该怎样对付他们了。"于是就多用黄金引诱陈豨的将领，陈豨的将领有很多投降的。

十一年，高祖在邯郸讨伐陈豨等人还没有结束，陈豨将领侯敞带领一万多人流动作战，王黄驻军曲逆，张春渡过黄河进攻聊城。汉派将军郭蒙与齐国的将领出击，把他们打得大败。太尉周勃从太原进军，平定代地。到了马邑，一时没有攻克，后来就把它攻打得城破人亡。

陈豨的将领赵利防守东垣，高祖攻打东垣，没有攻下。一个多月后，赵利的士卒辱骂高祖，高祖十分气愤。东垣投降了，命令交出辱骂高祖的人斩首处死，没有辱骂高祖的就宽恕他们。于是划出赵国常山以北的地方，封儿子刘恒为代王，建都晋阳。

春天，淮阴侯韩信谋反关中，处死了他的三族。

夏天，梁王彭越谋反，废除他的封号，迁徙蜀地。他又要反叛，于是就处死了他的三族。封儿子刘恢为梁王，儿子刘友为淮阳王。

秋天七月，淮南王黥布反叛，向东兼并了荆王刘贾的土地，北进渡过淮水。楚王刘交跑到薛县。高祖亲自前往讨伐他，封儿子刘长为淮南王。

十二年十月，高祖在会甄已经击败黥布的军队，黥布逃走。高祖命令别将追击他。

高祖还归，过沛，留。置酒沛宫，悉召故人父老子弟纵酒，发沛中儿得百二十人，教之歌。酒酣，高祖击筑，自为歌诗曰："大风起兮云飞扬，威加海内兮归故乡，安得猛士兮守四方！"令儿皆和习之。高祖乃起舞，慷慨伤怀，泣数行下。谓沛父兄曰："游子悲故乡。吾虽都关中，万岁后吾魂魄犹乐思沛。且朕自沛公以诛暴逆，遂有天下，其以沛为朕汤沐邑，复其民，世世无有所与。”沛父兄诸母故人日乐饮极欢，道旧故为笑乐。十余日，高祖欲去，沛父兄固请留高祖。高祖曰：“吾人众多，父兄不能给。”乃去。沛中空县皆之邑西献。高祖复留止，张饮三日，沛父兄皆顿首曰：“沛幸得复，丰未复，唯陛下哀怜之。”高祖曰：“丰吾所生长，极不忘耳，吾特为其以雍齿故反我为魏。”沛父兄固请，乃并复丰，比沛。于是拜沛侯刘濞为吴王。

汉将别击布军洮水南北，皆大破之，追得斩布鄱阳。

樊哙别将兵定代，斩陈豨当城。

【译文】

高祖率军归还，路过沛县，停留下来。在沛宫摆设酒宴，把过去的朋友和父老子弟全都召集来纵情畅饮。挑选沛中儿童，得到了一百二十人，教他们唱歌。酒喝到酣畅，高祖击着筑，自己作了一首诗，唱起来：“大风起兮云飞扬，威加海内兮归故乡，安得猛士兮守四方！”让儿童都跟着学唱。高祖又跳起舞，感慨伤怀，泪下数行，对沛县父兄们说：“远游的人思念故乡。我虽然建都关中，千秋万岁后，我的魂魄还是愿意怀思沛县。我从做沛公开始，诛暴讨逆，终于取得了天下。用沛县作为我的汤沐邑，免除沛县百姓的徭役，世世代代不用服徭役。”沛县父老兄弟、长辈妇女、旧日朋友，天天开怀畅饮，极为欢欣，说旧道故，取笑作乐。过了十多天，高祖想要离去，沛县父老兄弟执意挽留高祖。高祖说：“我的随从人员众多，父兄们供养不起。”于是高祖就动身了。沛县百姓倾城而出，都到城西贡献牛酒。高祖又停留下来，搭起帐篷，饮宴三天。沛县父兄们都叩头请求说：“沛县幸运地得到免除徭役，丰邑还没有获准免除，请陛下哀怜丰邑。”高祖说：“丰邑是我生长的地方，绝不会忘记，我只是因为丰邑以雍齿的缘故反叛我而去帮助魏国，（所以才不免除它的徭役。）”沛县父兄们坚持请求，这才一并免除了丰邑的徭役，和沛县相同。封沛侯刘濞为吴王。

汉军将领在洮水南北两路追击黥布的军队，都大破黥布军，在鄱阳追获杀死了黥布。

樊哙另带一支部队平定代地，在当城杀死了陈豨。

十一月，高祖自布军至长安。十二月，高祖曰："秦始皇帝、楚隐王陈涉、魏安釐王、齐缗王、赵悼襄王皆绝无后，予守冢各十家，秦皇帝二十家，魏公子无忌五家。"赦代地吏民为陈豨、赵利所劫掠者，皆赦之。陈豨降将言豨反时，燕王卢绾使人之豨所，与阴谋。上使辟阳侯迎绾，绾称病。辟阳侯归，具言绾反有端矣。二月，使樊哙、周勃将兵击燕王绾。赦燕吏民与反者。立皇子建为燕王。

高祖击布时，为流矢所中，行道病。病甚，吕后迎良医。医入见，高祖问医。医曰："病可治。"于是高祖谩骂之曰："吾以布衣提三尺剑取天下，此非天命乎？命乃在天，虽扁鹊何益！"遂不使治病，赐金五十斤罢之。已而吕后问："陛下百岁后，萧相国即死，令谁代之？"上曰："曹参可。"问其次，上曰："王陵可。然陵少戆，陈平可以助之。陈平智有余，然难以独任。周勃重厚少文，然安刘氏者必勃也，可令为太尉。"吕后复问其次，上曰："此后亦非而所知也。"

卢绾与数千骑居塞下候伺，幸上病愈自入谢。

【译文】

十一月，高祖从征讨黥布的军队中回到长安。十二月，高祖说："秦始皇帝、楚隐王陈涉、魏安釐王、齐缗王、赵悼襄王都绝嗣无后，分别给予十户人家看守坟墓，秦始皇帝二十家，魏公子无忌五家。"代地官吏和百姓被陈豨、赵利所胁迫的，全部赦免。陈豨的降将说陈豨反叛时，燕王卢绾派人去陈豨那里参预了阴谋策划。高祖派辟阳侯去接卢绾，卢绾称病不来。辟阳侯回来，详细说明了卢绾反叛已有征兆。二月，派樊哙、周勃率军出击燕王卢绾。赦免燕地官吏和百姓参加反叛的人。封皇子刘建为燕王。

高祖攻打黥布时，被流矢射中，行进途中得了重病。病情严重，吕后请来好医生。医生进去见高祖，高祖询问医生，医生说："病可以治好。"于是高祖谩骂医生说："我以一个布衣平民，手提三尺剑取得天下，这不是天命吗？命运在天，虽有扁鹊，又有什么用处！"高祖不让医生治病，赏赐黄金五十斤，叫他离去。不久吕后问高祖："陛下百年以后，萧相国如果死了，让谁接替他？"高祖说："曹参可以。"又问其次，高祖说："王陵可以。然而王陵稍微憨直，陈平可以帮助他。陈平智慧有余，然而难以独任。周勃稳重厚道，缺少文才，但能安定刘氏天下的一定是周勃，可以让他做太尉。"吕后又问其次，高祖说："这以后也不是你所能知道的了。"

卢绾和数千名骑兵停留在边塞等待着，希望高祖病好了，自己去向高祖请罪。

四月甲辰，高祖崩长乐宫。四日不发丧。吕后与审食其谋曰："诸将与帝为编户民，今北面为臣，此常怏怏，今乃事少主，非尽族是，天下不安。"人或闻之，语郦将军。郦将军往见审食其，曰："吾闻帝已崩，四日不发丧，欲诛诸将。诚如此，天下危矣。陈平、灌婴将十万守荥阳，樊哙、周勃将二十万定燕、代，此闻帝崩，诸将皆诛，必连兵还乡以攻关中。大臣内叛，诸侯外反，亡可翘足而待也。"审食其入言之，乃以丁未发丧，大赦天下。

卢绾闻高祖崩，遂亡入匈奴。

丙寅，葬。己巳，立太子，至太上皇庙。群臣皆曰："高祖起微细，拨乱世反之正，平定天下，为汉太祖，功最高。"上尊号为高皇帝。太子袭号为皇帝，孝惠帝也。令郡国诸侯各立高祖庙，以岁时祠。

【译文】

四月甲辰，高祖崩于长乐宫。过了四天不发丧。吕后和审食其商量说："将领们和皇帝同为编户平民，如今北面称臣，为此常常怏怏不乐。现在侍奉年轻的皇帝，（心里会更不高兴）不全部族灭这些人，天下不会安定。"有人听到了这个消息，告诉了郦将军。郦将军去见审食其，说："我听说皇帝已经驾崩，四天不发丧，想要诛杀将领们。如果真是这样，天下就危险了。陈平、灌婴统率十万士卒驻守荥阳，樊哙、周勃统率二十万士卒平定燕、代，这时他们听到皇帝驾崩，将领们全都被杀，必定连兵回来向关中进攻。大臣叛乱于内，诸侯造反于外，天下覆灭可以翘足而待了。"审食其进宫把这些话告诉了吕后，于是在丁未发丧，大赦天下。

卢绾听说高祖驾崩，就逃入匈奴。

丙寅，安葬了高祖。己巳，立太子为皇帝，来到太上皇庙。群臣都说："高祖起于细微平民，拨乱反正，平定天下，是汉朝的开国始祖，功劳最高。"上尊号为高皇帝。太子袭号为皇帝，这就是孝惠帝。命令各郡和各国诸侯建立高祖庙，按照每年的时节祭祀。

及孝惠五年，思高祖之悲乐沛，以沛宫为高祖原庙。高祖所教歌儿百二十人，皆令为吹乐，后有缺，辄补之。

高帝八男：长庶齐悼惠王肥；次孝惠，吕后子；次戚夫人子赵隐王如意；次代王恒，已立为孝文帝，薄太后子；次梁王恢，吕太后时徙为赵共王；次淮阳王友，吕太后时徙为赵幽王；次淮南厉王长；次燕王建。

太史公曰：夏之政忠。忠之敝，小人以野，故殷人承之以敬。敬之敝，小人以鬼，故周人承之以文。文之敝，小人以僿，故救僿莫若以忠。三王之道若循环，终而复始。周秦之间，可谓文敝矣。秦政不改，反酷刑法，岂不缪乎？故汉兴，承敝易变，使人不倦，得天统矣。朝以十月。车服黄屋左纛。葬长陵。

【译文】

到了孝惠帝五年，孝惠帝思念高祖回沛时的悲乐情景，就把沛宫作为高祖原庙。高祖所教唱歌的儿童一百二十人，都让他们做高祖原庙中演奏音乐的人员，以后有缺额，就立刻补上。

高祖皇帝八个儿子：长子是庶出的齐悼惠王肥；其次是孝惠帝，吕后所生；再次是戚夫人生的赵隐王如意；再次是代王恒，已立为孝文帝，薄太后所生；再次是梁王恢，吕太后时徙为赵共王；再次是淮阳王友，吕太后时徙为赵幽王；再次是淮南厉王长；再次是燕王建。

太史公说：夏朝的政治质朴厚道，质朴厚道的弊病在于使细民百姓粗野少礼，所以殷朝的人用恭敬而讲究威仪来承替它。恭敬而讲究威仪的弊病在于使细民百姓像奉事鬼神一样的威仪繁多，所以周朝人用讲究尊卑等级来承替它。讲究尊卑等级的弊病在于使细民百姓不能以诚相见，所以补救不能以诚相见的办法没有比以质朴厚道为政更好的了。夏、商、周三王的治国法则循环往复，终而复始。周朝和秦朝之间，可以说是讲究尊卑等级的弊病都暴露出来了。秦始皇嬴政不加以改变，反而使刑法残酷，难道不是荒谬的吗？所以汉朝兴起，面对过去的弊病，改变了治国法则，使百姓不疲倦，得到天道的规律了。规定每年十月诸侯王到京城朝见皇帝。车服有定制，皇帝的车子用黄缯做盖的里子，车衡左边竖立毛羽制成的幢。安葬高祖于长陵。

屈原传

屈原者，名平，楚之同姓也。为楚怀王左徒。博闻强志，明于治乱，娴于辞令。入则与王图议国事，以出号令；出则接遇宾客，应对诸侯。王甚任之。

上官大夫与之同列，争宠而心害其能。怀王使屈原造为宪令，屈平属草稿未定。上官大夫见而欲夺之，屈平不与，因谗之曰："王使屈平为令，众莫不知，每一令出，平伐其功，以为'非我莫能为'也。"王怒而疏屈平。

【译文】

屈原，名平，和楚国是同姓。担任楚怀王的左徒。屈原博学强记，明了国家安定、动乱的原因和治理方法，善于应对言辞，尤其是外交辞令。所以他入朝就和国王谋划国家大事，用以发布号令；出朝就接待宾客，应对四方诸侯。楚怀王十分信任他。

上官大夫和屈原在朝廷是同班列之臣，为同屈原争夺皇帝的宠爱，因而心里非常妒忌屈原的贤能。楚怀王让屈原制定法令，屈原起草尚未定稿。上官大夫见到了，就要夺去自己写，屈原不给他，他就到楚怀王面前说屈原的坏话："大王让屈平起草法令，众人没有不知道的，每一法令发布出来，屈平就夸耀是自己的功劳，认为'不是我，没有人能写得出来的'"。楚怀王听了很生气，从此疏远了屈原。

屈平疾王听之不聪也，谗谄之蔽明也，邪曲之害公也，方正之容也，故忧愁幽思而作《离骚》。《离骚》者，犹离忧也。夫天者，人之始也；父母者，人之本也。人穷则反本，故劳苦倦极，未尝不呼天也；疾痛惨怛，未尝不呼父母也。屈平正道直行，竭忠尽智以事其君，谗人间之，可谓穷矣。信而见疑，忠而被谤，能无怨乎？屈平之作《离骚》，盖自怨生也。《国风》好色而不淫，《小雅》怨诽而不乱。若《离骚》者，可谓兼之矣。上称帝喾，下道齐桓，中述汤武，以刺世事。明道德之广崇，治乱之条贯，靡不毕见。其文约，其辞微，其志洁，其行廉，其称文小而其指极大，举类迩而见议远。其志洁，故其称物芳。其行廉，故死而不容自疏。濯淖污泥之中，蝉蜕於浊秽，以浮游尘埃之外，不获世之滋垢，皭然泥而不滓者也。推此志也，虽与日月争光可也。

屈平既绌，其后秦欲伐齐，齐与楚从亲，惠王患之，乃令张仪详去秦，厚币委质事楚，曰："秦甚憎齐，齐与楚从亲，楚诚能绝齐，秦愿献商、於之地六百里。"楚怀王贪而信张仪，遂绝齐，使使如秦受地。张仪诈之曰："仪与王约六里，不闻六百里。"楚使怒去，归告怀王。怀王怒，大兴师伐秦。秦发兵击之，大破楚师於丹、淅，斩首八万，虏楚将屈丐，遂取楚之汉中地。怀王乃悉发国中兵以深入击秦，战於蓝田。魏闻之，袭楚至邓。楚兵惧，自秦归。而齐竟怒不救楚，楚大困。

【译文】

屈原怨恨楚怀王听臣进言不明是非，被假话坏话遮住了眼睛，任凭奸邪陷害公正，容不得端方正直之士，所以忧愁幽思，写了一篇很长的辞章《离骚》。所谓"离骚"，也就是离忧的意思。天，是人的起源；父母，是人的根本。人到了走投无路的时候，就会溯源返本，所以人到劳苦疲惫之极，未尝不呼喊"天哪！"人到疾病疼痛难忍，也未尝不呼喊"爹呀！娘呀！"屈原走的是正道，又照直行事，竭尽忠诚和智慧，服侍他的君主。然而坏人从中挑拨离间，失去了皇帝的信任，可谓走投无路了。真诚的人受到怀疑，忠贞的人受到诽谤，能没有怨恨吗？屈原写作的《离骚》，大概是由于怨恨产生的，就像人到走投无路时呼天叫娘一样自然。《诗经》中的《国风》一类诗，它的风格特色犹如喜爱美色而不过分一样，《小雅》一类诗，它的风格特色犹如怨恨国家失政而不造反一样。而《离骚》这样的作品，可谓两种特色兼而有之。屈原在《离骚》中上称喾等古帝，下道齐桓公等霸主，中述汤、武等贤王，用来指责当时的社会政治。所表明的道德之广大崇高，安定和动乱之条理贯通，无不彻底表现出来。文体简约，辞义深微，志向高洁，行为清廉，用的文体形式虽小，而所表现的内容却很大，所举事例虽浅近，而所表现的意义却很深远。因为作者志向高洁，所以举的事物都很芬芳美好。作者行为清廉，所以宁死也不能容忍自己被疏远。洗涤于污泥之中，蝉蜕于浊秽以浮游于尘埃之外，没有受到世俗的沾染污垢，光亮的样子就像纯净的黑泥没有一点杂质。如果比喻这种高洁的志向，那么即使说它与日月争光也是可以的。

屈原遭到贬斥后，秦国要征伐齐国，而齐国和楚国联合起来相互支援，秦惠王对此很忧虑，于是命令张仪假装背离秦国，以丰厚的钱币和卑下的礼节服事楚国。张仪说："秦国非常憎恨齐国，可是齐国和楚国联合起来相互支援，如果楚国真的能和齐国绝交，那么秦国愿意将秦国的商、於之地六百里献给楚国。"楚怀王贪图钱物而相信了张仪的话，于是和齐国绝交，派使者到秦国接受献地。张仪随即变卦，骗他说："我与楚怀王相约时说的是六里，没听说过有六百里。"楚国使者很气愤地离去了，回去就报告给楚怀王。楚怀王发怒，大举兴兵讨伐秦国。秦国发兵迎击，在於、淅两地大破楚兵，斩首八万，虏去楚国将军屈丐，夺取了楚国的汉中之地。楚怀王于是调动国中全部兵力深入攻击秦国，战于蓝田。魏国听到这个消息，于是突然袭击楚国的邓城。楚兵十分恐惧，从秦国境内退兵。而齐国终是生楚国的气，不去救援楚国。楚国落入非常困窘的境地。

明年，秦割汉中地与楚以和。楚王曰："不愿得地，愿得张仪而甘心焉。"张仪闻，乃曰："以一仪而当汉中地，臣请往如楚。"如楚，又因厚币用事者臣靳尚，而设诡辩於怀王之宠臣郑袖。怀王竟听郑袖，复释去张仪。是时屈平既疏，不复在位，使於齐，顾反，柬怀王曰："何不杀张仪？"怀王悔，追张仪不及。

其后诸侯共击楚，大破之，杀其将唐眛。

时秦昭王与楚婚，欲与怀王会。怀王欲行，屈平曰："秦虎狼之国，不可信，不如毋行。"怀王稚子子兰劝王行："奈何绝秦欢！"怀王卒行。入武关，秦伏兵绝其后，因留怀王，以求割地。怀王怒，不听。亡走赵，赵不内。复之秦，竟死于秦而归葬。

【译文】

第二年，秦国把夺取的汉中之地割让给楚国，与楚国讲和。楚怀王说："不想得到汉中之地，而愿意得到张仪才甘心。"张仪听到了，对秦惠王说："用一个张仪而相当于汉中之地，我请求前往楚国。"张仪到了楚国，又用丰厚的钱币贿赂楚国的当权之臣靳尚，在楚怀王宠臣郑袖面前编造了花言巧语。楚怀王竟然听从了郑袖，再次放走了张仪。这时屈原已经被疏远，不复在位，出使于齐国，又返回，规劝楚怀王说："为什么不杀张仪呢？"楚怀王很后悔，但再追张仪却赶不上了。

此后，诸侯共同攻击楚国，大破楚兵，杀了他们的将军唐眜。

当时秦昭王与楚国联姻，要和楚怀王相会。楚怀王要启程，屈原说："秦国就像虎狼，不可信，不如不去。"楚怀王的小儿子子兰劝说楚怀王前去，说："怎么能拒绝秦国和我们和好呢？"楚怀王终于去了。走到武关，秦国的伏兵截住了楚怀王的随从人员，只留住他一人，要求割让土地。楚怀王十分气愤，没有听从。他逃跑到赵国，赵国不接纳。他又到秦国，竟然死在秦国而送回楚国安葬。

长子顷襄王立，以其弟子兰为令尹。楚人既咎子兰以劝怀王入秦而不反也。

屈平既嫉之，虽放流，眷顾楚国，系心怀王，不忘欲反，冀幸君之一悟，俗之一改也。其存君兴国而欲反复之，一篇之中三致志焉。然终无可奈何，故不可以反，卒以此见怀王之终不悟也。人君无愚智贤不肖，莫不欲求忠以自为，举贤以自佐，然亡国破家相随属，而圣君治国累世而不见者，其所谓忠者不忠，而所谓贤者不贤也。怀王以不知忠臣之分，故内惑于郑袖，外欺于张仪，疏屈平而信上官大夫，令尹子兰。兵挫地削，亡其六郡，身客死于秦，为天下笑。此不知人之祸也。易曰："井泄不食，为我心恻，可以汲。王明，并受其福。"王之不明，岂足福哉！

令尹子兰闻之大怒，卒使上官大夫短屈原於顷襄王，顷襄王怒而迁之。

【译文】

楚怀王的长子顷襄王被立为楚国国王，用他的弟弟子兰为楚国最高军政长官令尹。楚国人很怪罪子兰，因为他曾劝楚怀王到秦国而未得生还。

屈原早已憎恨子兰，但是他即使被流放，仍然眼望楚国，心系怀王，不忘回来，是希望国君您的觉悟，风俗的改变。他思念国君、振兴祖国的深情反复不息，在《离骚》一篇之中，多次表达这种思想感情。然而终于无可奈何，所以不能回到楚国，最后见怀王终不觉悟。国君不论愚蠢、智慧、贤明、糊涂，莫不愿意求得忠臣用来为自己出力，提拔贤才用来辅助自己，然而亡国破家接连发生，圣明的君主、安定的国家世世代代不能出现，正是由于所谓“忠臣”并不忠，所谓“贤才”并不贤。楚怀王因为不知道忠臣的职分，所以在国内被郑袖所惑，在国外被张仪所欺，疏远屈原而信任上官大夫、令尹子兰。军队受挫，国土被割，失掉了六郡，自身客死于秦国，为天下人嘲笑。这是不知人善任的灾祸呀！《易经》上说：“井淘干净了，仍无人食用，很是令人伤心，这井的水是可以提上来食用的。国王如若英明，全国都会享受幸福。”楚怀王糊涂，哪里能给全国以幸福呢？

令尹子兰听到屈原的议论后，大为恼火，使上官大夫在顷襄王面前说屈原的短处。顷襄王也很生气，因而将屈原再次放逐。

屈原至於江滨，被发行吟泽畔。颜色憔悴，形容枯槁。渔父见而问之曰：“子非三闾大夫与？何故而之此？”屈原曰：“举世混浊而我独清，众人皆醉而我独醒，是以见放。”渔父曰：“夫圣人者，不凝滞于物而能与世推移。举世混浊，何不随其流而扬其波？众人皆醉，何不餔其糟而啜其醨？何故怀瑾握瑜而自令见放为？”屈原曰：“吾闻之，新沐者必弹冠，新浴者必振衣，人又谁能以身之察察，受物之汶汶者乎！宁赴常流而葬乎江鱼腹中耳，又安能以皓皓之白而蒙世俗之温蠖乎！”

乃作怀沙之赋。其辞曰：

陶陶孟夏兮，草木莽莽。伤怀永哀兮，汩徂南土，眴兮窈窈，孔静幽墨。冤结纡轸兮，离愍之长鞠；抚情效志兮，俯诎以自抑。

【译文】

屈原到了大江之滨，在湖泽之畔，头披长发，一边行走一边吟唱，脸色憔悴，形容枯槁。渔翁看见了，问他说："你不是职掌王族三姓的三闾大夫吗？是什么缘故落到这种地步？"屈原说："整个世界都是混浊的，而只有我才是清白的；众人都是沉醉的，而中人我才是清醒的，因此才被放逐。"渔翁说："圣人，不拘泥于某种事物，而是与世道推移。整个世界混浊，你为什么不随波逐流？众人都沉醉，你为什么不连酒带糟都吃下去呢？何必怀抱着美玉般的稀世之才，而人为地自己让国君放逐呢？"屈原说："我听说过，刚洗过头的人，戴帽之前必定先弹弹帽上的灰尘；刚洗过澡的人，穿衣之前必定先抖抖衣上的灰尘。人谁能以自己的高洁操行，接受昏暗污浊的世道呢？我宁可投进永不停歇的流水而葬身于大江鱼腹之中，又岂能以明亮洁白之躯蒙上世俗的尘滓呢？"于是写作《怀沙》这篇辞赋。其辞说：

阳气腾腾的初夏呀，草木长得多么茂盛。使我伤怀而永远哀痛啊，如今又匆匆独自南行。转眼四顾一片阴森，没有一点声息，死一般的寂静。胸有闷气呀迂曲不止，身遭忧患而长期困窘。抚念衷情而检查志向啊，已受很大的冤屈，仍要压抑自己。

刓以为圜兮，常度未替；易初本由兮，君子所鄙。章画职墨兮，前度未改；内直质重兮，大人所盛。巧匠不斫兮，孰察其揆正？玄文幽处兮，矇谓之不章；离娄微睇兮，瞽以为无明。变白而为墨兮，倒上以为下。凤凰在帆兮，鸡雉翔舞。同糅玉石兮，一概而相量。夫党人之鄙妒兮，羌不知吾所臧。

任重载盛兮，陷滞而不济；怀瑾握瑜兮，穷不得余所示。邑犬群吠兮，吠所怪也；诽骏疑桀兮，固庸态也。文质疏内兮，众不知吾之异采；材朴委积兮，莫知余之所有。重仁袭义兮，谨厚以为丰；重华不可牾兮，孰知余之从容！古固有不并兮，岂知其故也？汤禹久远兮，邈不可慕也。惩违改忿兮，抑心而自强；离溯而不迁兮，愿志之有象。进路北次兮，日昧昧其将暮；含优虞哀兮，限之以大故。

乱曰："浩浩沅、湘兮，分流汩兮。修路幽拂兮，道远忽兮。曾唫恒悲兮，永叹慨兮。世既莫吾知兮，人心不可谓兮。怀情抱质兮，独无匹兮。伯乐既殁兮，骥将焉程兮？人生禀命兮，各有所错兮。定心广志，馀何畏惧兮？曾伤爰哀，永叹喟兮。世混不吾知，心不可谓兮。知死不可让兮，愿勿爱兮。明以告君子兮，吾将以为类兮。

於是怀石遂自沉汨罗以死。

【译文】

尽管小人削方为圆哪，然而永恒的法则决不可任意废弃。改变自己本来的道路，为道德高尚的人所鄙夷。标明规矩要坚持原则，以前的风范决不能改易。内心厚道而品质庄重，这种美德为有地位的哲人所赞扬。能工巧匠如不运用斧凿，谁能看到他那准确的度量？若把黑色的彩绣放在暗处，患有青光眼病的人则妄言花纹不鲜亮。古代眼明的离娄，用眼一瞥就看到秋毫之末，而瞎眼人还以为他也是个老盲。把白的当作黑的呀，将上倒过来作为下。美丽的凤凰被关进竹笼里，丑陋的鸭群却乱飞乱抓。美玉和顽石掺合混杂呀，不加区别，一起用升斗来衡量。尤其是那些结党营私的小人，鄙陋而顽固，他们岂知道我的才德优长！

我的任务太重，如车满载哟，陷于泥泞而不能通过。怀抱的和手握的都是美玉哟，却找不到一个能看一看我这美玉的明哲。村里的群狗乱叫呀，叫的是它觉到的奇怪。诽谤英雄，猜疑豪杰，本是小人的一贯心态。文质彬彬，内心通达，群小们哪里知道我所具有的异采？良材好料聚积很多，却没有人知道我有如此丰富的储备。请用仁义将我穿戴起来吧，使美德修养得又厚又丰。圣明的舜帝重华不再遇到了，谁知道我的才德有余，气度从容？圣君贤臣古来就不能同世并生，哪里得知其中的缘故？商汤、夏禹距今久远了，久远得如同旷绝，简直不可追慕。停止怨恨，排除愤懑吧，抑制浮躁心情，以便自勉自强。虽遭忧患，坚贞不移，但愿我的意志成为后来者的榜样。因为赶路而错过了宿地，日色昏昏，时将傍晚。自舒忧怀，自宽衷心吧，死而后已，才算个极限。

浩浩荡荡的沅江、湘江，各自滚滚地奔流啊！道路漫漫，林木幽幽，前程渺渺无尽头啊！抒不尽的长悲，叹不尽的感慨。世间无人理解我，人心不可说。坚守自己的真情和美德，而独独无人予以作证。古代相马人伯乐早已死去，今日的千里马由谁品评？人生禀受天命啊，个个早被安排定。安定情绪，弘扬志气，我还有什么畏惧？层层伤怀，层层悲哀，长声叹息，没有休止。世间混浊，无人理解我，人心不可说。我知道死亡不可回避，愿意离开人世不自爱惜。明白地告诉道德高尚的人，我将做出榜样让后人学习。

于是，屈原怀抱石头，自沉汨罗江而死。

蒙恬传

蒙恬者，其先齐人也。恬大父蒙骜，自齐事秦昭王，官至上卿。秦庄襄王元年，蒙骜为秦将，伐韩，取成皋、荥阳，作置三川郡。二年，蒙骜攻赵，取三十七城。始皇三年，蒙骜攻韩，取十三城。五年，蒙骜攻魏，取二十城，作置东郡。始皇七年，蒙骜卒。骜子曰武，武子曰恬。恬尝书狱典文学。始皇二十三年，蒙武为秦裨将军，与王翦攻楚，大破之，杀项燕。二十四年，蒙武攻楚，虏楚王。蒙恬弟毅。

始皇二十六年，蒙恬因家世得为秦将，攻齐，大破之，拜为内史。秦已并天下，乃使蒙恬将三十万众北逐戎狄，收河南。筑长城，因地形，用制险塞，起临洮，至辽东，延袤万余里。于是渡河，据阳山，逶蛇而北，暴师于外十余年。居上郡，是时蒙恬威振匈奴。始皇甚尊宠蒙氏，信任贤之；而亲近蒙毅，位至上卿，出则参乘，入则御前。恬任外事而毅常为内谋，名为“忠信”，故虽诸将相莫敢与之争焉。

【译文】

蒙恬，其祖先是齐国人。蒙恬的祖父蒙骜从齐地到秦国，为秦昭王效力，官至上卿。秦庄襄王元年，蒙骜为秦将，奉命伐韩，攻取成皋、荥阳战略要地，秦在这里设立了三川郡。第二年，蒙骜攻赵，夺取了三十七城。到秦始皇三年，蒙骜攻韩，占领了十三城。秦始皇五年，蒙骜攻魏，攻占了二十城，并在这里设置了东郡。秦始皇七年，蒙骜去世。蒙骜的儿子名武，武的儿子名恬。蒙恬曾学习狱法。秦始皇二十三年，蒙武为秦裨将军，与王翦一起攻楚，大败楚军，杀了楚将项燕。秦始皇二十四年，蒙武攻楚，俘获了楚王。蒙恬有个弟弟叫蒙毅。

秦始皇二十六年，蒙恬因父祖的关系拜为秦将，奉命攻齐，大败齐军，被拜为内史。秦统一六国以后，派蒙恬率兵三十万北逐匈奴，收复黄河以南的地区。又筑长城，根据地形，在险峻处建置要塞，西起临洮，东至辽东，延绵万里长城。接着又北渡黄河进攻匈奴，占据阳山，军队沿着山脉河流曲曲弯弯地向北进军，在塞外作战十多年。后来回到了上郡，这时蒙恬已威振匈奴了。秦始皇由此非常尊宠蒙恬，信任他的贤能；而对蒙恬之弟蒙毅也十分亲近，位至上卿，出则可坐三匹马的车子，入则可在皇帝面前商议国家大事。蒙恬在外管战事，蒙毅在内作参谋，时人誉称为“忠信”，因此之故，秦国其他将领都无法与蒙氏一门恩宠相争比。

赵高者，诸赵疏远属也。赵高昆弟数人，皆生隐宫，其母被刑僇，世世卑贱。秦王闻高强力，通于狱法，举以为中车府令。高即私事公子胡亥，喻之决狱。高有大罪，秦王令蒙毅法治之。毅不敢阿法，当高罪死，除其宦籍。帝以高之敦于事也，赦之，复其官爵。

始皇欲游天下，道九原，直抵甘泉。乃使蒙恬通道，自九原抵甘泉，堑山堙谷，千八百里。道未就。

始皇三十七年冬，行出游会稽，并海上，北走琅邪。道病，使蒙毅还祷山川。未反，始皇至沙丘崩。秘之，群臣莫知。是时丞相李斯、公子胡亥、中车府令赵高常从。高雅得幸于胡亥。欲立之，又怨蒙毅法治之而不为己也，因有贼心，乃与丞相李斯、公子胡亥阴谋，立胡亥为太子。太子已立，遣使者以罪赐公子扶苏、蒙恬死。扶苏已死蒙恬疑而复请之。使者以蒙恬属吏，更置。胡亥以李斯舍人为护军。使者还报，胡亥已闻扶苏死，即欲释蒙恬。赵高恐蒙氏复贵而用事，怨之。

【译文】

赵高原来是赵国贵族的疏远族。赵高有昆弟数人，都受到割去生殖器的宫刑，其母受过刑罚耻辱，因而世世卑贱。秦始皇听说赵高力气很大，又精通狱法，就任命他为中车府令。赵高私下为秦公子胡亥办事，教他狱法。有一次赵高犯有大罪，秦始皇命令蒙毅依法审理。蒙毅不敢徇私王法，判赵高死罪，削除宦官户籍。秦始皇认为赵高办事敏捷，就赦免了他，恢复其官爵。

秦始皇要想游览天下，从九原直达甘泉宫。于是派蒙恬筑通道，自九原到甘泉宫，一路开山填谷，长达一千八百里。道路建好后，秦始皇未去游览。

秦始皇三十七年冬，秦始皇却南下巡游会稽郡，到了海上，然后又北上到了琅邪。在路上得病，派蒙毅出去祈祷山川之神。蒙毅还没有返回，秦始皇到沙丘就病死了。秦始皇死后，秘不发丧，群臣都不知道。当时丞相李斯、公子胡亥、中车府令赵高经常跟随在秦始皇身边。赵高由于得宠于胡亥，因此想立胡亥为帝，同时又怨蒙毅当初执法不阿而不利于己，所以有了贼心，便与丞相李斯、公子胡亥阴谋商议，立胡亥为太子。胡亥立为太子后，派遣使者到北边假借罪名赐公子扶苏与蒙恬死。扶苏先自杀了，蒙恬对赐死表示怀疑，请求再下诏。使者便把蒙恬的军权交给下属官吏，更置了将领。胡亥还派李斯的舍人前去作为监军。使者回来向胡亥报信，胡亥听到扶苏已死，就想释放蒙恬。赵高恐怕蒙氏被重用而再度显贵，心中很不愉快。

毅还至。赵高因为胡亥忠计，欲以灭蒙氏，乃言曰："臣闻先帝欲举贤立太子久矣，而毅谏曰'不可'。若知贤而俞弗立，则是不忠而惑主也。以臣愚意，不若诛之。"胡亥听而击蒙毅于代。前已囚蒙恬于阳周。丧至咸阳，已葬，太子立为二世皇帝。而赵高亲近，日夜毁恶蒙氏，求其罪过，举劾之。子婴进谏曰："臣闻故赵王迁杀其良臣李牧而用颜聚，燕王喜阴用荆轲之谋而倍秦之约，齐王建杀其故世忠臣而用后胜之议。此三君者，皆各以变古者失其国而殃及其身。今蒙氏，秦之大臣谋士也，而主欲一旦弃去之，臣窃以为不可。臣闻轻虑者不可以治国，独智者不可以存君。诛杀忠臣而立无节行之人，是内使群臣不相信而外使斗士之意离也，臣窃以为不可。"胡亥不听，而遣御史曲宫乘传之代，令蒙毅曰："先主欲立太子而卿难之。今丞相以卿为不忠，罪及其宗。朕不忍，乃赐卿死，亦甚幸矣。卿其图之！"毅对曰："以臣不能得先主之意，则臣少宦，顺幸没世，可谓知意矣。以臣不知太子之能，则太子独从，周旋天下，去诸公子绝远，臣无所疑矣。夫先主之举用太子，数年之积也，臣乃何言之敢谏，何虑之敢谋！非敢饰辞以避死也，为羞累先主之名。愿大夫为虑焉，使臣得死情实。且夫顺成全者，道之所贵也；刑杀者，道之所卒也。昔者秦穆公杀三良而死，罪百里奚而非其罪也，故立号曰'缪'。昭襄王杀武安君白起。楚平王杀伍奢。

吴王夫差杀伍子胥。此四君者，皆为大失，而天下非之，以其君为不明，以是籍于诸侯。故曰‘用道治者不杀无罪，而罚不加于无辜’。唯大夫留心！”使者知胡亥之意，不听蒙毅之言，遂杀之。

二世又遣使者之阳周，令蒙恬曰：“君之过多矣，而卿弟毅有大罪，法及内史。”恬曰：“自吾先人及至子孙，积功信于秦三世矣。今臣将兵三十余万，身虽囚系，其势足以倍畔，然自知必死而守义者，不敢辱先人之教，以不忘先主也。昔周成王初立，未离襁褓，周公旦负王以朝，卒定天下。及成王有病甚殆，公旦自揃其爪以沈于河，曰：‘王未有识，是旦执事。有罪殃，旦受其不祥。’乃书而藏之记府，可谓信矣。及王能治国，有贼臣言：‘周公旦欲为乱久矣，王若不备，必有大事。’王乃大怒，周公旦走而奔于楚。成王观于记府，得周公旦沈书，乃流涕曰：‘孰谓周公旦欲为乱乎！’杀言之者而反周公旦。故《周书》曰‘必参而伍之’。今恬之宗，世无二心，而事卒如此，是必孽臣逆乱，内陵之道也。夫成王失而复振则卒昌；桀杀关龙逢，纣杀王子比干而不悔，身死则国亡。臣故曰过可振而谏可觉也。察于参伍，上圣之法也。凡臣之言，非以求免于咎也，将以谏而死，愿陛下为万民思从道也。”使者曰：“臣受诏行法于将军，不敢以将军言闻于上也。”蒙恬喟然太息曰：“我何罪于天，无过而死乎？”良久，徐曰：“恬罪固当死矣。起临洮属之辽东，城堑万余里，此其中不能无绝地脉哉？此乃恬之罪也。”乃吞药自杀。

【译文】

蒙毅祈祷山川后赶了回来。赵高见胡亥对自己言听计从，于是想杀灭蒙氏，便进谗言说：“臣下听说始皇先帝想在诸子中举贤能者立为太子，而蒙毅反对说‘不可’。明明知道您贤能而不立为太子，这是不忠而迷惑主上，以臣下的愚意，不如将蒙毅杀了。”胡亥听从赵高的话，把蒙毅抓了起来关在代郡。在此之前，胡亥已囚禁蒙恬于阳周。胡亥等人到咸阳发丧，埋葬了秦始皇，于是太子胡亥立为二世皇帝。而赵高的亲信在秦二世面前，日夜恶意诋毁蒙氏，广求其罪过不断举行弹劾。子婴出来反对，对秦二世讲谏说：“臣下听说从前赵王迁杀良臣李牧而重用颜聚，燕王喜用荆轲之阴谋而背叛秦国的盟约，齐王建杀其先世忠臣而用后胜之建议。这三国君王，都由于改变原来的大臣，结果丢失了国家而殃及自身。今蒙氏是秦国的大臣谋士。而主上想一旦弃而去之，臣下以为不可。臣下听说，缺少思虑的人不可以治理国家，一个人的智慧不可以保存君王。诛杀忠臣而立没有品行的人，会使群臣离心，士无斗志，臣以为不可”。胡亥不听劝阻，派遣御史曲宫乘马从驿道到代郡，传令蒙毅说：“先帝始皇想立我为太子而您从中作难。现在丞相赵高以为您不忠，罪及宗族。我不忍心看到蒙氏灭族亡宗，只赐您一死，也算是大幸了。您自己看着办吧！”蒙毅对答说：“臣下虽然不能深知先帝的意见，但我年轻时就跟随始皇做官，直到他去世仍受宠信，也可以说是对始皇了解的吧。臣下虽然不能深知太子的贤能，但始皇出巡时只有太子一人跟从，周游天下，与其他诸公子相比差得远了，我对太子的贤能也不会有任何怀疑了。始皇先主举立太子，已考虑了好多年了，我怎敢进谏，怎敢虑谋！我说这些话并非想掩饰自己以逃一死，实为先主名声不受损失。请大夫您想一想，好使我死得符合实情。况且善于成全别人的人，是道德高贵之处；喜好刑杀别人的人，是道德死亡之时。过去秦穆公杀三良而死，判百里奚有罪而不符合事实，因此立号称‘缪’。秦昭王杀武安君白起。楚平王杀伍奢。吴王夫差杀伍子胥。以上四位国君都犯了大的过失，而遭到天下非议，主要是国君不明，于是在诸侯中名声狼籍。古人说：‘用道德治理国家的不杀无罪之人，而刑罚不施于无辜’。唯请大夫您留心！”使者曲宫知道胡亥的本意，根本不听蒙毅之言，便杀了蒙毅。

秦二世又派遣使者到阳周，传令蒙恬说：“你的过错太多了，而你弟蒙毅也犯有大罪，正由内史审理”。蒙恬说：“自吾祖父到现今的子孙，有功宠信于秦已有三世了。今臣下掌兵三十多万，虽被囚禁，其势也足以起来造反，然而自知必死而守义不叛，是不敢有辱先辈之教诲，不忘先主之恩宠。从前周成王初立，年幼尚在襁褓之中，周公旦抱着成王上朝，治理天下。有一次成王生病非常危险，周公旦就剪断指甲、胡须作丧礼，对洛河起誓说：‘成王年幼尚未懂事，国家由我执事，如果上天要降下什么罪殃，应该由我来承担不幸。’并把这话写成文书藏在记府，可以说是有信誉的。后来成王长大自己能治理国家时，有贼臣进谗言说：‘周公旦想要作乱已很久了，王若不早做准备，以后必有大事’成王听了大怒，迫使周公奔楚。有一次成王到记府去观看，看到周公旦的誓书，就痛哭流涕地说：‘怎么能说周公旦想作乱啊！’于是杀了进谗言之人，从楚地迎回了周公旦。因此《周书》说：‘凡事必须先与三卿五大夫商议’。今天蒙恬一门宗亲，对秦朝世无二心，而事情的结果却落得如此下场，必定有奸臣乱逆，在朝中横行霸道。周成王知错而改，结果使国家日益昌盛；夏桀杀关龙逢、殷纣杀王子比干而不悔改，结果是身死国亡。因此善于听劝谏则可以改正过错。察问三卿五大夫，是圣人之法。我说这些话，并非想请求免去我的罪责，而是以死相谏，希望陛下为万民考虑。”使者听了说：“我只是奉皇帝诏书对将军执法，不敢把将军的话转达给皇上。”蒙恬听罢喟然叹息说：“我有何罪于天下，竟无辜而死啊？”他沉思了一会儿，慢慢地说：“我蒙恬罪该当死。我西起临洮而东至辽东，筑长城万余里，在此之中不能不破坏风水地脉吧？这是我蒙恬的罪过。”于是便吞药自杀了。

〔汉书〕

霍光传

霍光，字子孟，骠骑将军去病弟也。父中孺，河东平阳人也，以县吏给事平阳侯家，与侍者卫少儿私通而生去病。中孺吏毕归家，娶妇生光，因绝不相闻。久之，少儿女弟子夫得幸于武帝，立为皇后，去病以皇后姊子贵幸。既壮大，乃自知父为霍中孺，未及求问，会为骠骑将军击匈奴，道出河东，河东太守郊迎，负弩矢先驱至平阳传舍，遣吏迎霍中孺。中孺趋入拜谒，将军迎拜，因跪曰："去病不早自知为大人遗体也。"中孺扶服叩头，曰："老臣得托命将军，此天力也。"去病大为中孺买田宅奴婢而去。还，复过焉，乃将光西至长安，时年十余岁，任光为郎，稍迁诸曹侍中。去病死后，光为奉车都尉光禄大夫，出则奉车，入侍左右，出入禁闼二十余年，小心谨慎，未尝有过，甚见亲信。征和二年，卫太子为江充所败，而燕王旦、广陵王胥皆多过失。是时上年老，宠姬钩弋赵倢伃有男，上心欲以为嗣，命大臣辅之。察群臣唯光任大重，可属社稷。上乃使黄门画者画周公负成王朝诸侯以赐光。后元二年春，上游五柞宫，病笃，光涕泣问曰："如有不讳，谁当嗣者？"上曰："君未谕前画意邪？立少子，君行周公之事。"上以光为大司马大将军，日磾为车骑将军，及太仆上官桀为左将军，搜粟都尉桑弘羊为御史大夫，皆拜卧内床下，受遗诏辅少主。明日，武帝崩，太子袭尊号，是为孝昭皇帝。帝年八岁，政事一决于光。遗诏封光为博陆侯。

【译文】

霍光，字子孟，是骠骑将军霍去病的弟弟。父亲霍中孺，河东郡平阳县人，以县吏的身份替平阳侯家办事，跟侍女卫少儿私通生下了霍去病。霍中孺办完事回家，娶妻生下了霍光，就此与卫少儿隔绝互相不知音讯。多年以后，卫少儿的妹妹卫子夫受到汉武帝宠幸，立为皇后，霍去病因为是皇后姊姊的儿子而尊贵得宠。长大以后，得自知父亲是霍中孺，还没顾上探访寻问，恰逢被任命为骠骑将军出击匈奴，路经河东郡，河东太守到郊外迎接，替他背着弓箭先驱马到平阳旅舍，派手下人迎接霍中孺。霍中孺急步进来拜见，将军也下拜迎候，跪着说："去病没能早日自知是父亲大人给予之身。"霍中孺伏在地上叩头，说："老臣能够把生命寄托在将军身上，这是上天的力量啊。"霍去病为霍中孺置买了大量的土地、房屋、奴婢而去。回来时，又从那儿经过，就带着霍光西行到了长安，当时霍光年纪才十几岁，任他为郎官，不久又升到诸曹侍中。霍去病死后，霍光任奉车都尉、光禄大夫，武帝出行他就照管车马，回宫就侍奉在左右，出入宫门二十多年，小心谨慎，未曾有什么过错，很受武帝的亲近和信任。征和二年，卫太子因受到江充的诬陷而自杀，而燕王旦、广陵王胥又都有很多过失。这时武帝已年老，他的宠妃钩弋宫赵倢伃有个男孩，武帝心里想让他继承皇位，命大臣辅助他。仔细观察众大臣，只有霍光能负此重任，可以把国家大事托付给他。武帝就叫黄门画工画了一幅周公抱着成王接受诸侯朝见的图画赐给霍光。后元二年春天，武帝出游五柞宫，得了重病，霍光流泪抽泣问道："如果有了意外，该谁继承皇位？"武帝说："你不明白上次图画的意思吗？立小儿子，你担当周公的职务。"武帝让霍光任大司马大将军，金日磾任车骑将军，加上太仆上官桀任左将军，搜粟都尉桑弘羊任御史大夫，都拜伏在卧室内的床下，接受遗诏辅佐少主。第二天，武帝逝世，太子继承天子的尊号，就是孝昭皇帝。昭帝年方八岁，国家大事全由霍光决断。武帝遗诏封霍光为博陆侯。

光为人沉静详审，长才七尺三寸，白皙，疏眉目，美须髯。每出入下殿门，止进有常处，郎仆射窃识视之，不失尺寸，其资性端正如此。初辅幼主，政自己出，天下想闻其风采。殿中尝有怪，一夜群臣相惊，光召尚符玺郎，郎不肯授光。光欲夺之，郎按剑曰："臣头可得，玺不可得也！"光甚谊之。明日，诏增此郎秩二等。众庶莫不多光。

光与左将军桀结婚相亲，光长女为桀子安妻，有女年与帝相配，桀因帝姊鄂邑盖主内安女后宫为倢伃，数月立为皇后。父安为骠骑将军，封桑乐侯。光时休沐出，桀辄入代光决事。桀父子既尊盛，而德长公主。公主内行不修，近幸河间丁外人。桀、安欲为外人求封，幸依国家故事以列侯尚公主者，光不许。又为外人求光禄大夫，欲令得召见，又不许。长主大以是怨光。而桀、安数为外人求官爵弗能得，亦惭。自先帝时，桀已为九卿，位在光右。及父子并为将军，有椒房中宫之重，皇后亲安女，光乃其外祖，而顾专制朝事，由是与光争权。

【译文】

霍光为人沉着冷静、细致慎重，身高达七尺三寸，皮肤白皙，眉目疏朗，须髯很美。每次从下殿门进出，停顿、前进有固定的地方，郎仆射暗中做了标记一看，尺寸丝毫不差，他的资质本性端正就像这样。开始辅佐幼主，政令都由他亲自发出，天下人都想一睹他的风采。宫殿中曾出现过怪异的现象，一夜间大臣们互相惊扰，霍光召来符玺郎要玺，郎官不肯交给霍光。霍光想夺玺，郎官手按着剑把说："臣子的头可以得到，国玺你不能得到！"霍光很赞赏他的忠义。第二天，下诏提升这位郎官官阶两级。老百姓没有不称颂霍光的。

霍光跟左将军上官桀是缔结婚姻的亲家，霍光的长女是上官桀儿子上官安的妻子，有个女儿年纪跟昭帝正相配，上官桀依靠昭帝的大姊鄂邑盖主把上官安的女儿送进后宫成了婕伃，几个月以后立为皇后。父亲上官安当上了骠骑将军，封桑乐侯。霍光有时休息沐浴离开朝廷，上官桀往往进宫代替霍光决定政务。上官桀父子位尊势盛以后，颇感长公主的恩德。公主私生活不太检点，宠幸河间郡的丁外人。上官桀、上官安想替丁外人求个封爵，希望按照国家以列侯匹配公主的惯例，霍光不同意。又为丁外人求光禄大夫之职，想让他能得到皇帝召见，也不同意。长公主为此对霍光大为怨恨。而上官桀、上官安多次为丁外人求官爵不能得到，也感到惭愧。在武帝时，上官桀已经是九卿，官位在霍光之上。现在父子又都是将军，有椒房中宫的关系可以倚重，皇后是上官安的亲生女儿，霍光只不过是她的外祖父，却独揽朝政，从此跟霍光争起权来。

燕王旦自以昭帝兄，常怀怨望。及御史大夫桑弘羊建造酒榷盐铁，为国兴利，伐其功，欲为子弟得官，亦怨恨光。于是盖主、上官桀、安及弘羊皆与燕王旦通谋，诈令人为燕王上书，言光出都肄羽林，道上称跸，太官先置；又引苏武前使匈奴，拘留二十年不降，还乃为典属国，而大将军长史敞亡功为搜粟都尉；又擅调益莫府校尉；光专权自恣，疑有非常，臣旦愿归符玺，入宿卫，察奸臣变。候司光出沐日奏之。桀欲从中下其事，桑弘羊当与诸大臣共执退光。书奏，帝不肯下。

明旦，光闻之，止画室中不入。上问："大将军安在？"左将军桀对曰："以燕王告其罪，故不敢入。"有诏召大将军。光入，免冠军顿首谢，上曰："将军冠。朕知是书诈也，将军亡罪。"光曰："陛下何以知之？"上曰："将军之广明，都郎属耳。调校尉以来未能十日，燕王何以得知之？且将军为非，不须校尉。"是时帝年十四，尚书左右皆惊，而上书者果亡，捕之甚急。桀等惧，白上："小事不足遂。"上不听。

【译文】

燕王旦自以为是昭帝兄长，因不能继皇位而一直心怀不满。同时御史大夫桑弘羊建立了酒类盐铁的国营专卖制度，垄断了盐、铁的生产，为国家增加了财政收入，自以为功高，想为儿子兄弟弄个官做，未能如愿也怨恨霍光。于是盖主、上官桀、上官安和桑弘羊都和燕王旦勾结密谋，叫人冒充替燕王上书，说霍光外出聚集郎官和羽林骑练兵，在路上称"为皇上出行清道"，出发前安排官中太官先行；又提到苏武过去出使匈奴，被扣留了二十年而不投降，回来才做了典属国，而大将军部下长史杨敞没立功就当了搜粟都尉；又擅自增调将军府的校尉。霍光专权，想怎样就怎样，恐怕有些不正常，臣子但愿缴回符玺，进宫参加值宿警卫，观察奸臣有什么事变。他乘霍光休假的日子上书。上官桀将从宫中批复有关部门处治，桑弘羊届时将和诸大臣一起拘捕霍光，将他逐出朝廷。奏书送上去，昭帝不肯批复。

第二天早上，霍光听说这件事，停留在画室中不进宫。昭帝问："大将军在哪里？"左将军上官桀回答："因为燕王告发他的罪状，所以不敢进来。"昭帝下诏召大将军。霍光进宫，除下将军帽子叩头自责，昭帝说："请将军戴上帽子。我知道这奏书是假的，将军无罪。"霍光说："陛下怎么知道的？"昭帝说："将军到广明亭去，召集郎官部属罢了。调校尉到现在不到十天，燕王怎么能知道呢？况且将军要干坏事，并不需要校尉。”当时昭帝才十四岁，尚书和左右的人都感到惊讶，而上奏书的人果然失踪了，追捕得很紧。上官桀等人害怕了，对昭帝说：“小事不值得追究。”昭帝不听。

后桀党与有谮光者，上辄怒曰：“大将军忠臣，先帝所属以辅朕身，敢有毁者坐之。”自是桀等不敢复言，乃谋令长公主置酒请光，伏兵格杀之，因废帝，迎立燕王为天子。事发觉，光尽诛桀、安、弘羊、外人宗族。燕王、盖主皆自杀。光威震海内。昭帝既冠，遂委任光，讫十三年，百姓充实，四夷宾服。

元平元年，昭帝崩，亡嗣。武帝六男独有广陵王胥在，群臣议所立，咸持广陵王。王本以行失道，先帝所不用。光内不自安。郎有上书言：“周太王废太伯立王季，文王舍伯邑考立武王，唯在所宜，虽废长立少可也。广陵王不可以承宗庙。”言合光意。光以其书视丞相敞等，擢郎为九江太守，即日承皇太后诏，遣行大鸿胪事少府乐成、宗正德、光禄大夫吉、中郎将利汉迎昌邑王贺。

【译文】

这以后上官桀的党羽有说霍光坏话的，昭帝就发怒说：“大将军是忠臣，先帝嘱托他辅佐我的，有谁敢诽谤我就办他的罪。”从此上官桀等人不敢再讲了，就计划让长公主摆宴席请霍光，埋伏兵士击杀他，乘机废昭帝，迎立燕王做天子。事情被发觉，霍光全部诛灭了上官桀、上官安、桑弘羊、丁外人的宗族。燕王、盖主都自杀了。霍光威震海内。昭帝年满二十举行冠礼以后，就把政事委托给霍光，共十三年，百姓衣丰食足，四夷归顺服从。

元平元年，昭帝故世，没有后代。武帝六个儿子只剩广陵王刘胥还在，众大臣议论立谁为帝，都主张广陵王。广陵王本来因为行为有失道义，不为武帝所重用。霍光内心感到不妥当。有郎官上奏书说：“周太王不立长子太伯而立幼子王季，周文王舍弃伯邑考而立武王，只在于适当，即使废长立幼也是可以的。广陵王不能承继宗庙。”这话符合霍光心意。霍光把他的奏书拿给丞相杨敞等看，提拔郎官做九江太守，当天接受皇太后的诏令，派遣代理大鸿胪、少府史乐成、宗正刘德、光禄大夫丙吉、中郎将利汉迎接昌邑王刘贺。

贺者，武帝孙，昌邑哀王子也。既至，即位，行淫乱。光忧懑，独以问所亲故吏大司农田延年。延年曰："将军为国柱石，审此人不可，何不建白太后，更选贤而立之？"光曰："今欲如是，于古尝有此否？"延年曰："伊尹相殷，废太甲以安宗庙，后世称其忠。将军若能行此，亦汉之伊尹也。"光乃引延年给事中，阴与车骑将军张安世图计，遂召丞相、御史、将军、列侯、中二千石、大夫、博士会议未央宫。光曰："昌邑王行昏乱，恐危社稷，如何？"群臣皆惊鄂失色，莫敢发言，但唯唯而已。田延年前，离席按剑，曰："先帝属将军以幼孤，寄将军以天下，以将军忠贤能安刘氏也。今群下鼎沸，社稷将倾，且汉之传谥常为孝者，以长有天下，令宗庙血食也。如令汉家绝祀，将军虽死，何面目见先帝于地下乎？今日之议，不得旋踵。群臣后应者，臣请剑斩之。"光谢曰："九卿责光是也。天下匈匈不安，光当受难。"于是议者皆叩头，曰："万姓之命在于将军，唯大将军令。"

【译文】

刘贺是武帝的孙子，昌邑哀王的儿子。到了后来，即位，行为淫乱。霍光又担忧又气愤，单独问亲信的老部下大司农田延年。田延年说："将军是国家的柱子和基石，看这个人不行，为什么不向皇太后建议，另选贤明的立为皇帝？"霍光说："现在想这样，在古代有过这种例子吗？"田延年说："伊尹任殷朝的丞相，放逐太甲而保全了王室，后世称道他忠。将军如果能做到这点，也就是汉朝的伊尹了。"霍光就引荐田延年当了给事中，暗底下跟车骑将军张安世考虑大计，于是召集丞相、御史、将军、列侯、中二千石、大夫、博士在未央宫开会讨论。霍光说："昌邑王行为昏乱，恐怕要危害国家，怎么办？"众大臣都惊愕得变了脸色，没人敢开口说话，只是唯唯诺诺而已。田延年走上前，离开席位手按剑柄，说："先帝把年幼的孤儿托付给将军，把大汉的天下委任给将军，是因为将军忠诚而贤能，能够安定刘氏的江山。现在下边议论得像鼎水沸腾，国家可能倾覆，况且汉天子的谥号常带‘孝’字，是为了能够长久保有天下，使宗庙祭祀不断啊。如果使汉皇室断了祭祀，将军就是死了，又有什么脸在地下见先帝呢？今天的会议，不准转过脚跟去不表态。诸位大臣有回答得晚的，我请求用剑把他杀了。”霍光自责说：“九卿指责霍光指责得对。天下骚扰不安，霍光应该受到责难。”于是参加会议的都叩头，说：“天下万民的性命都在将军手里，一切听从大将军的命令。”

光即与群臣俱见白太后，具陈昌邑王不可以承宗庙状。皇太后乃车驾幸未央承明殿，诏诸禁门毋内昌邑群臣。王入朝太后还，乘辇欲归温室，中黄门宦者各持门扇，王入，门闭，昌邑群臣不得入。王曰：“何为？”大将军跪曰：“有皇太后诏，毋内昌邑群臣。”王曰：“徐之，何乃惊人如是！”光使尽驱出昌邑群臣，置金马门外。车骑将军安世将羽林骑收缚二百余人，皆送廷尉诏狱。令故昭帝侍中中臣侍守王。光敕左右：“谨宿卫，卒有物故自裁，令我负天下，有杀主名。”王尚未自知当废，谓左右：“我故群臣从官安得罪，而大将军尽系之乎？”顷之，有太后诏召王。王闻召，意恐，乃曰：“我安得罪而召我哉！”太后被珠襦，盛服坐武帐中，侍御数百人皆持兵，期门武士陛戟，陈列殿下。群臣以次上殿，召昌邑王伏前听诏。光与群臣连名奏王……荒淫迷惑，失帝王礼谊，乱汉制度……当废。……皇太后诏曰：“可。”光令王起拜受诏，王曰：“闻天子有争臣七人，虽无道不失天下。”光曰：“皇太后诏废，安得天子！”乃即持其手，解脱其玺组，奉上太后，扶王下殿，出金马门，群臣随送。王西面拜，曰：“愚戆不任汉事。”起就乘舆副车。大将军光送至昌邑邸，光谢曰：“王行自绝于天，臣等驽怯，不能杀身报德。臣宁负王，不敢负社稷。愿王自爱，臣长不复见左右。”光涕泣而去。群臣奏言：“古者废放之人屏于远方，不及以政，请徙王贺汉中房陵县。”太后诏归贺昌邑，赐汤沐邑二千户。昌邑群臣坐亡辅导之谊，陷王于恶，光悉诛杀二百余人。出死，号呼市中曰：“当断不断，反受其乱。”

【译文】

霍光立即跟众大臣一起见告皇太后，列举昌邑王不能继承宗庙的种种情况。皇太后就坐车驾临未央宫承明殿，下诏各宫门不准放昌邑王的众臣子进入。昌邑王入殿朝见太后回去，乘车想回温室，中黄门的宦者分别把持着门扇，昌邑王一进来，就把门关上，跟随昌邑来的臣子不得进入。昌邑王说："干什么？"大将军霍光跪下说："有皇太后的诏令，不准放入昌邑的众臣。"昌邑王说："慢慢地嘛，为什么像这样吓人！"霍光命人把昌邑的臣子们全都赶出去，安置在金马门外面。车骑将军张安世带着羽林骑把两百多人绑起来，都送到廷尉和诏狱看押。命令过去做过昭帝侍中的内臣看好昌邑王。霍光下令左右："仔细值班警卫，昌邑王如果发生什么意外自杀身亡，会叫我对不起天下人，背上杀主上的罪名。"昌邑王还不知道自己要被废黜了，对左右说："我过去的臣子跟我来做官有什么罪，而大将军要把他们全抓起来呢？"一会儿，有皇太后的诏令召见昌邑王。昌邑王听到召见，心中惊慌，就说："我有什么罪要召见我啊！"皇太后身被珍珠短袄，盛妆坐在武帐中，几百名侍御都拿着武器，期门武士执戟护陛，排列在殿下。众大臣依次上殿，召昌邑王伏在殿前听诏。霍光与众大臣联名参奏昌邑王……荒淫迷惑，全失帝王的礼义，扰乱了汉朝的制度……应当废黜。……皇太后下诏说："同意。"霍光叫昌邑王起身下拜接受诏令，昌邑王说："听说天子只要有诤臣七个，即使无道也不会失天下。"霍光说："皇太后已诏令废黜，哪来的天子！"当即抓住他的手，解脱他的玺和绶带，捧给皇太后，扶着昌邑王下殿，出金马门，众大臣跟着送行。昌邑王向西拜了一拜，说："又笨又傻，干不了汉朝的事。"起身上了天子乘舆的副车。大将军霍光送到昌邑王的住所。霍光自责道："王的行为自绝于天，臣子等无能而胆怯，不能杀身以报恩德。臣子宁肯对不起王，不敢对不起国家。希望王能自爱，臣子今后长时期内不能再见到您了。"霍光流泪哭泣而去。众大臣进奏说："古代废黜的人要弃逐到远方，不让他接触朝政，请求把昌邑王贺迁徙到汉中郡房陵县去。"皇太后诏令把刘贺送回昌邑，赐给他私邑两千户。昌邑带来一批臣子因辅导不当，使王陷入邪恶，霍光把两百多人全杀了。这些人被推出执行死刑时，在市中号叫："该决断时不决断，反而遭受他祸害。"

光坐庭中，会丞相以下议定所立。广陵王已前不用，及燕刺王反诛，其子不在议中。近亲唯有卫太子孙号皇曾孙在民间，咸称述焉。光遂与丞相敞等上奏曰：“《礼》曰：‘人道亲亲故尊祖，尊祖故敬宗。’大宗亡嗣，择支子孙贤者为嗣。孝武皇帝曾孙病已，武帝时有诏掖庭养视，至今年十八，师受《诗》、《论语》、《孝经》，躬行节俭，慈仁爱人，可以嗣孝昭皇帝后，奉承祖宗庙，子万姓。臣昧死以闻。”皇太后诏曰：“可。”光遣宗正刘德至曾孙家尚冠里，洗沐赐御衣，太仆以軨车迎曾孙就斋宗正府，入未央宫见皇太后，封为阳武侯。而光奉上皇帝玺绶，谒于高庙，是为孝宣皇帝。

明年，下诏曰：“夫褒有德，赏元功，古今通谊也。大司马大将军光宿卫忠正，宣德明恩，守节秉谊，以安宗庙。其以河北、东武阳益封光万七千户。”与故所食凡二万户。赏赐前后黄金七千斤，钱六千万，杂缯三万匹，奴婢百七十人，马二千匹，甲第一区。

自昭帝时，光子禹及兄孙云皆中郎将，云弟山奉车都尉侍中，领胡越兵。光两女婿为东西宫卫尉，昆弟、诸婿、外孙皆奉朝请，为诸曹大夫，骑都尉、给事中。党亲连体，根据于朝廷。光自后元秉持万机，及上即位，乃归政。上谦让不受，诸事皆先关白光，然后奏御天子。光每朝见，上虚己敛容，礼下之已甚。

光秉政前后二十年。地节二年春病笃，车驾自临问光病，上为之涕泣。光上书谢恩曰：“愿分国邑三千户，以封兄孙奉车都尉山为列侯，奉兄骠骑将军去病祀。”事下丞相御史，即日拜光子禹为右将军。

光薨，上及皇太后亲临光丧。

【译文】

霍光坐在朝廷中间，会合丞相以下大臣讨论决定立谁。广陵王已经不用在前，还有燕刺王因谋反而被诛灭，他儿子不在讨论范围中。近亲只有卫太子的孙子号称皇曾孙的在民间，大家都称道他。霍光就跟丞相杨敞等上奏书说：“《礼记》说：‘为人之道在于爱自己的亲人，所以尊崇祖先；尊崇祖先，所以敬重宗室。’宗没有子息，选择宗支子孙中贤能的作为继承人。孝武皇帝的曾孙病已，武帝在世时有诏命令掖庭养育照看，到今年十八岁了，从先生那里受学《诗经》、《论语》、《孝经》，亲自实行节俭，仁慈而能爱他人，可以嗣承孝昭皇帝之后，侍奉祖宗之庙，爱万姓如子。臣子冒死让太后知情。”皇太后下诏说：“同意。”霍光派宗正刘德到尚冠里曾孙家中，让他沐浴以后赐给他皇帝之服，太仆用軨车迎接曾孙到宗正府用斋，然后进未央宫见皇太后，受封为阳武侯。霍光捧上皇帝的玺和绶带，进谒了高皇帝庙，这就是孝宣皇帝。

第二年，宣帝下诏说：“褒奖有德行的，赏赐立首功的，是古今相通的道理。大司马大将军霍光值宿护卫宫殿忠心耿耿，显示德行，深明恩遇，保持节操，主持正义，安定宗庙。用河北、东武阳增加霍光封邑一万七千户。”加上以前的食邑共计两万户。赏赐先后有黄金七千斤，钱六千万，各色丝织物三万匹，奴婢一百七十人，马两千匹，华贵的住宅一所。

从昭帝时起，霍光的儿子霍禹和侄孙霍云都是中郎将，霍云的弟弟霍山任奉车都尉侍中，带领胡骑、越骑。霍光有两个女婿是东、西宫的卫尉，兄弟、几个女婿、外孙都得以定期朝见皇帝，任各部门的大夫、骑都尉、给事中。亲族连成一体，植根盘踞在朝廷中。霍光从后元年间起掌握国事，到宣帝就位，才归还政权。宣帝谦让不肯接受，凡事都先汇报霍光，然后才奏给天子。霍光每次朝见，宣帝都虚怀若谷，神色敬肃，礼节上屈己退让到了极点。

霍光主持朝政前后二十年。地节二年春天病重，宣帝亲自到来问候霍光病况，为他的病情流泪哭泣。霍光呈上奏书谢恩说：“希望把我国中之邑分出三千户，封给我侄孙奉车都尉霍山为列侯，来侍奉骠骑将军霍去病的庙祀。”皇帝把这事下达给丞相、御史，当天拜霍光的儿子霍禹为右将军。

霍光去世了，宣帝和皇太后亲临参加霍光的丧礼。

惠帝纪

孝惠皇帝，高祖太子也，母曰吕皇后。帝年五岁，高祖初为汉王。二年，立为太子。十二年四月，高祖崩。五月丙寅，太子即皇帝位，尊皇后曰皇太后。赐民爵一级。中郎、郎中满六岁爵三级，四岁二级。外郎满六岁二级。中郎不满一岁一级。外郎不满二岁赐钱万。宦官尚食比郎中，谒者、执盾、执戟、武士、驺比外郎。太子御骖乘赐爵五大夫，舍人满五岁二级。赐给丧事者，二千石钱二万，六百石以上万，五百石、二百石以下至佐史五千。视作斥上者，将军四十金，二千石二十金，六百石以上六金，五百石以下至佐史二金。减田租，复十五税一。爵五大夫、吏六百石以上及宦皇帝而知名者有罪当盗械者，皆颂系；上造以上及内外公孙、耳孙有罪当刑及当为城旦舂者，皆耐为鬼薪、白粲；民年七十以上若不满十岁有罪当刑者，皆完之。又曰："吏所以治民也，能尽其治则民赖之，故重其禄，所以为民也。今吏六百石以上父母妻子与同居，及故吏尝佩将军、都尉印将兵，及佩二千石官印者，家唯给军赋，他无有所与。"

令郡诸侯王立高庙。

元年冬十二月，赵隐王如意薨。民有罪，得买爵三十级以免死罪。赐民爵，户一级。

春正月，城长安。

【译文】

孝惠皇帝，名盈，是汉高祖刘邦的太子，母亲是吕皇后吕雉。惠帝五岁时，高祖初封为汉王，第二年，立惠帝为太子。十二年四月，高祖驾崩。五月丙寅日，太子即位为皇帝，尊吕皇后为皇太后。赐给民爵位一级。中郎、郎中官历满六年者赐爵三级，满四年者二级。外郎满六年者二级。中郎不满一年者一级。外郎不满二年者赐万钱。宦官主管饮食者比同郎中。谒者、执盾、执戟、武士，驺与外郎同。太子御乘赐给五大夫爵位，舍人满五年者赐二级。主办丧事者，二千石官赐给二万钱，六百石以上者赐万钱，五百石、二百石以下至佐史赐五千钱。比作开拓土地为冢圹者，将军赐给金四十斤，二千石官金二十斤，六百石以上金六斤，五百石以下至佐史金二斤。恢复实行十五纳税一的制度。爵位为五大夫、吏六百石以上官及早侍皇帝而知名者，有罪当加刑械，可宽容松缓刑械。上造以上及内外公孙耳孙有罪当判刑及刑当为城旦、舂者，都减为鬼薪、白粲刑。民七十以上及不满十岁犯罪当加刑者，都可免肉刑，使身体发肤完整。又说："官吏的职责是治理人民，如果能尽职尽责，就会得到人民的信赖，因此给他们重的俸禄，也是为了人民。今百石以上的官吏，与父母妻子同居，及曾佩带将军都尉印信将领过士兵的故吏及佩带二千石官印者，每家都供给军赋，其他不予供给。"

命令各郡及各诸侯王国都要建立高祖刘邦庙。

孝惠皇帝元年冬季十二月，赵隐王刘如意去世。人民有罪，可以买爵三十级以免死罪。赐民爵，每户一级。

春季正月，筑建长安城。

二年冬十月，齐悼惠王来朝，献城阳郡以益鲁元公主邑，尊公主为太后。

春正月癸酉，有两龙见兰陵家人井中，乙亥夕而不见。陇西地震。

夏旱。郃阳侯仲薨。秋七月辛未，相国何薨。

三年春，发长安六百里内男女十四万六千人城长安，三十日罢。

以宗室女为公主，嫁匈奴单于。

夏五月，立闽越君摇为东海王。

六月，发诸侯王、列侯徒隶二万人城长安。

秋七月，都厩灾。南越王赵佗称臣奉贡。

四年冬十月壬寅，立皇后张氏。

春正月，举民孝弟、力田者复其身。

三月甲子，皇帝冠，赦天下。省法令妨吏民者；除挟书律。长乐宫鸿台灾。宜阳雨血。

秋七月乙亥，未央宫凌室灾；丙子，织室灾。

五年冬十月，雷；桃李华，枣实。

【译文】

二年冬季十月，齐悼惠王刘肥到京师来朝见，献城阳郡给鲁元公主，用以增加公主的食邑，并尊称公主为鲁元太后。

春季正月癸酉，有两条龙出现在兰陵平民家井中，乙亥傍晚时消失。陇西发生地震。

夏季干旱。郃阳侯刘喜去世。秋季七月辛未，丞相萧何去世。

三年春季，征发长安六百里以内男女十四万六千人筑建长安城三十天。

遴选宗室女封为公主，嫁给匈奴单于。

夏季五月，封闽越君摇为东海王。

六月，征发诸侯王、列侯所属徒隶两万人筑建长安城。

秋季七月，都城马棚火灾。南越王赵佗称臣并奉献贡品。

四年冬季十月壬寅，封张敖女张氏为皇后。

春季正月，选举平民中孝顺父母，尊敬兄长并努力耕种田地，即孝悌力田者，免除其赋税徭役。

三月甲子，皇帝二十岁举行加冠典礼，大赦天下。撤销妨碍官吏治理及干扰平民的法令；废除秦朝挟书者灭全族的挟书律。长乐宫鸿台火灾，宜阳下血雨。

秋季七月乙亥，未央宫存冰的凌室发生火灾；丙子，主织各类丝织品的织室发生火灾。

五年冬季十月，打雷。桃树李树开花，枣树结果实。

春正月，复发长安六百里内男女十四万五千人城长安，三十日罢。

夏，大旱。

秋八月己丑，相国参薨。

九月，长安城成。赐民爵，户一级。

六年冬十月辛丑，齐王肥薨。

令民得卖爵。女子年十五以上至三十不嫁，五算。

夏六月，舞阳侯哙薨。

起长安西市，修敖仓。

七年冬十月，发车骑、材官诣荥阳，太尉灌婴将。

春正月辛丑朔，日有蚀之。夏五月丁卯，日有蚀之，既。

秋八月戊寅，帝崩于未央宫。九月辛丑，葬安陵。

赞曰：孝惠内修亲亲，外礼宰相，优宠齐悼、赵隐，恩敬笃矣。闻叔孙通之谏则惧然，纳曹相国之对而心说，可谓宽仁之主。曹吕太后亏损至德，悲夫！

【译文】

春季正月，再征发长安六百里以内男女十四万五千人，筑建长安城三十日。

夏季大旱。

秋八月己丑，丞相曹参去世。

九月，长安城建成。赐民爵，每户一级。

六年冬季十月辛丑，齐王刘肥去世。

法令规定平民可以买爵位。女子年十五以上至三十不嫁者，罚一算一百二十钱的五算钱。

夏季六月，舞阳侯樊哙去世。

开始建造长安商业西市，修缮敖仓。

七年冬季十月，征调骑兵及弓箭部队，进驻荥阳，由太尉灌婴率领。

春季正月辛丑为初一，日食。夏季五月丁卯，日全食。

秋季八月戊寅，孝惠皇帝于未央宫驾崩。九月辛丑。葬惠帝于安陵。

赞说：孝惠皇帝内修品德，亲爱宗族亲属；外礼臣僚，敬重礼遇宰相，优待宠幸兄长齐悼惠王刘肥及幼弟赵隐王刘如意，对他们恩敬友悌，笃厚亲情。臣下叔孙通进谏，则闻过失色，丞相曹参廷对，则心悦纳谏，惠帝真可说是一位宽厚仁爱的君主。但因吕太后故，致使惠帝的美德有所亏损，可叹！可悲！

韩信传

韩信，淮阴人也。家贫无行，不得推择为吏，又不能治生为商贾，常从人寄食。其母死无以葬，乃行营高燥地，令傍可置万家者。信从下乡南昌亭长食，亭长妻苦之，乃晨炊蓐食。食时信往，不为具食。信亦知其意，自绝去。至城下钓，有一漂母哀之，饭信，竟漂数十日。信谓漂母曰："吾必重报母。"母怒曰："大丈夫不能自食，吾哀王孙而进食，岂望报乎！"淮阴少年又侮信曰："虽长大，好带刀剑，怯耳。"众辱信曰："能死，刺我；不能，出胯下。"于是信孰视，俯出胯下。一市皆笑信，以为怯。

及项梁度淮，信乃杖剑从之，居戏下，无所知名。梁败，又属项羽，为郎中。信数以策干项羽，羽弗用。汉王之入蜀，信亡楚归汉，未得知名，为连敖。坐法当斩，其畴十三人皆已斩，至信，信乃仰视，适见滕公，曰："上不欲就天下乎？而斩壮士！"滕公奇其言，壮其貌，释弗斩。与语，大说之，言于汉王。汉王以为治粟都尉，上未奇之也。

【译文】

韩信，淮阴县人。从小家庭贫穷，自己也没有好的品行，既不能被推选去做官，又不会做买卖以谋生，经常到别人家讨饭吃。他母亲死了，穷得无法安葬，就寻找了一块又高又干燥、四周宽敞的地方做坟地，以便日后在坟旁能安置下千万户人家。韩信曾投靠下乡南昌亭长家吃饭，亭长的妻子讨厌他，一天清早起来，把饭做好，端在床上吃掉。到吃早饭的时候，韩信去了，没有给他准备饭食，韩信知道她的用意，从此离去不再往来。韩信曾到城下钓鱼，有一位老妈妈在漂洗丝棉絮，很怜悯他，给他饭吃。一连几十天都是这样，直到漂洗完毕。韩信感激地对老妈妈说："我将来一定要重重地报答你！"老人听了很生气，说："你一个大丈夫不能养活自己，我是可怜你这位年轻人，才给你饭吃，难道是想要你的报答吗！"淮阴城里有个青年欺辱韩信说："你虽然个子长得高大，还爱好佩带刀剑，可实际上胆怯得很！”并当众污辱韩信说：“你要是不怕死，就用剑刺我；你要是怕死，就从我的胯下爬过去。”于是韩信盯着那个青年人仔细地看了看之后，弯下身子，从他的裤裆下爬了过去。满街上看热闹的人都耻笑韩信，认为他没有出息，是个胆小鬼。

当项梁率军渡过淮水北上时，韩信带着剑去投奔他，在项梁的部下，做一个无名小卒。项梁失败后，又归属于项羽，项羽让他做郎中。韩信屡次向项羽献计献策，项羽不予采纳，不重用他。汉王刘邦进入汉中，韩信从楚军逃出来投奔汉王。在汉军中依然默默无闻，当个粮仓管理员。后来因犯法被判处死罚，同案犯的十三人都已斩首，轮到韩信时，韩信抬头仰视，正好看见滕公夏侯婴，就质问：“汉王不是想统一天下吗？为什么要杀掉壮士？”滕公觉得韩信的话不同一般，又看他相貌长得很威武，就把他释放了。和韩信谈话后，十分高兴，向汉王报告了情况。汉王任命韩信为治粟都尉，但并没有重用他。

数与萧何语，何奇之。至南郑，诸将道亡者数十人。信度何等已数言上，不我用，即亡。何闻信亡，不及以闻，自追之。人有言上曰：“丞相何亡。”上怒，如失左右手。居一二日，何来谒。上且怒且喜，骂何曰：“若亡，何也？”何曰：“臣非敢亡，追亡者耳。”上曰：“所追者谁也？”曰：“韩信。”上复骂曰：“诸将亡者已十数，公无所追；追信，诈也。”何曰：“诸将易得，至如信，国士无双。王必欲长王汉中，无所事信；必欲争天下，非信无可与计事者。顾王策安决。”王曰：“吾亦欲东耳，安能郁郁久居此乎？”何曰：“王计必东，能用信，信即留；不能用信，信终亡耳。”王曰：“吾为公以为将。”何曰：“虽为将，信不留。”王曰：“以为大将。”何曰：“幸甚。”于是王欲召信拜之。何曰：“王素嫚无礼，今拜大将如召小儿，此乃信所以去也。王必欲拜之，择日斋戒，设坛场具礼，乃可。”王许之。诸将皆喜，人人各自以为得大将。至拜，乃韩信也，一军皆惊。

信已拜，上坐。王曰：“丞相数言将军，将军何以教寡人计策？”信谢，因问王曰：“今东乡争权天下，岂非项王邪？”上曰：“然。”信曰：“大王自料勇悍仁强孰与项王？”汉王默然良久，曰：“弗如也。”

信再拜贺曰："唯信亦以为大王弗如也。然臣尝事项王，请言项王为人也。项王意乌猝嗟，千人皆废，然不能任属贤将，此特匹夫之勇也。项王见人恭谨，言语姁姁，人有病疾，涕泣分食饮，至使人有功，当封爵，刻印刓，忍不能予，此所谓妇人之仁也。项王虽霸天下而臣诸侯，不居关中而都彭城；又背义帝约，而以亲爱王，诸侯不平。诸侯之见项王逐义帝江南，亦皆归逐其主，自王善地。项王所过亡不残灭，多怨百姓，百姓不附，特劫于威，强服耳。名虽为霸，实失天下心，故曰其强易弱。今大王诚能反其道，任天下武勇，何不诛！以天下城邑封功臣，何不服！以义兵从思东归之士，何不散！且三秦王为秦将，将秦子弟数岁，而所杀亡不可胜计，又欺其众降诸侯。至新安，项王诈坑秦降卒二十余万人，唯独邯、欣、翳脱。秦父兄怨此三人，痛于骨髓。今楚强以威王此三人，秦民莫爱也。大王之入武关，秋毫亡所害，除秦苛法，与民约，法三章耳，秦民亡不欲得大王王秦者。于诸侯之约，大王当王关中，关中民户知之。王失职之蜀，民亡不恨者。今王举而东，三秦可传檄而定也。"于是汉王大喜，自以为得信晚。遂听信计，部署诸将所击。

【译文】

韩信多次与萧何交谈，萧何很赏识他的才能。汉军到达国都南郑，将领中在半路上逃跑的有几十名。韩信考虑萧何等人已数次向汉王推荐过他，可还是得不到重用，便也逃走了。萧何一听说韩信逃走了，十分着急，来不及向汉王报告，就亲自去追赶。有人向汉王报告说："丞相萧何逃跑了。"汉王大怒，如同失去了左右手那样着急。过了两天，萧何来拜见汉王。汉王又是生气又是高兴，骂萧何道："你也逃跑，这是为什么？"萧何回答说："我哪里敢逃跑呢，我是去追赶逃跑的人。"汉王问："你追赶的是谁？"萧何回答说："是韩信。"汉王又骂道："诸将领中逃跑的已有数十人之多，你一个都没有去追回，唯独去追韩信，这是在骗人。"萧何说："那些一般的将领是容易得到的，至于像韩信这样杰出的人才，可以说是举世无双。大王您如果只想在汉中称王，那就没有什么事用得着韩信；如果一定要争夺天下，除了韩信，就再没有能和您商议大事的人了。这要看大王如何来决策。"汉王说："我是想要向东方发展，哪里能闷着气老待在这个地方呢？”萧何说：“如果大王决计向东进军，能重用韩信，韩信就会留下来；如果不能重用韩信，韩信终究要逃跑的。”汉王说：“我看在你的面子上，就让他做一名将领吧？”萧何说：“即使让他做一名将领，他还是不会留下来的。”汉王说：“那就任命他为大将。”萧何说：“太好了！”于是汉王想要马上把韩信召来宣布对他的任命。萧何劝阻说：“大王您一向待人傲慢，不讲礼节，如今任命大将就像呼唤小孩子一样，这就是韩信要离开的原因。如果大王决心要任命他，应选择个吉祥日子，沐浴斋戒，设置高坛和广场，举行正式的封拜大将仪式，这样才行啊。”汉王答应了萧何的要求。各将领听说汉王要设坛拜大将都很高兴，人人都自以为要当大将了。等到封拜仪式举行时，才知道大将竟是韩信，全军上下都感到惊讶。

韩信接受封拜大将的仪式结束后，汉王坐下来问韩信说：“丞相多次向我举荐将军，将军你有什么计策对我讲呢？”韩信表示谦让，乘机向汉王说：“当今在东方能和大王夺天下的，难道不就是项王吗？”汉王说：“当然是。”韩信说：“大王您自己估计，在勇猛、强悍和兵力等方面与项王相比谁更强？”汉王沉默了好大一会儿，说：“我不如项王。”韩信拜了两拜，赞同地说：“我也认为大王不如他。然而，我过去曾侍奉过项王，请让我谈谈项王的为人吧。项王怒喝一声，成百上千人都会吓得不敢动。但他不能任用有才能的将领，这只不过是一介匹夫的勇猛罢了。项王待人恭敬谦虚，言语温顺，有人生了病，会同情得落泪，把自己的饮食分给他吃，等到所任用的人立了功，应当加封爵位时，却把刻好的印信捏在手里，棱角都快磨光了还舍不得给人家，这就是所说的妇人的仁慈。项王虽然称霸天下，使诸侯臣服，但他不占据关中而定都彭城。又违背义帝对诸侯的约定，把他所亲信喜爱的人封为关中王，诸侯愤愤不平。诸侯看到项王把义帝驱逐到江南，也都回去驱逐自己原来的国君，占据富饶之地自立为王。项王军队所经过的地方，没有不遭到摧残、毁灭的，天下的百姓都怨恨他，内心并不愿意归附于他，只不过是害怕他的威势，被迫服从罢了。名义上虽然他是天下的霸主，实际上早已失去了天下的人心。所以说他貌似强大却很容易变成衰弱。如今大王果真能够采取和项王完全相反的做法，任用天下英勇善战的人才，还有什么敌人不能被消灭！把天下的城邑分封给有功之臣，还有什么人会不心服呢！率领正义之师又顺从了将士东归的心愿，还有什么敌人打不垮呢！况且分封在秦地的三个王都是原秦军的将领，率领秦地人民的子弟打仗多年，被杀死和逃亡的不计其数。又欺骗他们的部下投降了项羽。到了新安，项王用狡诈的手段，活埋了秦军已投降的士兵二十余万人，唯独章邯、司马欣和董翳三人得以脱身。秦地的父老兄弟怨恨这三个人，恨入骨髓。如今西楚霸王依仗威势，强行分封这三人为王，秦地的人民不会爱戴他们的。大王率军进入武关后，纪律严明，秋毫无犯，废除秦朝的苛刻法令，和三秦关中人民约法三章，秦地人民没有不盼望大王到秦地做王的。按照义帝与诸侯的约定，大王本当是关中王，关中百姓都知道这件事。大王失去了应得的关中王爵位而被贬到汉中，关中人民没有不怨恨的。如今大王发兵东进，三秦王所属封地只要一封文书传下去就可以平定。”于是汉王十分高兴，自认为得到韩信太迟了，遂即按照韩信的计策，布置各位将领所攻击的目标。

汉王举兵东出陈仓，定三秦。二年，出关，收魏、河南，韩、殷王皆降。令齐、赵共击楚彭城，汉兵败散而还。信复发兵与汉王会荥阳，复击破楚京、索间，以故楚兵不能西。

汉之败却彭城，塞王欣、翟王翳亡汉降楚，齐、赵、魏亦皆反，与楚和。汉王使郦生往说魏王豹，豹不听，乃以信为左丞相击魏。信问郦生：“魏得毋用周叔为大将乎？”曰：“柏直也。”信曰：“竖子耳！”遂进兵击魏。魏盛兵蒲坂，塞临晋。信乃益为疑兵，陈船欲度临晋，而伏兵从夏阳以木罂缶度军，袭安邑。魏王豹惊，引兵迎信。信遂虏豹，定河东，使人请汉王：“愿益兵三万人，臣请以北举燕、赵，东击齐，南绝楚之粮道，西与大王会于荥阳。”汉王与兵三万人，遣张耳与俱，进击赵、代。破代，禽夏说阏与。信之下魏、代，汉辄使人收其精兵，诣荥阳以距楚。

信、耳以兵数万，欲东下井陉击赵。赵王、成安君陈馀闻汉且袭之，聚兵井陉口，号称二十万。广武君李左车说成安君曰：“闻汉将韩信涉西河，虏魏王，禽夏说，新喋血阏与。今乃辅以张耳，议欲以下赵，此乘胜而去国远斗，其锋不可当。臣闻‘千里馈粮，士有饥色；樵苏后爨，师不宿饱。’今井陉之道，车不得方轨，骑不得成列，行数百里，其势粮食必在后。愿足下假臣奇兵三万人，从间路绝其辎重；足下深沟高垒勿与战。彼前不得斗，退不得还，吾奇兵绝其后，野无所掠卤，不至十日，两将之头可致戏下。愿君留意臣之计，必不为二子所禽矣。”成安君，儒者，常称义兵不用诈谋奇计，谓曰：“吾闻兵法‘什则围之，倍则战。’今韩信兵号数万，其实不能，千里袭我，亦以罢矣。今如此避弗击，后有大者，何以距之？诸侯谓吾怯，而轻来伐我。”不听广武君策。

【译文】

汉王发兵经过陈仓向东进军，平定了三秦。汉二年，引兵出函谷关，收服了魏王和河南王，韩王、殷王也都投降。接着联合齐国、赵国的军队共同攻击楚都彭城，汉兵战败，溃散而还。韩信又发兵与汉王会师荥阳，进击楚国的京县和索亭之间，大败楚军，因此，楚军不能西进。

汉军在彭城败退之后，塞王司马欣、翟王董翳从汉军逃跑出来，投降了楚军。齐国、赵国和魏国也都背叛汉王，与楚国讲和。汉王派郦食其游说魏王豹，魏王豹不听，于是任命韩信为左丞相攻击魏国。韩信问郦生说：“魏国能不用周叔为大将吗？”郦生回答说：“大将是柏植。”韩信说：“他不过是个小孩子。”遂进军攻打魏国。魏王把重兵部署在蒲坂，封锁临晋关。韩信就增设疑兵，摆开船只，佯装要从临晋渡过河去，而把隐蔽行进的伏兵，从夏阳用木制的瓮、盆浮水渡河，偷袭安邑。魏王豹大为惊恐，急忙领兵迎击韩信，韩信就俘虏了魏王豹，平定了河东。之后，韩信派人求见汉王说：“希望再增兵三万人，我请求乘胜北进，征服燕、赵两国，向东攻击齐国，向南断绝楚国的粮道，最后向西与大王会师荥阳。”汉王同意给韩信增兵三万，派张耳和韩信一起，向北攻打赵国和代国。打垮了代军，在阏与活捉了夏说。韩信攻取魏国和代国后，汉王就派人调回他的精锐部队，开到荥阳抗拒楚军。

韩信和张耳率领数万军队，想要东进拿下井陉关，攻打赵国。赵王和成安君陈馀听说汉军将要来袭击赵，就集结重兵扼守井陉口，号称二十万。广武君李左车给成安君献计策说：“我听说汉将韩信渡过西河，俘虏了魏王，后捉了夏说，刚刚血战阏与。现在又以张耳为辅助，计议要攻打赵国，这是乘胜而远离国土的战斗，进攻的锋芒锐不可当。但我听说‘从千里之外运送军粮，士兵就会面有饥色；临时打柴割草来做饭，军队就经常不能吃饱。’如今井陉关口的道路狭窄，不能通过并行的两辆战车，骑兵不能排成行列行进，大部队行军前后数百里，那种形势下军粮一定是在部队的后面。希望你暂且借我精兵三万，从小路去拦截他们的辎重粮草。你要深挖战壕，高筑营垒，拒不迎战。他们向前进不能交战，向后退不能回去。我率奇袭部队截断他们的后路，使他们在野外抢掠不到任何粮食，不到十天，两位将领的首级就能送到你的帐前。希望你认真考虑我的计策，我保证你一定不会为二子所俘虏。”成安君是个书呆子，经常宣称正义的军队不使用诈谋诡计，说道：“我听说兵法上讲‘兵力超过敌人十倍就可以包围他们，超过一倍就可以交战’。如今韩信的军队号称几万，其实没有那么多，且千里跋涉来袭击我们，也已精疲力竭了。现在对这样的敌人还退避不出击，以后如遇到更强大的敌人，我们怎样抗拒呢？诸侯会认为我们胆怯，而轻易地来攻打我们。”因而他没有采纳广武君的计策。

信使间人窥知其不用，还报，则大喜，乃敢引兵遂下。未至井陉口三十里，止舍。夜半传发，选轻骑二千人，人持一赤帜，从间道萆山而望赵军，戒曰：“赵见我走，必空壁逐我，若疾入，拔赵帜，立汉帜。”令其裨将传餐，曰：“今日破赵会食。”诸将皆呒然，阳应曰：“诺。”信谓军吏曰：“赵已先据便地壁，且彼未见大将旗鼓，未肯击前行，恐吾阻险而还。”乃使万人先行，出，背水阵。赵兵望见大笑。平旦，信建大将旗鼓，鼓行出井陉口，赵开壁击之，大战良久。于是信、张耳弃鼓旗，走水上军，复疾战。赵空壁争汉鼓旗，逐信、耳。信、耳已入水上军，军皆殊死战，不可败。信所出奇兵二千骑者，候赵空壁逐利，即驰入赵壁，皆拔赵旗帜，立汉赤帜二千。赵军已不能得信、耳等，欲还归壁，壁皆汉赤帜，大惊，以汉为皆已破赵王将矣，遂乱，遁走。赵将虽斩之，弗能禁。于是汉兵夹击，破虏赵军，斩成安君泜水上，禽赵王歇。

信乃令军毋斩广武君，有生得之者，购千金。顷之，有缚至戏下者，信解其缚，东乡坐，西乡对而师事之。

诸校效首虏休，皆贺，因问信曰："兵法有'右背山陵，前左水泽'，今者将军令臣等反背水阵，曰破赵会食，臣等不服。然竟以胜，此何术也？"信曰："此在兵法，顾诸君弗察耳。兵法不曰'陷之死地而后生，投之亡地而后存'乎？且信非得素拊循士大夫，经所谓'驱市人而战之'也，其势非置死地，人人自为战；今即予生地，皆走，宁尚得而用之乎！"诸将皆服曰："非所及也。"

【译文】

韩信派暗探刺探到陈馀不采用广武君的计策，回来报告，韩信大喜，才敢率军直下井陉关，在离井陉口不到三十里的地方停下来宿营。半夜时传令出发，挑选了两千名轻装骑兵，每人拿一面红旗，从小道上山，隐蔽在山上观察赵军，他告诫大家说："赵军看到我军败退逃走，一定会倾巢出动追击我军，这时候你们火速冲进赵军营垒，拔掉赵军旗帜，插上汉军旗帜。"又让副将传令下去就地先吃点干粮，告诉将领们说："今日攻破赵国之后举行会餐！"将领们都不敢相信，假装答应："是的。"韩信又对执事军官说："赵军已先占据了有利的地形，扎下营寨，并且他们在没有看到我军大将的旗鼓时，是不会出来攻击我军的先锋部队的，恐怕我们到了关隘的险要地方退了回去。"韩信于是调遣了一万人先出发，出了井陉口，背靠河水摆开阵势。赵军望见这种阵势大笑起来。天亮后，韩信竖起大将的旗号，擂响战鼓，大张旗鼓地走出井陉口。赵军打开营垒，攻击汉军，激战了很长时间。这时，韩信和张耳假装不能支持，抛弃旗鼓急速逃入在水边列阵的军中，回头又进行激战。赵军果然倾巢出动争抢汉军的旗鼓，追赶韩信和张耳。韩信和张耳已进入河边的军阵，将士们都拼死决战，不可能被打败。韩信派出去的那两千轻骑兵部队，等到赵军倾巢出动争夺战利品的时候，就飞速冲进赵军营垒，全部拔掉赵军的旗帜，插上汉军的两千面红旗。赵军看到已不能取胜，捉不住韩信和张耳等人，想要退回营垒，发现营垒都是汉军红旗，大为惊慌，以为汉军早已打败了赵王和他的将领，阵势大乱，纷纷逃跑。赵军将领虽斩杀逃兵，但无法阻止。于是汉军前后夹击，大败赵军，俘虏大批人马，在泜水边斩了成安君陈馀，活捉了赵王歇。

韩信传令军中，不得斩杀广武君，有谁能活捉到他，奖赏千金。不一会儿，就有人捆绑着广武君送到军营，韩信立即解开了他身上捆绑的绳索，请他面向东坐，自己面向西对坐，像对待老师那样对待他。

各将领献完首级和俘虏，都向韩信祝贺，趁机问韩信道："兵法上说'布列军阵右边和背后靠山，前面和左边靠水'，这次将军反而命令我们背水列阵，还说打败赵军会餐，我们心理都不信服。然而竟然胜利了，这是什么战术呢？"韩信说："这种列阵的兵法上是有的，只不过诸位没有留神看就是了。兵法上不是说'陷入死地而后苦战得生，处在绝境而后死战得存'吗？况且我韩信率领的并不是平素受到我长期训练而完全听从我指挥的将士，这就是兵书上所说的'临时驱赶着市民去打仗'，这种形势下，非把士兵置于死地，让他们人人自动为生存而奋勇作战不可；如果把军队部署在容易逃命的开阔地，都会不战而逃跑，怎么能用他们来克敌制胜呢！"将领们都佩服地说："将军这样高的谋略不是我们所能赶得上的。"

于是问广武君曰："仆欲北攻燕，东伐齐，何若有功"广武君辞曰："臣闻'亡国之大夫不可以图存，败军之将不可以语勇。'若臣者，何足以权大事乎！"信曰："仆闻之，百里奚居虞而虞亡，之秦而秦伯，非愚于虞而智于秦也，用与不用，听与不听耳。向使成安君听子计，仆亦禽矣。仆委心归计，愿子勿辞。"广武君曰："臣闻'智者千虑，必有一失；愚者千虑，亦有一得。'故曰：'狂夫之言，圣人择焉。'顾恐臣计未足用，愿效愚忠。故成安君有百战百胜之计，一日而失之，军败鄗下，身死泜水上。今足下虏魏王，禽夏说，不旬朝破赵二十万众，诛成安君。名闻海内，威震诸侯，众庶莫不辍作怠惰，靡衣媮食，倾耳以待命者。然而众劳卒罢，其实难用也。今足下举倦敝之兵，顿之燕坚城之下，情见力屈，欲战不拔，旷日持久，粮食单竭。若燕不破，齐必距境而以自强。二国相持，则刘、项之权未有所分也。臣愚，窃以为亦过矣。"信曰："然则何由？"广武君对曰："当今之计，不如按甲休兵，百里之内，牛、酒日至，以飨士大夫，北首燕路，然后发一乘之使，奉咫尺之书，以使燕，燕必不敢不听。从燕而东临齐，虽有智者，亦不知为齐计矣。如是，则天下事可图也。兵故有先声而后实者，此之谓也。”信曰：“善。敬奉教。”于是用广武君策，发使燕，燕从风而靡。乃遣使报汉，因请立张耳王赵以抚其国。汉王许之。

楚数使奇兵渡河击赵，王耳、信往来救赵，因行定赵城邑，发卒佐汉。楚方急围汉王荥阳，汉王出，南之宛、叶，得九江王布，入成皋，楚复急围之。四年，汉王出成皋，渡河，独与滕公从张耳军修武。至，宿传舍。晨自称汉使，驰入壁。张耳、韩信未起，即其卧，夺其印符，麾召诸将易置之。信、耳起，乃知独汉王来，大惊。汉王夺两人军，即令张耳备守赵地，拜信为相国，发赵兵未发者击齐。

【译文】

于是韩信问广武君道：“我想向北攻取燕国，向东讨伐齐国，你看怎样才能获得成功？”广武君谦让说：“我听说‘亡了国的臣子是不配谋划国家的存亡的，打了败仗的将领没有资格谈论勇敢’。像我这样一个兵败国亡的俘虏，哪里用得着商量大事呢？”韩信说：“我听说，百里奚在虞国而虞国灭亡，到了秦国而秦国称霸，并不是他在虞国时愚蠢而到了秦国就聪明了，而是在于国君用不用他，采纳不采纳他的意见。假使当初成安君听了你的计策，我韩信也早被你俘虏了。我完全听从你的计策，希望你不要推辞。”广武君说：“我听说‘智者千虑必有一失；愚者千虑必有一得。’所以说‘即使是狂人的话，圣人也可以有选择的采纳’。不过恐怕我的计策不一定值得听取，但我愿意向你奉献我的诚心。本来成安君有百战百胜的计策，然而一旦失策，军队在鄗城之下战败，自己也死于泜水之上。如今将军俘虏魏王，活捉夏说，不到一上午打垮赵军二十万，杀成安君。名扬天下，威震诸侯，连敌国的农夫都预感大军即到无不放弃耕作，心灰意懒，好吃好穿，侧起耳朵等待你下令进军的消息。然而，你的部队已经很疲惫，实际上难以继续作战。如今将军率领这样疲惫的士兵，困顿在燕国坚固的城池下面，把实情暴露给敌人，声势削弱了，想要攻城攻不下，旷日持久，粮食耗尽。

如果燕国攻不破，齐国必然拒守边境，使自己强大起来。汉军与燕、赵二国相持下去，那么刘邦和项羽两方的轻重就分不出来了。我的见识浅陋，但私下认为攻燕伐齐也是一种失策啊。”韩信说：“那该怎么办呢？”广武君回答说：“现在最好的办法，不如按兵不动。这样方圆百里之内，每天都有人送来牛肉美酒，宴请将领们，可以摆出向北进攻燕国的样子，然后派一名使者，拿着一封书信，到燕国去，燕国一定不敢不听，降服了燕国，大军东向逼近齐国，虽有聪明的人，也不知道该怎样替齐国谋划了。这样，争夺天下的事就可以实现了。用兵本来就有先虚张声势后采取实际行动的，我所说的就是这种情况。”韩信说：“很好，感谢你的赐教。”于是采用广武君的计策，派使者出使燕国，燕国听到消息立即投降。韩信即派人报告汉王，并因此请求立张耳为赵王，以镇抚赵国。汉王答应了他的请求。

楚国多次派突袭部队渡过黄河袭击赵国，赵王张耳和韩信往来请求救援，就在军队的过往中安定了赵国的城邑，后又调派军队去支援汉王。楚军正把汉王紧紧围困在荥阳，汉王突围出来，向南到宛县、叶县一带，收服了黥布，进入成皋，楚军又急忙包围了他们。汉四年，汉王逃出成皋，渡过黄河，独自与滕公投奔张耳军队的驻地修武县。到了修武，住在客馆里。第二天早晨，有人自称是汉王的使臣，骑马直入赵军营内。张耳和韩信还没有起床，汉王就在他们的卧室里夺取了他们的印信和兵符，用军旗召集将领，调换了他们的职位。韩信、张耳起来后，才知道汉王一个人来到营内，大吃一惊。汉王夺了两人的军队，就命令张耳防守赵地，任命韩信为相国，征发赵国没有调到荥阳去的军队攻打齐国。

信引兵东，未渡平原，闻汉王使郦食其已说下齐。信欲止，蒯通说信令击齐。语在《通传》。信然其计，遂渡河，袭历下军，至临菑。齐王走高密，使使于楚请救。信已定临菑，东追至高密西。楚使龙且将，号称二十万，救齐。

齐王、龙且并军与信战，未合。或说龙且曰：“汉兵远斗，穷寇久战，锋不可当也。齐、楚自居其地战，兵易败散。不如深壁，令齐王使其信臣招所亡城，城闻王在，楚来救，必反汉。汉二千里客居齐，齐城皆反之，其势无所得食，可毋战而降也。”龙且曰：“吾平生知韩信为人，易与耳。寄食于漂母，无资身之策；受辱于胯下，无兼人之勇，不足畏也。且救齐而降之，吾何功？今战而胜之，齐半可得，何为而止！”遂战，与信夹潍水陈。信乃夜令人为万余囊，盛沙以壅水上流，引兵半渡，击龙且。阳不胜，还走。龙且果喜曰：“固知信怯。”遂追渡水。信使人决壅囊，水大至。龙且军大半不得渡，即急击，杀龙且。龙且水东军散走，齐王广亡去。信追北至城阳，虏广。楚卒皆降，遂平齐。

【译文】

韩信领兵东进，还没有渡过平原津，听说汉王已经派郦食其说服齐王归顺了。韩信想要停止前进，蒯通劝韩信继续进攻齐国，此事记载在《通传》中。韩信认为他的计策是对的，就领兵渡过黄河，袭击齐国历下的军队，乘胜打到齐国都城临淄。齐王田广逃到高密，派使者到楚国请求援救。韩信平定了临淄，向东追赶齐王到高密西面。楚王也派龙且统率兵马，号称二十万，援救齐国。

齐国田广和楚将龙且的军队联合起来准备和韩信大战，还未交锋。有人劝龙且说：“汉兵远离本土作战，是久经战斗而没有退路的敌人，进攻的锋芒不可阻挡。齐、楚两军在自己的地域内作战，士兵容易逃散。不如深沟高垒，坚守不战，让齐王派他的亲信大臣去招抚丢失的城邑，这些城邑的人民听到齐王还在，楚军又来援救，一定会反叛汉军。汉军客居在两千里以外的齐国，齐国的城邑都反叛了他们，那种情况下必然没有地方得到粮食，可以不战而使汉军投降。”龙且说：“我向来了解韩信的为人，他是容易对付的。过去曾依靠漂洗丝棉絮的老妈妈吃饭，连养活自身的办法都没有；还当众受到过从人家胯下爬过去的侮辱，没有胜过他人的勇气，没有什么可怕的。况且我来援救齐国，不战而使韩信投降，那我还有什么功劳呢？如果通过交战而战胜了他，齐国一半土地就可以封给我，为什么不战！”于是决定交战，与韩信隔着潍水摆开阵势。韩信就连夜派人做了一万多个袋子，装满沙子堵住潍水的上游，带领一半部队渡过河袭击龙且。假装战败，往回跑。龙且果然高兴地说："我本来就知道韩信很胆怯。"便渡过潍水追击韩信。韩信派人挖开堵塞河水的沙袋，河水汹涌而下。龙且的部队大半不能渡过去，韩信立即猛烈截杀，杀死了龙且。龙且在潍水东岸的部队，四散逃走，齐王田广也逃跑了。韩信追击败兵到城阳，俘虏了齐王田广，楚军的士兵全部投降。就这样平定了齐国。

使人言汉王曰："齐夸诈多变，反覆之国，南边楚，不为假王以填之，其势不定。今权轻，不足以安之，臣请自立为假王。"当是时，楚方急围汉王于荥阳，使者至，发书，汉王大怒，骂曰："吾困于此，旦暮望而来佐我，乃欲自立为王！"张良、陈平伏后蹑汉王足，因附耳语曰："汉方不利，宁能禁信之自王乎？不如因立，善遇之，使自为守。不然，变生。"汉王亦寤，因复骂曰："大丈夫定诸侯，即为真王耳，何以假为！"遣张良立信为齐王，征其兵使击楚。

楚以亡龙且，项王恐，使盱台人武涉往说信曰："足下何不反汉与楚？楚王与足下有旧故。且汉王不可必，身居项王掌握中数矣，然得脱，背约，复击项王，其不可亲信如此。今足下虽自以为与汉王为金石交，然终为汉王所禽矣。足下所以得须臾至今者，以项王在。项王即亡，次取足下。何不与楚连和，三分天下而王齐？今释此时，自必于汉王以击楚，且为智者固若此邪！"信谢曰："臣得事项王数年，官不过郎中，位不过执戟，言不听，画策不用，故背楚归汉。汉王授我上将军印、数万之众，解衣衣我，推食食我，言听计用，吾得至于此。夫人深亲信我，背之不祥。幸为信谢项王。"

武涉已去，蒯通知天下权在于信，深说以三分天下，鼎足而王。语在《通传》。信不忍背汉，又自以功大，汉王不夺我齐，遂不听。

【译文】

韩信派人向汉王上书说："齐国狡诈多变，是个反复无常的国家，南边又靠近楚国，如果不设立一个代理国王来镇抚，那局势就不会稳定。现在我的权力太小，不足以安定齐地，我请求自立为代理齐王。"正当这个时候，楚军把汉王紧紧围困在荥阳。韩信的使者来到。汉王打开书信一看，大发雷霆，骂道：“我被围困在这里，日夜盼望你来辅助我，你竟要自立为王！”张良、陈平在后面暗中踩了一下汉王的脚，便凑近他的耳朵说：“汉军正处在不利的形势，怎么能够禁止韩信自己称王呢？不如就此机会立他为王，好好对待他，让他自己镇守齐国，不这样，就可能发生反叛的事件。”汉王也明白过来，又骂道：“大丈夫平定了诸侯，就应当做真王，为什么要做代理国王！”于是派张良前去，立韩信为齐王，征调他的部队攻打楚军。

楚国已丧失了大将龙且，项王恐惧，派盱台人武涉前去游说齐王韩信说：“足下为什么不反叛汉王归附楚国呢？楚王与足下有旧的交情。况且汉王很不可信，他落在项王手里好几次，但他一脱身，就背弃盟约，又来进攻项王，他不可亲近和信任到了这种程度。为今足下虽然自认为与汉王有牢固的交情，但终究要被他擒拿的。足下所以能够延迟到今天，就是因为项王还在。一旦项王被灭亡，就该轮到收拾你了。为什么不和楚国联合，成为三分天下有其一的齐王呢？现在放过这个机会，自己必定要投靠汉王攻击楚国，作为一个聪明人，原来就是这样的吗？”韩信辞谢说：“我曾有机会侍奉项王多年，官不过是个郎中，职位不过是持戟的卫士，我进的言不听，献的计策不用，所以才背离楚国而归从汉国。汉王授予我上将军印信，让我统领数万人马，脱下自己的衣服给我穿，把自己的食物分给我吃，听从我的意见，采纳我的计谋，所以我才能达到现在的地位。人家这样真诚的亲近和信任我，我背叛了人家，是不会有好结果的。希望你替我辞谢项王。”

武涉走后，蒯通知道天下的定局关键在于韩信，进一步用三分天下鼎足而王的观点说服韩信。他的话记载在《通传》。韩信不忍心背叛汉王，又自认为功劳很大，汉王不会夺取自己的齐国，便不听蒯通的话。

汉王之败固陵，用张良计，征信将兵会垓下。项羽死，高祖袭夺信军，徙信为楚王，都下邳。

信至国，召所从食漂母，赐千金。及下乡亭长，钱百，曰：“公，小人，为德不竟。”召辱己少年令出胯下者，以为中尉，告诸将相曰：“此壮士也。方辱我时，宁不能死？死之无名，故忍而就此。”

项王亡将钟离昧家在伊庐，素与信善。项王败，昧亡归信。汉怨昧，闻在楚，诏楚捕之。信初之国，行县邑，陈兵出入。有变告信欲反，书闻，上患之。用陈平谋，伪游于云梦者，实欲袭信，信弗知。高祖且至楚，信欲发兵，自度无罪；欲谒上，恐见禽。人或说信曰："斩昧谒上，上必喜，亡患。"信见昧计事，昧曰："汉所以不击取楚，以昧在。公若欲捕我自媚汉，吾今死，公随手亡矣。"乃骂信曰："公非长者！"卒自刭。信持其首谒于陈。高祖令武士缚信，载后车。信曰："果若人言，'狡兔死，良狗烹'。"上曰："人告公反。"遂械信。至洛阳，赦以为淮阴侯。

【译文】

汉王在固陵打了败仗，采用张良的计策，征召韩信率领部队到垓下会师。项羽死后，汉高祖用突然袭击的办法夺取了韩信的军权，改封齐王韩信为楚王，定都下邳。

韩信到了楚都，召见过去曾给他吃食的那位漂母，赠送给她一千金。还有下乡亭长，赠送他一百钱，说："你是小人，做好事有始无终。"又召见曾经侮辱自己，叫自己从胯下爬过去的那个年轻人，任命他做楚国的中尉。韩信对各位将相说："这是个壮士。当他侮辱我时，我难道不能杀死他吗？但杀死他没有名目，所以忍了下来，才达到今天这样的成就。"

项王的逃亡将领钟离，家住伊庐，向来和韩信友好。项王死后，他逃归韩信。汉王怨恨钟离，听说他在楚国，就下令楚国逮捕他。韩信刚到楚国时，巡行各县邑，进出都派军队警卫。有人上书告发楚王韩信谋反，看到告发信，汉高祖有些担忧。他采用陈平的计谋，名义上是去游览云梦泽，其实是要袭击韩信，韩信不知道。高祖将要到达楚国时，韩信想起兵反叛，但考虑自己没有罪过；想朝见皇帝，又担心被擒拿。有人劝韩信说："杀了钟离去朝见皇帝，皇帝一定高兴，就没有祸患了。"韩信去见钟离商量此事，钟离说："汉王之所以不攻取楚国，是因为我钟离在你这里。你如果要捉拿我去讨好汉王，我今天死了，你也会跟着送命的。"于是骂韩信道："你不是一个忠厚诚实的人！"终于自杀了。韩信拿着钟离的首级，到陈县朝见汉高祖，汉高祖命令武士把韩信捆绑起来，装在后面的车上。韩信说：“果然像人们所说的‘狡猾的兔子死了，优良的猎狗就要遭烹杀’。”皇帝说：“有人告发你谋反。”就给韩信戴上刑具。到了洛阳，赦免了韩信的罪过，封他为淮阴侯。

信知汉王畏恶其能，称疾不朝从。由此日怨望，居常鞅鞅，羞与绛、灌等列。尝过樊将军哙。哙趋拜送迎，言称臣，曰：“大王乃肯临臣。”信出门，笑曰：“生乃与哙等为伍！”

上尝从容与信言诸将能各有差。上问曰：“如我，能将几何？”信曰：“陛下不过能将十万。”上曰：“如公何如？”曰：“如臣，多多益办耳。”上笑曰：“多多益办，何为为我禽？”信曰：“陛下不能将兵，而善将将，此乃信之为陛下禽也。且陛下所谓天授，非人力也。”

后陈豨为代相监边，辞信，信挈其手，与步于庭数匝，仰天而叹曰：“子可与言乎？吾欲与子有言。”豨因曰：“唯将军命。”信曰：“公之所居，天下精兵处也；而公，陛下之信幸臣也。人言公反，陛下必不信；再至，陛下乃疑；三至，必怒而自将。吾为公从中起，天下可图也。”陈豨素知其能，信之，曰：“谨奉教！”

【译文】

韩信知道汉王害怕和嫉妒自己的才能，装病不去参加朝见和随从皇帝出行。从此韩信每天都心怀怨恨，待在家里闷闷不乐，羞与绛侯、灌婴处于同等地位。曾去拜访樊哙将军，樊哙用小步行拜的礼节迎送，口称臣子，说：“大王竟肯光临臣下家门。”韩信出门后，笑着说：“我这一生竟和樊哙等人处在同等地位！”

皇帝曾经跟韩信在闲暇时谈论将领们的才能高下。皇帝问道：“像我这样，能带多少兵？”韩信说：“陛下不过能带十万。”皇帝问：“像你这样如何？”韩信说：“像我这样，越多越好。”皇帝笑着说：“越多越好，你为什么被我捉住了呢？”韩信说：“陛下不善于带兵，却善于驾驭将领，这就是我被陛下捉住的原因。况且陛下的权力是上天赐予的，不是一般人力所能达到的。”

后来陈豨被任命为代相国监边兵，向韩信辞行。韩信拉着陈豨的手，同他在庭院里来回踱步好几圈。仰天叹息说："有话可以和你谈吗？有些话我想对你谈谈。"陈豨说："一切听从将军的吩咐！"韩信说："你所管辖的区域，是天下精兵聚集的地方，而你又是陛下所亲信宠爱的臣子。如果有人说你反叛，陛下必定不相信；这种话再次传来，陛下就会怀疑了；第三次传来，一定会大怒而亲自带兵讨伐。我为你从京城起兵做内应，天下就可以图谋了。"陈豨向来了解韩信的才能，相信他，说："谨从指教！"

汉十年，豨果反，高帝自将而往，信称病不从。阴使人之豨所，而与家臣谋，夜诈赦诸官徒奴，欲发兵袭吕后、太子。部署已定，待豨报。其舍人得罪信，信囚，欲杀之。舍人弟上书变告信欲反状于吕后。吕后欲召，恐其党不就，乃与萧相国谋，诈令人从帝所来，称豨已破，群臣皆贺。相国给信曰："虽病，强人贺。"信入，吕后使武士缚信，斩之长乐钟室。信方斩，曰："吾不用蒯通计，反为女子所诈，岂非天哉！"遂夷信三族。

高祖已破豨归，至，闻信死，且喜且哀之，问曰："信死亦何言？"吕后道其语。高祖曰："此齐辩士蒯通也。"召欲亨之。通至自说，释弗诛。语在《通传》。

【译文】

汉十年，陈豨果然反叛，高帝亲自带兵前往讨伐，韩信装病没有跟随。暗中派人到陈豨的住所。韩信就和家臣谋划，夜里假传诏令，赦免各官府的罪犯和奴隶，准备发兵袭击吕后、太子。部署停当，等待陈豨回报。他的一个家臣得罪了韩信，韩信把他囚禁起来，准备杀他。家臣的弟弟上书告变，向吕后告发韩信准备反叛的情况。吕后想把韩信召来，但恐怕他不肯就范，就与萧相国商议，派人假装从皇帝那里来，说陈豨已经死了，群臣都要去朝贺。相国欺骗韩信说："你虽然有病，还是勉强进宫去朝贺一下吧。"韩信一进宫，吕后便叫武士把韩信绑起来，把他斩在长乐宫的挂钟室。韩信在被斩时说："我没有采用蒯通的计策，反为一妇人所欺骗，这难道不是天意吗！”于是诛灭韩信三族。

高祖镇压了陈豨的反叛后归来，到达京城，听说韩信已死，又是高兴又是怜悯，问道：“韩信临死前说了些什么？”吕后把韩信说的话讲了一遍。高祖说：“此人就是齐国的说客蒯通。”把蒯通召来要烹死他。蒯通到后为自己做了解释，得到赦免没有被杀。此事记载在《蒯通传》。

张骞传

张骞，汉中人也，建元中为郎。时匈奴降者言匈奴破月氏王，以其头为饮器，月氏遁而怨匈始，无与共击之。汉方欲事灭胡，闻此言，欲通使，道必更匈奴中，乃募能使者。骞以郎应募，使月氏，与堂邑氏奴甘父俱出陇西，径匈奴，匈奴得之，传诣单于。单于曰：“月氏在吾北，汉何以得往使？吾欲使越，汉肯听我乎？”留骞十余岁，予妻，有子，然骞持汉节不失。

居匈奴西，骞因与其属亡向月氏，西走数十日，至大宛。大宛闻汉之饶财，欲通不得，见骞，喜，问欲何之。骞曰：“为汉使月氏而为匈奴所闭道，今亡，唯王使人道送我。诚得至，反汉，汉之赂遗王财物不可胜言。”大宛以为然，遣骞，为发译道，抵康居。康居传致大月氏。大月氏王已为胡所杀，立其夫人为王。既臣大夏而君之，地肥饶，少寇，志安乐，又自以远远汉，殊无报胡之心。骞从月氏至大夏，竟不能得月氏要领。

留岁余，还，并南山，欲从羌中归，复为匈奴所得。留岁余，单于死，国内乱，骞与胡妻及堂邑父俱亡归汉。拜骞太中大夫，堂邑父为奉使君。

【译文】

张骞，是汉中地方的人，建元期间（前140—前135）任郎官。当时，有匈奴投降汉朝的人说：“匈奴攻破了月氏王，把他的头当作饮器用。”月氏人逃亡到他地，很怨恨匈奴，只恨没有其他国家能和他共同攻击匈奴。汉朝廷正考虑出兵灭胡的事，听到这样的话，就想与月氏通使，而道途必须经过匈奴，于是招募能够出使的人。张骞以郎官的身份应召，出使月氏，与堂邑氏部落的奴隶甘父一起道出陇西。路经匈奴，被匈奴人擒获，送去见单于（匈奴的王称“单于”）。单于说：“月氏在我国北面，汉朝怎么能够得以与他通使？我想要派人去越国，汉朝肯听从我的意思吗？”单于把张骞羁留在匈奴十余年，给他娶了妻，并生了儿子。然而张骞始终手持着汉朝出使的符节而不丢失。

因居住地方在匈奴西边，张骞就和一起出使的下属逃往月氏，向西走了几十天，到达大宛。大宛听说汉朝物资富饶，早想与汉交通而苦无门路可得，见到张骞很高兴，问张骞要到什么地方去。张骞说："我是为汉朝出使月氏而被匈奴阻挡住道路的，现在好容易才逃出来，只有请你派人路上护送我了。如果能够返回汉，汉朝廷一定会赠送给你大量财物。"大宛君主认为他的话有道理，就遣送张骞，为他派了翻译向导，抵达康居。康居又传送到大月氏。大月氏王已被胡人所杀，他的夫人被立为王。既而大月氏使大夏臣服于他并统治了其地区。这里土地肥饶，少敌国侵略，大月氏一心只想安享太平，又以为离汉朝很远，所以没有一点向胡人报复的意思。张骞从大月氏到大夏，自始至终没有能弄清楚月氏的主要意图。

在大夏逗留了一年多，要回汉朝。沿着南山，从羌中回汉朝途中，又一次被匈奴擒获。拘留了一年多，匈奴单于去世，国内发生纷乱，张骞带着胡妻和堂邑父一起逃离回到了汉朝。汉武帝拜封张骞做太中大夫，堂邑父为奉使君。

骞为人彊力，宽大信人，蛮夷爱之。堂邑父胡人，善射，穷急射禽兽给食。初，骞行时百余人，去十三岁，唯二人得还。

骞身所至者，大宛、大月氏、大夏、康居，而传闻其旁大国五六，具为天子言其地形，所有。

骞曰："臣在大夏时，见邛竹杖、蜀布，问安得此，大夏国人曰：'吾贾人往市之身毒国。身毒国在大夏东南可数千里。其俗土著，与大夏同，而卑湿暑热。其民乘象以战。其国临大水焉。'以骞度之，大夏去汉万二千里，居西南。今身毒又居大夏东南数千里，有蜀物，此其去蜀不远矣。今使大夏，从羌中，险，羌人恶之；少北，则为所得；从蜀，宜径，又无寇。"天子既闻大宛及大夏、安息之属皆大国，多奇物，土著，颇与中国同俗，而兵弱，贵汉财物；其北则大月氏、康居之属，兵彊，可以赂遗设利朝也。诚得而以义属之，则广地万里，重九译，致殊俗，威德遍于四海。天子欣欣以骞言为然。乃令蜀犍为发间使，四道并出：出駹，出莋，出徙，邛，皆各行一二千里。其北方闭氐、莋，南方闭巂、昆明。昆明之属无君长，善寇盗，辄杀略汉使，终莫得通。然闻其西可千余里，有乘象国，名滇越，而蜀贾间出物者或至焉，于是汉以求大夏道始通滇国。初，汉欲通西南夷，费多，罢之。及骞言可以通大夏，乃复事西南夷。

【译文】

张骞平时做人，坚忍有毅力，待人厚道宽大，蛮夷人都敬爱他。堂邑父是胡人，善长射箭，在穷急的时候就射禽猎兽以供食用。张骞初去西域时，有百余名随从，去西域十三年后，只有二人得以返回汉朝。

张骞亲自经历的国家有大宛、大月氏、大夏、康居，而间接听人传说的周围五、六个大国家的地形、出产等情况，也都向武帝一一做了汇报。

张骞说："我在大夏时，见到了邛竹杖、蜀布，问当地人是怎么得到这些的？大夏国的人说'我们的商人到身毒国去贩运来的。身毒国在大夏东南大约数千里，那里的习惯是世代定居在一个地方，和大夏相同，但比较卑湿暑热。那里的人骑象作战。其国土面临大水'。因而我估计，大夏距离汉朝一万二千里，位处西南。现在身毒又位于大夏东南数千里。而有蜀地出产的物品，那它距离蜀不会太远的。现在出使大夏，要从羌中经过，路途险恶，羌人又讨厌不欢迎；少许北上，则是匈奴占领地区；从蜀中去，路径合适，又没有盗贼。"武帝听说大宛和大夏、安息等国都是大国，多奇物异产，人们世代定居，与中国风俗很多相同，而且这些国家军事力量不强，看重汉朝的财物；他们的北面则是大月氏、康居等国，军事力量较强，可送给财物施之以利，诱使他们入朝。如果真能不出兵马而使他们归属汉朝，则可以扩大疆土万里，重视殊方远国，招致不同习俗的人，使威德遍布四海。武帝喜乐自得地认为张骞说得很对。就下令负有伺隙行事使命的使者们，从蜀犍为出发，四路并出：出駹，出莋，出徙、邛。四路都各走出了一、二千里。北方受阻截于氐、莋，南方受阻于巂、昆明。昆明等部族，没有君主长上，擅长攻击抢掠，常常杀掠汉朝使者，最终没得以开通。但是听说昆明之西大约千余里，有骑乘象的国家，叫滇越，蜀的商人间或有出卖滇越物产或去过那个国家的，于是汉朝因寻找通大夏的道路而始得以通滇国。起初，汉朝想要沟通西南夷，因花费太多而停止。到张骞说可以通大夏，于是沟通西南夷的事又提了出来。

骞以校尉从大将军击匈奴，知水草处，军得以不乏，乃封骞为博望侯。是岁元朔六年也。后二年，骞为卫尉，与李广俱出右北平击匈奴。匈奴围李将军，军失亡多，而骞后期当斩，赎为庶人。是岁骠骑将军破匈奴西边，杀数万人，至祁连山。其秋，浑邪王率众降汉，而金城、河西西并南山至盐泽，空无匈奴。匈奴时有候者到，而希矣。后二年，汉击走单于于漠北。

天子数问骞大夏之属。骞既失侯，因曰："臣在匈奴中，闻乌孙王号昆莫。昆莫父难兜靡本与大月氏俱在祁连、敦煌间，小国也。大月氏攻杀难兜靡，夺其地，人民亡走匈奴。子昆莫新生，傅父布就翎侯亡置草中，为求食，还，见狼乳之，又乌衔肉翔其旁，以为神，遂归匈奴，单于爱养之，及壮，以其父民众与昆莫，使将兵，数有功。时，月氏已为匈奴所破，西击塞王。塞王南走远徙，月氏居其地。昆莫既健，自请单于报父怨，遂西攻破大月氏。大月氏复西走，徙大夏地。昆莫略其众，因留居，兵稍疆，会单于死，不肯复朝事匈奴。匈奴遣兵击之，不胜，益以为神而远之。今单于新困于汉，而昆莫地空。蛮夷恋故地，又贪汉物，诚以此时厚赂乌孙，招以东居故地，汉遣公主为夫人，结昆弟，其势宜听，则是断匈奴右臂也。既连乌孙，自其西大夏之属皆可招来而为外臣。"天子以为然，拜骞为中郎将，将三百人，马各二匹，牛羊以万数，赍金币帛直数千钜万，多持节副使，道可便遣之旁国。骞既至乌孙，致赐谕指，未能得其决。语在《西域传》。骞即分遣副使使大宛、康居、月氏、大夏。乌孙发译道送骞，与乌孙使数十人，马数十匹，报谢，因令窥汉，知其广大。

骞还，拜为大行。岁余，骞卒。后岁余，其所遣副使通大夏之属者皆颇与其人俱来，于是西北国始通于汉矣。然骞凿空，诸后使往者皆称博望侯，以为质于外国，外国由是信之。其后，乌孙竟与汉结婚。

【译文】

张骞以校尉身份随从大将军霍去病攻打匈奴，知道何处有水草，军队因而得以不受困乏，朝廷于是封张骞为博望侯。这一年是元朔六年（前123）。二年后，张骞任卫尉，和李广同出右北平攻打匈奴。匈奴包围住李广，军队死伤较多，而张骞也因援救迟到，罪当论斩，终以功折赎罚被贬为平民。这一年，骠骑将军霍去病攻破匈奴西边，斩杀数万人，军抵祁连山。这年秋天，浑邪王率部众向汉朝投降，由是金城、河西以西，并南山到盐泽，都空无匈奴人了。匈奴虽时有巡逻侦察的人来，但很少了。后二年，汉朝把匈奴单于赶到大漠以北的地方去了。

武帝几次向张骞询问大夏等国的情况。这时张骞已失去爵位，因而说："我居住匈奴时，听说乌孙王叫昆莫。昆莫的父亲难兜靡本来和大月氏都居住在祁连、敦煌之间，是小国家。大月氏攻杀了难兜靡，侵夺其地盘，老百姓逃亡到匈奴。他的儿子昆莫刚生下来不久。昆莫的傅父乌孙大将军（布就翎侯）抱着他逃了出来，把他藏匿在草丛中，出去找寻食物回来，看见狼在喂昆莫奶汁，又有乌鸦衔着肉在他身旁飞翔，以为是天神降生，就带着昆莫归顺匈奴，单于喜欢而留养了他。到昆莫成年，单于把他父亲原有的部民交还给他，让他率领兵将，屡次建立战功。这时，月氏被匈奴打败，就向西攻打塞王，塞王向南方远徙，月氏就留居那里。昆莫已刚强有力，请求单于让自己去报父仇，因而向西攻破大月氏。大月氏再次西迁，迁移到大夏地方。昆莫治理安揖当地民众，就留住下来，兵力稍强大，适逢匈奴单于去世，不再愿意臣服于匈奴。匈奴派兵攻打，没有取胜，更认为他有神帮助，因而远远离开了。现在单于刚被汉所困，而昆莫控制的地方也空无人。蛮夷依恋故地，又贪爱汉朝物品，如趁这时机送给乌孙厚礼，提出让他东移到故地居住，汉朝再下嫁公主为单于的夫人，结拜成为兄弟之国，事事就会听从于汉朝。如此则断了匈奴的右臂。既与乌孙连结和好了，自乌孙以西的大夏等国都可招来为国外之臣。武帝认为张骞所言极是。就拜张骞为中郎将，带领三百人，每人配备骑乘的马二匹，牛羊以万计，携带的金银丝绸价值数千万，张骞的副使也多持有出使符节，以便沿途可派遣去其他国家。张骞到了乌孙，把汉皇帝的示指告知了乌孙王，没有得到决定性的答复。所说的话语记载在《西域传》中。张骞派遣副使出使大宛、康居、月氏、大夏等国。乌孙发派翻译向导送张骞，有乌孙使者数十人，马数十匹相随张骞来汉，报谢汉皇帝，并趁此了解汉朝情况，知道汉朝国土广大。

张骞返回汉以后，封为大行。过了一年多，张骞去世。又过一年多，他派遣去交通大夏等国的副使，大多与那些国家的使者一起来汉，于是西北的国家开始与汉朝相往来。自张骞开始通西域，以后出使的使者都称博望侯，以便取信于外国，外国因此相信汉朝。以后，乌孙终于与汉朝结为婚姻之国。

司马迁传

昔在颛顼，命南正重司天，火正黎司地。唐虞之际，绍重黎之后，使复典之，至于夏商，故重黎氏世序天地。其在周，程伯林甫其后也。当宣王时，官失其守而为司马氏。司马氏世典周史。惠襄之间，司马氏适晋。晋中军随会奔魏，而司马氏入少梁。

自司马氏去周适晋，分散，或在卫，或在赵，或在秦。其在卫者，相中山。在赵者，以传剑论显，蒯聩其后也。在秦者名错，与张仪争论，于是惠王使错将兵伐蜀，遂拔，因而守之。错孙蕲，事武安君白起。而少梁更名夏阳。蕲与武安君坑赵长平军，还而与之俱赐死杜邮，葬于华池。蕲孙昌，昌为秦主铁官。当始皇之时，蒯聩玄孙卬为武信君将而徇朝歌。诸侯之相王，王卬于殷。汉之伐楚，卬归汉，以其地为河内郡。昌生毋怿，毋怿为汉市长。毋泽生喜，喜为五大夫，卒，皆葬高门。喜生谈，谈为太史公。

【译文】

在遥远的颛顼时代，任命南正重主管有关天的事务，任命火正黎主管有关地的事务。陶唐氏与有虞氏相交的时候，让重、黎的后人继承重、黎的事业，重新掌管与天、地有关的事务，一直到夏朝和商朝都是这样，所以重、黎氏世世代代管理天、地的事情。重、黎氏在周朝，程伯休父是他们的后人。当周宣王的时候，重、黎氏失去了管理天、地事务的职掌而成为了司马氏。司马氏世代掌管周朝的史事。周惠王与周襄王承继之间，司马氏迁到了晋国。晋中军将会逃奔魏地，司马氏因而进入了少梁。

从司马氏离开周室迁到晋国，（其宗族）就分散开了，有的在卫地，有的在赵地，有的在秦地。在卫地的，当了中山国的相。在赵地的，以传授剑术的理论而出名，司马蒯聩是他们的后人。在秦国的是司马错，他与张仪争论，于是秦惠王派他率兵伐蜀，灭了蜀国，因而就地戍守。司马错的孙子司马蕲，在武安君白起手下做事。这时候少梁更名叫夏阳。司马蕲与武安君白起坑杀了赵国兵败长平的军队，回去以后二人都在杜邮这个地方被赐死，葬在华池。司马蕲的孙子司马昌，担任了秦王的铁官。当秦始皇的时候，司马蒯聩的玄孙司马卬为武信君的将军而去攻取朝歌。诸侯们相继为王，司马卬被（项羽）封为殷王。汉朝讨伐楚霸王时，司马卬归降了汉朝，汉朝以他原先的封地建立了河内郡。司马昌生了司马毋泽，司马毋泽为汉（长安四市）的一个市长。司马毋泽生了司马喜，司马喜爵为五大夫，去世后安葬在高门。司马喜生了司马谈，司马谈担任了太史公。

太史公学天官于唐都，受《易》于杨何，习道论于黄子。太史公仕于建元、元封之间，愍学者不达其意而师悖，乃论六家之要指曰：

《易大传》曰："天下一致而百虑，同归而殊途"。夫阴阳、儒、墨、名、法、道德，此务为治者也，直所从言之异路，有省不省耳。尝窃观阴阳之术，大详而众忌讳，使人拘而多畏，然其序四时之大顺，不可失也。儒者博而寡要，劳而少功，是以其事难尽从；然其叙君臣父子之礼，列夫妇长幼之别，不可易也。墨者俭而难遵，是以其事不可遍循，然其强本节用，不可废也。法家严而少恩，然其正君臣上下之分，不可改也。名家使人俭而善失真，然其正名实，不可不察也。道家使人精神专一，动合无形，澹足万物，其为术也，因阴阳之大顺，采儒墨之善，撮名法之要，与时迁徙，应物变化，立俗施事，无所不宜，指约而易操，事少而功多。儒者则不然，以为人主天下之仪表也，主倡而臣和，主先臣随。如此，则主劳而臣佚。至于大道之要，去健羡，黜聪明，释此而任术。夫神大用则竭，形大劳则敝；神形早衰，欲与天地长久，非所闻也。

【译文】

太史公司马谈在唐都那里学习天文，在杨何那里接受《易》（的教育），在黄生那里学习道家理论。太史公是在建元、元封年之间的时候担任这个职务的，他责备学者们不彻底理解各家的思想而被各派师法所困惑，就论述六家的要旨说：

《易大传》说："为使天下达到同一目标而有一百种设想，相同的归宿但道路不同。阴阳、儒、墨、名、法、道德诸家，这些都是努力于治理社会的，只是他们学说的思路不一样，有的能省察、有的不能省察罢了。我曾私下观察阴阳家的学术，众人忌讳重大的吉凶预兆，使人拘束而多有畏惧，但是它管理的四季的顺序变化，是不可错过的。儒学学者博学但不得要领，劳而少功，所以他们所主张的事情难以完全遵从，但是他们讲述的群臣父子之间的礼仪，罗列的夫妇长幼之间界线，是不可变改的。墨学学者的节俭难以遵从，所以他们所主张的事情不可尽用，但是他们所说的强本节用的道理，是不可废弃的。法家严格而缺少恩情，但是他们理顺君臣上下的名分，是不可更改的。名家让人简朴而容易失去真实，但它强调名称与实在的区别和联系，是不可不省察的。道家使人精神专一，展开和闭合都没有形状，哺养万物，它的学术构成，遵循阴阳家对四季顺序变化的主张，采纳了儒家和墨家的长处，吸收了名家和法家的要点，随着时代的发展而发展，针对不同的事物而变化，建树习俗办理事务，没有不恰当的，它的宗旨简约而容易实施，办事少而见效多。儒学学者则不然，认为皇上是天下的仪表，君主倡导臣下就要拥护，君主在先臣下应该随后。这样一来，君主烦劳而臣下则轻松了。至于对重大问题的主张，则远离贤人，废黜智慧，放弃这些而仅用自己的学术。我们知道，精神耗费多了就会枯竭，形体太劳累了就会凋敝；精神和形体很早就衰颓了，想要与天地一样长在久存，这种事情还没听说过。

夫阴阳、四时、八位、十二度、二十四节各有教令，顺之者昌，逆之者不死则亡，未必然也，故曰"使人拘而多畏"。夫春生夏长，秋收冬藏，此天道之大经也，弗顺则无以为天下纲纪，故曰"四时之大顺，不可失也"。

夫儒者，以《六艺》为法，《六艺》经传以千万数，累世不能通其学，当年不能究其礼，故曰"博而寡要，劳而少功"。若夫列君臣父子之礼，序夫妇长幼之别，虽百家弗能易也。

墨者亦尚尧舜，言其德行曰："堂高三尺，土阶三等，茅茨不翦，采椽不斫；饭土簋，啜土刑，粝粱之食，藜藿之羹；夏日葛衣，冬日鹿裘。”其送死，桐棺三寸，举音不尽其哀。教丧礼，必以此为万民之率。故天下共若此，则尊卑无别也。夫世异时移，事业不必同，故曰“俭而难遵”也。要曰强本节用，则人给家足之道也。此墨子之所长，虽百家不能废也。

【译文】

阴阳家主张，四季、八卦位、黄道的十二度、二十四节令各有处理的原则，而说（对这些原则）顺之者昌、逆之者亡则未必然，所以（我）说他们“使人拘束而多有畏惧”。春天播种夏天成长，秋天收获冬天收藏，这是天体运行的规则，不顺应就无法制定天下纲纪，所以（我）说“四季的顺序交化，是不可错过的”。

儒学学者，以（《礼》、《乐》、《尚书》、《诗经》、《易》、《春秋》）六艺为原则，阐释它们的疏传成千上万，一辈子也不能把它们弄懂，一年内连对其礼法也不能全搞清楚，所以（我）说他们“博学而不得要领，劳而少功”。如果说他们罗列的君臣父子之间的礼仪，讲述的夫妇长幼之间的界线，虽然让一百个学派（来论辩）也是不能变改的。

墨家学者也崇尚尧、舜，他们阐述自己的德行说：“堂屋（屋基）只要三尺高，土阶只要三级，盖房子的茅草不要剪整齐，木椽子不要修整；用土锅烧饭，用土碗盛羹，吃粗米，喝菜汤；夏天穿葛藤制的衣服，冬天穿鹿皮制的衣服。”他们为人送终，只用三寸厚的桐木棺材，哭丧不能完全表达自己的悲哀。他们教授丧礼，固执地要用这一套作为万民的表率。所以天下如果都这样，那么尊卑就没有区别了。社会不同时代发展了，做的事情就不必相同，所以说“（他们的）节俭难以遵从”。总的说来他们主张的强本节用，是人给家足的原则。这是墨子学说的长处，即使让一百个学派（来论辩）也不能废弃的。

法家不别亲疏，不殊贵贱，壹断于法，亲亲尊尊之恩绝矣，可以成一时之计，而不可长用也，故曰“严而少恩”。若尊主卑臣，明分职不得相逾越，虽百家不能改也。

名家苛察缴绕，使人不得反其意，专决于名，时失人情，故曰“使人俭而善失真”。若夫控名责实，参伍不失，此不可不察也。

道家无为，又曰无不为，其实易行，其辞难知。其术以虚无为本，以因循为用。无成势，无常形，故能究万物之情。不为物先，不为物后，故能为万物主。有法无法，因时为业；有度无度，因物兴舍，故曰“圣人不巧，时变是守。”虚者道之常也，因者君之纲也。群臣并至，使各自明也其实中其声者谓之端，实不中其声者谓之款。款言不听，乃不生，贤不肖自分，白黑乃形。在所欲用耳，何事不成！乃合大道，混混冥冥。光耀天下，复反无名。凡人所生者神也，所托者形也。神大用则竭，形大劳则敝，形神离则死。死者不可复生，离者不可复合，故圣人重之。由此观之，神者生之本，形者生之具。不先定其神形，而曰“我有以治天下”，何由哉？

【译文】

法家不区别亲疏关系，不划分贵贱，只依据法令来决断，就使得亲近亲人、尊重尊贵的恩情断绝了，这可以为一时之计，而不能长久作用，所以（我）说它“严格而缺少恩情”。若论主尊臣卑，明分职守不相逾越，即使让一百个学派（来辩论）也不能废弃。

名家要求苛刻，使人不能违反它的意旨，一切以名为准则，有失人情，所以说：“使人简约但容易失去真实。”假若说到他们主张的引名责失，处理错综复杂的事情不犯错误，这些都是不可不省察的。

道家主张无为，又叫无所不为，它的具体主张容易实行，它的言辞却难以理解。它的学术以虚无为根本，以因循自然为功用，没有既成的形势，没有固定的方式，所以能够彻底推求万事万物情况。它不先于物也不后于物，所以能够成为万物的主宰。有一定的法则又没有凝固的法则，只因时事的变化推行自己的事业；有一定的界线又没有凝固的界线，只因事物的情况决定兴起或废弃，所以说“圣人没有机巧，只是遵守顺应时变罢了”。虚是道的常理，顺应它是君主的纲领。群臣一起到来，让他们各自阐明（自己的主张），其中确实名实相符的叫作端（正），确实虚有其名的叫作款。不听叫作款的这种人所说的话，奸就不会产生，贤德和不肖之人就自然分开了，白色还是黑色就显现出来。（剩下的事）就在你想怎么使用了，有什么事办不成呢？于是遵循最基本的法则，混混冥冥（任其自然）；照耀天下，返复往还不计较名称。大凡人有生命是因为有精神存在，所依附的则是形体。精神使用过度就会衰竭，形体过度劳累了就会凋敝，形体和精神分离开就会死亡。死去了的不能再恢复生命，离分了的不可能再结合，所以圣人看重（神与形）。由此看来，精神是生命的根本，形体是生命的躯壳。不先确定精神与形体（的关系和地位），就说“我有（理论）去治理天下”，请问根据什么呢？

太史公既掌天官，不治民。有子曰迁。

迁生龙门，耕牧河山之阳。年十岁则诵古文。二十而南游江淮，上会稽，探禹穴，窥九疑，浮沅湘。北涉汶泗，讲业齐鲁之都，观夫子遗风，乡射邹峄；戹困鄱、薛、彭城，过梁楚以归。于是迁仕为郎中，奉使西征巴蜀以南，略邛、笮、昆明，还报命。

是岁，天子始建汉家之封，而太史公留滞周南，不得与从事，发愤且卒。而子迁适反，见父于河雒之间。太史公执迁手而泣曰：“予先，周室之太史也。自上世尝显功名虞夏，典天官事。后世中衰，绝于予乎？汝复为太史，则续吾祖矣。今天子接千岁之统，封泰山，而予不得从行，是命也夫！命也夫！予死，尔必为太史；为太史，毋忘吾所欲论著矣。且夫孝，始于事亲，中于事君，终于立身；扬名于后世，以显父母，此孝之大也。夫天下称周公，言其能论歌文武之德，宣周召之风，达大王王季思虑，爰及公刘，以尊后稷也。幽厉之后，王道缺，礼乐衰，孔子修旧起废，论《诗》、《书》，作《春秋》，则学者至今则之。自获麟以来四百有余岁，而诸侯相兼，史记放绝。今汉兴，海内壹统，明主贤君，忠臣义士，予为太史而不论载，废天下之文，予甚惧焉，尔其念哉！”迁俯首流涕曰：“小子不敏，请悉论先人所次旧闻，不敢阙。”卒三岁，而迁为太史令，紬史记石室金匮之书。五年而当太初元年，十一月甲子朔，旦冬至，天历始改，建于明堂，诸神受记。

【译文】

太史公司马谈已掌管了天文事务，就不负责民众的事务。他有个儿子名叫迁。

司马迁出生在龙门，在龙门山之南黄河的北岸以耕牧为业，十岁时就开始诵读古文。他二十岁的时候就南游江淮，上会稽山，探寻禹穴，远望九疑山，泛舟沅水和湘水；又北涉汶水和泗水，在齐、鲁的都市讨论学业，观察孔子的遗风，在邹县和峄山参加乡射之礼；到蕃县、薛城和彭城时司马迁旅费缺乏，就取道梁、楚返回了。这时候司马迁当了郎中，奉皇上之命出使巴、蜀以南，巡视了邛、笮、昆明等地，回到长安复命。

这一年，天子汉武帝举行了汉朝的第一次封禅大典，但太史公司马谈留滞在洛阳，没有能跟随武帝去执行封禅的职事，在悲愤中去世。（司马谈弥留之际）司马迁刚好从西南回来，在黄河与洛阳之间见到了父亲。太史公司马谈拉着司马迁的手哭泣着说："我的先祖，是周朝的太史。从远古开始，就曾经在有虞氏和夏朝的时候立功扬名，职掌天文的事务。到后代就衰落了，难道要从我这里断绝吗？你继任太史，就是延续我们先祖的事业了。现在天子承接千年的统绪，封禅泰山，而我不得随行，是我的命（不好）啊！命（不好）啊！我死去之后，你必定要当太史；当了太史之后，不要忘了我想写的著作啊。孝道，是从服侍亲人开始，经过为皇上做事，最终达到卓然自立；扬名于后世，使父母显荣，这是最大的孝。天下赞扬周公，说他能宣扬歌颂周文王、周武王的德行，讲解《周南》、《召南》等《诗经》中的国风，表达太王、王季的思虑，一直追溯到公刘，以尊崇（周的始祖）后稷。周幽王、厉王之后，王道残缺，礼乐制度衰落，孔子修旧起废，论述《诗经》、《尚书》，作《春秋》，学者们至今都把他当作典范。自从获麟年以来四百多年，诸侯相互兼并，史书就绝灭了。现今汉朝兴起，海内一统，明主贤君，忠臣义士（不少），我身为太史而不记载评论这些，废弃了事关天下的文字，我太害怕（承担这个重大责任）了，你一定要时刻想着这事啊！"司马迁低着头泪流满面地说："儿子虽然不敏捷，还是要请求父亲允许我将父亲已经整理好的史事加以裁断，不敢有所缺漏。"司马谈去世后三年，司马迁当了太史令，便在朝廷的石室金匮藏书中搜集材料。司马迁任太史令后五年是太初元年，这年的十一月甲子日是朔日，早上冬至，改（原用的颛顼历）而行太初历，在明堂中颁布新历，祭祀诸神。

太史公曰：“先人有言：‘自周公卒五百岁而有孔子，孔子至于今五百岁，有能绍而明之，正《易传》，继《春秋》，本《诗》、《书》、《礼》、《乐》之际。’意在斯乎！意在斯乎！小子何敢攘焉！”

上大夫壶遂曰：“昔孔子为何作《春秋》哉？”太史公曰：“余闻之董生：‘周道废，孔子为鲁司寇，诸侯害之，大夫壅之。孔子知时之不用，道之不行也，是非二百四十二年之中，以为天下仪表，贬诸侯，讨大夫，以达王事而已矣。’子曰：‘我欲载之空言，不如见之于行事深切著明也。’春秋上明三王之道，下辨人事之经纪，别嫌疑，明是非，定犹与，善善恶恶，贤贤贱不肖，存亡国，继绝世，补弊起废，王道之大者也。《易》著天地阴阳四时五行，故长于变；《礼》纲纪人伦，故长于行，《书》记先王之事，故长于政；《诗》记山川溪谷禽兽草木牝牡雌雄，故长于风；《乐》乐所以立，故长于和；春秋辨是非，故长于治人。是故《礼》以节人，《乐》以发和，《书》以道事，《诗》以达意，《易》以道化，《春秋》以道义。拨乱世反之正，莫近于《春秋》。《春秋》文成数万，其指数千。万物之散聚皆在《春秋》。《春秋》之中。弑君三十六，亡国五十二，诸侯奔走不得保社稷者不可胜数。察其所以，皆失其本已。故《易》曰‘差以毫厘，谬以千里’。故‘臣弑君，子弑父，非一朝一夕之故，其渐久矣’。有国者不可以不知《春秋》，前有谗而不见，后有贼而不知。为人臣者不可以不知《春秋》，守经事而不知其宜，遭变事而不知其权。为人君父者而不通于《春秋》之义者，必蒙首恶之名。为人臣子不通于《春秋》之义者，必陷篡弑诛死之罪。其实皆以善为之，而不知其义，被之空言不敢辞。夫不通礼义之指，至于君不君，臣不臣，父不父，子不子。夫君不君则犯，臣不臣则诛，父不父则无道，子不予则不孝。此四行者，天下之大过也。以天下大过予之，受而不敢辞。故《春秋》者，礼义之大宗也。夫礼禁未然之前，法施已然之后，法之所为用者易见，而礼之所为禁者难知。”

【译文】

太史公司马迁说："我的父亲说过：'自周公去世后五百年而出了孔子，从孔子至现在已经五百年了，一定有继承发扬孔子事业的人（出现），以《易传》为本，继承《春秋》，以《诗经》、《尚书》、《礼》和《乐》为基础。"这话的意思不正在这里吗！这话的意思不正在这里吗！作为儿子我怎么敢推让呢！"

上大夫壶遂问："过去孔子为什么要作《春秋》呢？"司马迁说："我听董仲舒先生说：'周朝的制度被破坏了，孔子担任鲁国的司寇，诸侯加害于他，大夫干扰他。孔子知道当时社会不重用他，自己的理论得不到实行，于是就评论春秋时期二百四十二年的是非曲直，作为天下法式，贬损诸侯，批评大夫，以阐明君王应该做的事情罢了。'他老人家说：'我与其写抽象的理论，还不如（把自己的思想）表现在能充分显现（我的思想的）事实之中。'《春秋》上阐明了三王的法则，下理清了人事的纲纪，阐明疑惑难明的事理，明白是非，确定犹豫，赞美善行憎恶丑恶，推崇贤人轻视不肖之人，保存已经灭亡了的国家，延续已经断绝的世系，修补弊端兴起被废弃（了的制度），这是君王最重大的法则。《易》叙述的是天地阴阳四时五行，所以它的长处在变化之道；《礼》为人确定规则，所以它的长处在可以施行；《尚书》记载了先王的事情，所以它的长处在政治方面；《诗经》记载了山川、溪谷、禽兽、草木、牝牡、雌雄等，所以它的长处在讽谏；《乐》是快乐所得以产生的根据，所以它的长处在协和；《春秋》分辨是非，所以它的长处在对人进行管理。所以说《礼》是节制人的，《乐》是启发协和的，《尚书》是记事的，《诗经》是表达意愿的，《易》是阐述变化的，《春秋》是讲义理的。拨乱反正，没有比《春秋》更有用了。《春秋》文字数万，旨意有数千，万物的聚散之理都在《春秋》（中说明了）。《春秋》之中，弑君有三十六次，亡国有五十二个，诸侯奔走还是不能保住社稷的不可胜数。考察其中的原因，都是丧失了根本。所以《易》中说'差之毫厘，谬以千里'，因此'臣弑君，子弑父，不是一朝一夕的原故，是由来已久的'。拥有国家的人不可以不知道《春秋》，（不然）在自己的面前有言就听不见，自己背后有贼人就不能觉察。为臣的人不可以不知道《春秋》，（不然）坚持大政方针而不知道它（如何）恰当，遇到事情变化了而不知道对它（如何）权衡。做君主和父亲的如果不通晓《春秋》的义理，一定会承担首恶的罪名。做臣下和儿子的如果不通晓《春秋》的义理，一定会陷入篡位、弑杀君父的死罪。事实上他们都自以为是在做好事，但是不知道义理，一旦把道理讲出来他们就不敢推卸罪责了。不通礼的意义的大旨，就会（败坏）到君主不像君主，臣下不像臣下，父亲不像父亲，儿子不像儿子的程度。君主不像君主就会被臣下冒犯，臣下不像臣下就会被诛杀，父亲不像父亲就没有原则，儿子不像儿子就会不孝。这四种行为，是天下最大的过错。用天下最大的过错来责备他们，他们是只好接受而不敢反驳的。所以说《春秋》是礼的意义的本原。礼在事情发生之前起阻止作用，法在事情发生之后才施行，所以法的功用显而易见，而礼所起的阻止作用就连那些禁止（败坏行为）的人也难以明白。”

壶遂曰：“孔子之时，上无明君，下不得任用，故作《春秋》，垂空文以断礼义，当一王之法。今夫子上遇明天子，下得守职，万事既具，成各序其宜，夫子所论，欲以何明？”太史公曰：“唯唯，否否，不然。余闻之先人曰：‘虙戏至纯厚，作《易》八卦。尧舜之盛，《尚书》载之，礼乐作焉。汤武之隆，诗人歌之。《春秋》采善贬恶，推三代之德，褒周室，非独刺讥而已也。’汉兴已来，至明天子，获符瑞，封禅，改正朔，易服色，受命于穆清，泽流罔极，海外殊俗重译款塞，请来献见者，不可胜道。臣下百官力诵圣德，犹不能宣尽其意。且士贤能矣，而不用，有国者耻也；主上明圣，德不布闻，有司之过也。且余掌其官，废明圣盛德不载，灭功臣贤大夫之业不述，坠先人所言，罪莫大焉。余所谓述故事，整齐其世传，非所谓作也，而君比之《春秋》，谬矣。”

于是论次其文。十年而遭李陵之祸，幽于累绁。乃喟然而叹曰：“是余之罪夫！身亏不用矣。”退而深惟曰：“夫《诗》、《书》隐约者，欲遂其志之思也。”卒述陶唐以来，至于麟止，自黄帝始。《五帝本纪》第一，《夏本纪》第二，《殷本纪》第三，《周本纪》第四，《秦本纪》第五，《始皇本纪》第六，《项羽本纪》第七，《高祖本纪》第八，《吕后

本纪》第九，《孝文本纪》第十，《孝景本纪》第十一，《今上本纪》第十二。《三代世表》第一，《十二诸侯年表》第二，《六国年表》第三，《秦楚之际月表》第四，《汉诸侯年表》第五，《高祖功臣年表》第六，《惠景间功臣年表》第七，《建元以来侯者年表》第八，《王子侯者年表》第九，《汉兴以来将相名臣年表》第十。《礼书》第一，《乐书》第二，《律书》第三，《历书》第四，《天官书》第五，《封禅书》第六，《河渠书》第七，《平准书》第八。《吴太伯世家》第一，《齐太公世家》第二，《鲁周公世家》第三，《燕召公世家》第四，《管蔡世家》第五，《陈杞世家》第六，《卫康叔世家》第七，《宋微子世家》第八，《晋世家》第九，《楚世家》第十，《越世家》第十一，《郑世家》第十二，《赵世家》第十三，《魏世家》第十四，《韩世家》第十五，《田完世家》第十六，《孔子世家》第十七，《陈涉世家》第十八，《外戚世家》第十九，《楚元王世家》第二十，《荆燕王世家》第二十一，《齐悼惠王世家》第二十二，《萧相国世家》第二十三，《曹相国世家》第二十四，《留侯世家》第二十五，《陈丞相世家》第二十六，《绛侯世家》第二十七，《梁孝王世家》第二十八，《五宗世家》第二十九，《三王世家》第三十。《伯夷列传》第一，《管晏列传》第二，《老子韩非列传》第三，《司马穰苴列传》第四，《孙子吴起列传》第五，《伍子胥列传》第六，《仲尼弟子列传》第七，《商君列传》第八，《苏秦列传》第九，《张仪列传》第十，《樗里甘茂列传》第十一，《穰侯列传》第十二，《白起王翦列传》第十三，《孟子荀卿列传》第十四，《平原虞卿列传》第十五，《孟尝君列传》第十六，《魏公子列传》第十七，《春申君列传》第十八，《范雎蔡泽列传》第十九，《乐毅列传》第二十，《廉颇蔺相如列传》第二十一，《田单列传》第二十二，《鲁仲连列传》第二十三，《屈原贾生列传》第二十四，《吕不韦列传》第二十五，《刺客列传》第二十六，《李斯列传》第二十七，《蒙恬列传》第二十八，《张耳陈余列传》第二十九，《魏豹彭越列传》第三十，《黥布列传》第三十一，《淮阴侯韩信列传》第三十二，《韩王信卢绾列传》第三十三，《田儋列传》第三十四，《樊郦滕灌列传》第三十五，《张丞相仓列传》第三十六，《郦生陆贾列传》第三十七，《傅靳蒯成侯列传》第三十八，

《刘敬叔孙通列传》第三十九，《季布栾布列传》第四十，《爰盎朝错列传》第四十一，《张释之冯唐列传》第四十二，《万石张叔列传》第四十三，《田叔列传》第四十四，《扁鹊仓公列传》第四十五，《吴王濞列传》第四十六，《魏其武安列传》第四十七，《韩长孺列传》第四十八，《李将军列传》第四十九，《卫将军骠骑列传》第五十，《平津主父列传》第五十一，《匈奴列传》第五十二，《南越列传》第五十三，《闽越列传》第五十四，《朝鲜列传》第五十五，《西南夷列传》第五十六，《司马相如列传》第五十七，《淮南衡山列传》第五十八，《循吏列传》第五十九，《汲郑列传》第六十，《儒林列传》第六十一，《酷吏列传》第六十二，《大宛列传》第六十三，《游侠列传》第六十四，《佞幸列传》第六十五，《滑稽列传》第六十六，《日者列传》第六十七，《龟策列传》第六十八，《货殖列传》第六十九。

【译文】

壶遂说："在孔子那时候，上没有明君，下面的人得不到任用，所以他作《春秋》，把平铺直述的文章用礼义作为标准加以批评取舍以垂示后代，当作一统之王的法则。现在先生您上遇圣明的天子，下得以各守其职，万事俱备，都各自遵循与自己身份相称的原则行动，先生所要论述的，想要说明什么呢？"太史公司马迁说："先生说得对，也说得不对，道理不能这样说。我听我的父亲说过：'虑戏非常纯厚，作了《易》的八卦。尧舜时代的繁盛，《尚书》里有记载，礼、乐创造出来了。商汤和周武王的兴隆，诗人们吟咏歌唱。《春秋》采录善行贬斥恶行，推崇三代的德行，褒扬周室，不仅仅只有讥刺而已。'汉朝兴起以来，直到如今圣明的天子，获得了符瑞，进行了封禅，改了历法，变了服装的颜色，受天命而政清人和，恩泽无边，海外不同风俗、相隔数国的国家都派人来叩击塞门，请求进献珍宝晋见皇上的，不可胜言。臣下百官努力歌颂皇上的德行，还不能完全表达自己的心意。而况贤能的士人，倘若得不到任用，是有国家的人的耻辱；皇上圣明，德行得不到传扬，是官吏们的过错。并且我职掌史官，倘若废毁了皇上的圣明盛德不记载下来，灭没功臣、贤大夫的建树不加以叙述，毁弃了我父亲的话，就没有比这再大的罪过了。我所做的只不过是叙述以往的事情，整理与它们有关的传世材料，并非是创作，而先生把我写的东西比作《春秋》，那就错了。”

于是，司马迁开始写作。十年后他因为为李陵投降匈奴的事辩护而遭到灾祸，而被囚禁起来，就喟然叹息说：“这是我的罪过呵！我的身体短少已经是无用之人了！”他退一步深思说：“《诗经》和《尚书》透露出来的忧愁屈怨，是为实现自己理想的思绪啊。”于是，他叙述从陶唐氏以来、到汉武帝获麟那年为止的历史；他把黄帝作为历史的开端。（全书目录）本纪为《五帝本纪》第一，《夏本纪》第二，《殷本纪》第三，《周本纪》第四，《秦本纪》第五，《始皇本纪》第六，《项羽本纪》第七，《高祖本纪》第八，《吕后本纪》第九，《孝文本纪》第十，《孝景本纪》第十一，《今上本纪》第十二；表的次序是，《三代世表》第一，《十二诸侯年表》第二，《六国年表》第三，《秦楚之际月表》第四，《汉诸侯年表》第五，《高祖功臣年表》第六，《惠景间功臣年表》第七，《建元以来侯者年表》第八，《王子侯者年表》第九，《汉兴以来将相名臣年表》第十。书的次序是：《礼书》第一，《乐书》第二，《律书》第三，《历书》第四，《天官书》第五，《封禅书》第六，《河渠书》第七，《平准书》第八。世家的次序是，《吴太伯世家》第一，《齐太公世家》第二，《鲁周公世家》第三，《燕召公世家》第四，《管蔡世家》第五，《陈杞世家》第六，《卫康叔世家》第七，《宋微子世家》第八，《晋世家》第九，《楚世家》第十，《越世家》第十一，《郑世家》第十二，《赵世家》第十三，《魏世家》第十四，《韩世家》第十五，《田完世家》第十六，《孔子世家》第十七，《陈涉世家》第十八，《外戚世家》第十七，《楚元王世家》第二十，《荆燕王世家》第二十一，《齐悼惠王世家》第二十二，《萧相国世家》第二十三，《曹相国世家》第二十四，《留侯世家》第二十五，《陈丞相世家》第二十六，《绛侯世家》第二十七，《梁孝王世家》第二十八，《五宗世家》第二十九，《三王世家》第三十。列传的次序为，《伯夷列传》第一，《管晏列传》第二，《老子韩非列传》第三，《司马穰苴列传》第四，《孙子吴起列传》第五，《伍子胥列传》第六，《仲尼弟子列传》第七，《商君列传》第八，《苏秦列传》第九，《张仪列传》第十，《樗里甘茂列传》第十一，《穰侯列传》第十二，《白起王翦列传》第十三，《孟子荀卿列传》第十四，《平原虞卿列传》第十五，《孟尝君列传》第十六，《魏公子列传》第十七，《春申君列传》第十八，《范睢蔡泽列传》第十九，《乐毅列传》第二十，《廉颇蔺相如列传》第二十一，《田单列传》第二十二，《鲁仲连列传》第二十三，《屈原贾生列传》第二十四，《吕不韦列传》第二十五，《刺客列传》第二十六，《李斯列传》第二十七，《蒙恬列传》第二十八，《张耳陈余列传》第二十九，《魏豹彭越列传》第三十，《黥布列传》第三十一，《淮阴侯韩信列传》第三十二，《韩王信卢绾列传》第三十三，《田儋列传》第三十四，《樊郦滕灌列传》第三十五，《张丞相仓列传》第三十六，《郦生陆贾列传》第三十七，《傅靳蒯成侯列传》第三十八，《刘敬叔孙通列传》第三十九，《季布栾布列传》第四十，《爰盎朝错列传》第四十一，《张释之冯唐列传》第四十二，《万石张叔列传》第四十兰，《田叔列传》第四十四，《扁鹊仓公列传》第四十五，《吴王濞列传》第四十六，《魏其武安列传》第四十七，《韩长孺列传》第四十八，《李将军列传》第四十九，《卫将军骠骑列传》第五十，《平津主父列传》第五十一，《匈奴列传》第五十三，《南越列传》第五十三，《闽越列传》第五十四，《朝鲜列传》第五十五，《西南夷列传》第五十六，《司马相如列传》第五十七，《淮南衡山列传》第五十八，《循吏列传》第五十九，《汲郑列传》第六十，《儒林列传》第六十一，《酷吏列传》第六十三，《大宛列传》第六十三，《游侠列传》第六十四，《佞幸列传》第六十五，《滑稽列传》第六十六，《日者列传》第六十七，《龟策列传》第六十八，《货殖列传》第六十九。

惟汉继五帝末流，接三代绝业。周道既废秦拨去古文，焚灭《诗》、《书》，故明堂石室金匮玉版图藉散乱。汉兴，萧何次律令，韩信申军法，张苍为章程，叔孙通定礼仪，则文学彬彬稍进，《诗》、《书》往往间出。自曹参荐盖公言黄老，而贾谊、朝错明申韩，公孙弘以儒显，百

年之间，天下遗文古事靡不毕集。太史公仍父子相继纂其职，曰："于戏！余维先人尝掌斯事，显于唐虞。至于周，复典之。故司马氏世主天官，至于余乎，钦念哉！"罔罗天下放失旧闻，王迹所兴，原始察终，见盛观衰，论考之行事，略三代，录秦汉，上记轩辕，下至于兹，著十二本纪，既科条之矣。并时异世，年差不明，作十表。礼乐损益，律历改易，兵权山川鬼神，天人之际，承敝通变，作八书。二十八宿环北辰，三十幅共一，运行无穷。辅弼股肱之臣配焉，忠信行道以奉主上，作三十世家。扶义俶傥，不令己失时，立功名于天下，作七十列传。凡百三十篇，五十二万六千五百字，为太史公书。序略，以拾遗补艺，成一家言，协六经异传，齐百家杂语，藏之名山，副在京师，以俟后圣君子。第七十，迁之自叙云尔。而十篇缺，有录无书。

迁既被刑之后，为中书令，尊宠任职。故人益州刺史任安予迁书，责以古贤臣之义。迁报之曰：

【译文】

汉朝继承了五帝的余脉，承继了被断绝了的三代的事业。周朝的学说衰落了，秦朝抛弃了古文，焚灭了《诗》、《书》，所以明堂、石室、金匮的玉版、图书散乱。汉朝兴起之后，萧何整理律令，韩信申明军法，张苍建立章程，叔孙通拟定礼仪，文章学术就文质兼备有所进步，散失了的《诗》、《书》常常相继出世。自从曹参推荐盖公讲黄老之学，而贾谊、朝错阐明申不害、韩非的理论，公孙弘以崇尚儒学而显贵，百年之间，天下的遗文古事没有不集中在一起的。太史公是父子相袭掌理编纂史书的职务，司马谈曾说："哎哟！我的先人曾职掌这事，在唐、虞之世就有名气。到了周朝，又重新典理此事。所以司马氏一族世代以来都主管天官，到了我这一辈，要恭敬地记住这件事啊！"（于是司马迁）网罗天下散失了的旧事，考察帝王事业兴起的线索，推究它的发端观察它的结果，审视它的兴盛追究它的衰落，议论和考证事迹，略述三代，记录秦、汉，上从轩辕黄帝起，下到当代为止，著作了十二本纪，写出了历史的主要线索。有同时的，有异世的，年代有差别不易辨明，就作了十表。礼、乐制度历代有增有减，律、历有改变，兵书、山川、鬼神，天与人之间的关系，为了表明其承敝通变的情况，就作了八书。二十八宿环绕北极星，三十辐条共同装在一根轴上，运行无穷，辅弼股肱之臣配合（着帝王），忠诚、信义、推行天道以事奉主上，所以作三十世家。伸张正义卓绝不凡、不让自己失去时机，立功名于天下（的人很多），所以作了七十列传。总共一百三十篇，五十二万六千五百字，名为《太史公书》。其序文大体说，这部书是为了网罗遗失补充六艺的；它构成了一家之言，协调了对六经不同的解说，整齐了百家杂乱的意见；这部书的原本藏名山，副本在京都，以等待后来的圣人和君子们（观览）。这些都是书中的列传第七十，司马迁的《自叙》所说的。（现在，《太史公书》）有十篇缺失了，只剩下目录而没有正文。

司马迁受腐刑之后，担任中书令，这是个受人尊敬很受皇上宠信的职位。他的朋友益州刺史任安给他写信，用古代贤臣的标准责备他。司马迁回信说：

少卿足下：曩者辱赐书，教以慎于接物，推贤进士为务，意气勤勤恳恳，若望仆不相师用，而流俗人之言。仆非敢如是也。虽罢驽，亦尝侧闻长者遗风矣。顾自以为身残处秽，动而见尤，欲益反损，是以抑郁而无谁语。谚曰“谁为为之？孰令听之？”钟子期死，伯牙终身不复鼓琴。何则？士为知己用，女为说己容。若仆大质已亏缺，虽材怀随、和，行若由、夷，终不可以为荣，适足以发笑而自点耳。

书辞宜答，会东从上来，又迫贱事，相见日浅，卒卒无须臾之间得竭指意。令少卿抱不测之罪，涉旬月，迫季冬，仆又薄从上上雍，恐猝然不可讳。是仆终已不得舒愤懑以晓左右，则长逝者魂魄私恨无穷。请略陈固陋。阙然不报，幸勿过。

仆闻之，修身者智之府也，爱施者仁之端也，取予者义之符也，耻辱者勇之决也，立名者行之极也。士有此五者，然后可以讬于世，列于君子之林矣。故祸莫憯于欲利，悲莫痛于伤心，行莫丑于辱先，而诟莫大于宫刑。刑余之人，无所比数，非一世也，所以来远矣。昔卫灵公与雍渠载，孔子适陈；商鞅因景监见，赵良寒心；同子参乘，爰丝变色：自古而耻之。夫中材之人，事关于宦竖，莫不伤气，况慷慨之士乎！如今朝虽乏人，奈何令刀锯之余荐天下豪隽哉！仆赖先人绪业，得待罪辇毂下，二十余年矣。所以自惟：上之，不能纳忠效信，有奇策材力之誉，自结明主；次之，又不能拾遗补阙，招贤进能，显岩穴之士；外之，不能备行伍，攻城野战，有斩将搴旗之功，下之，不能累日积劳，取尊官厚禄，以为宗族交游光宠。四者无一遂，苟合取容，无所短长之效，可见于此矣。乡者，仆亦尝厕下大夫之列，陪外廷末议。不以此时引维纲，尽思虑，今已亏形为埽除之隶，在阘茸之中，乃欲昂首信眉，论列是非，不亦轻朝廷，羞当世之士邪！嗟首！嗟乎！如仆，尚何言哉！尚何言哉。

【译文】

少卿先生：以前有辱您写信给我，教导我努力慎重地处理各种关系，推贤进士，意义殷勤诚恳，仿佛是埋怨我不按照老师的教导去做，而让俗人的言语左右了我的志向。我是不敢如此去做的。我虽极其愚钝，也曾经从侧面听说过长者遗风。只是我身残处秽受着感情的折磨，动辄得咎，想加倍地检点自己，所以精神抑郁而跟谁也不说什么。谚语说：可为做之，令谁听之？”钟子期死后，伯牙终生不再鼓琴，这是为什么？这是因为士为知己者死，女为悦己者容。像我这样一个本质上已有亏缺的人，虽怀着随侯珠、和氏璧一样美好的才能，德行跟许由、伯夷一样，最终也不能得到荣光，只不过足以使人发笑而自己使自己遭受到玷污而已。

本来很早就应回您的信，不巧遇到我随皇上从东方归来，又被不足道的事情所纠缠，与您相见的时间很短，匆匆忙忙没有一点机会得以完全说明我的意见。现在少卿先生遭受到预想不到的罪罚，时过一个月，已经是接近季冬，我又要跟从皇上到雍地去，恐怕先生您猝然之间不能与我见面了。如若是这样，我终究不得把我的忧愤烦闷向接近我的人抒发，而与我永别者的魂魄将怀着无穷无尽的私恨。请求您允许我陈述我浅陋的看法。我很久没回信给您请您不要埋怨我。

我听说，修身的人是智慧的聚集之所，喜欢施舍的人是仁的开端，收受与给予（恰当）的人是义的标准，（懂得）耻辱的人是勇敢的基础，立名的人是人的作为的最高追求。士人具备了以上五种德行，然后就可以依于社会，被列入君子之列了。所以就灾祸说没有比追求功利更使人痛心的人，就悲伤说没有比伤了心更使人痛苦了，就行为说没有比侮辱先人更丑恶的人，而就耻辱说没有比受宫刑更大的耻辱了。受了宫刑的人，没有什么可相比的，不是一个时代是这样，已经是由来已久的了。昔日卫灵公与雍渠同车，孔子去到了陈国；商鞅依靠景监面见（了秦孝公），赵良就感到寒心；赵谈做了参乘，爰丝满脸不高兴，自古以来都以这样的事为耻辱。有中等才能的人，由事与宦相关，就莫不伤心气恼，更何况慷慨之士呢！现在朝廷虽然缺乏人才，怎么可以让刀锯之余（的我）去推荐天下的豪雄俊杰呢！我依赖承继先人的事业，得以待罪于皇上的辇毂之下，到现在已经二十多年了。所以我自思：对上说来，我不能怀忠效信，得到献奇策、出大力的赞誉，与皇上搞好关系；其次，我又不能拾遗补阙，招贤进能，使岩穴之士等以显露；就朝廷之外说，我不能作为军队的一员，去攻城野战，建立斩将搴旗的功劳；就最低要求说，我也不能累日积劳，取得尊官厚禄，为宗族结交达官贵人。以上四方面，我没有一样事是做得到的；我苟合取容，对各方面都无所贡献，从这里可以看出来。过去，我也曾经侧身于下大夫之列，陪着外廷议论些细枝末节的事。不在那时候引进维纲护纪之人，竭尽我的思虑，现在我已亏损了形体为打扫清洁的奴仆，在猥贱的人当中，想昂首扬眉，来论列是非，不是太轻视朝廷，羞辱当今的士人了吗！哎哟！哎哟！像我这样的人，还有什么话可说啊！还有什么话可说啊！

且事本末未易明也。仆少负不羁之才，长无乡曲之誉，主上幸以先人之故，使得奉薄技，出入周卫之中。仆以为戴盆何以望天，故绝宾客之知，忘室家之业，日夜思竭其不肖之材力，务壹心营职，以求亲媚于主上。而事乃有大谬不然者。夫仆与李陵俱居门下，素非相善也，趣舍异路，未尝衔杯酒接殷勤之欢。然仆观其为人自奇士，事亲孝，与士信，临财廉，取予义，分别有让，恭俭下人，常思奋不顾身以徇国家之急。其素所畜积也，仆以为有国士之风。夫人臣出万死不顾一生之计，赴公家之难，斯已奇矣。今举事壹不当，而全躯保妻子之臣随而媒孽其短，仆诚私心痛之。且李陵提步卒不满五千，深践戎马之地，足历王庭，垂饵虎口，

横挑强胡，卬亿万之师，与单于连战十余日，所杀过当。虏救死扶伤不给，旃裘之君长咸震怖，乃悉征左右贤王，举引弓之民，一国共攻而围之。转斗千里，矢尽道穷，救兵不至，士卒死伤如积。然李陵一呼劳军，士无不起，躬流涕，沬血饮泣，张空弮，冒白刃，北首争死敌。陵未没时，使有来报，汉公卿王侯皆奉觞上寿。后数日，陵败书闻，主上为之食不甘味，听朝不怡。大臣忧惧，不知所出。仆窃不自料其卑贱，见主上惨悽怛悼，诚欲效其款款之愚。以为李陵素与士大夫绝甘分少，能得人之死力，虽古名将不过也。身虽陷败，彼观其意，且欲得其当而报汉。事已无可奈何，其所摧败，功亦足以暴于天下。仆怀欲陈之，而未有路。适会召问，即以此指推言陵功，欲以广主上之意，塞睚眦之辞。未能尽，明，明主不深晓，以为仆沮贰师，而为李陵游说，遂下于理。拳拳之忠，终不能自列。因为诬上，卒以吏议。家贫，财赂不足以自赎，交游莫救，左右亲近不为壹言。身非木石，独与法吏为伍，深幽囹圄之中，谁可告诉者！此正少卿所亲见，仆行事岂不然邪？

李陵既生降，聩其家声，而仆又茸以蚕室，重为天下观笑。悲夫！悲夫！

【译文】

而且事情的本末是很难辨明的。我少年时自负于不羁之才，长大之后没有得到家乡人的称赞，皇上因为我先人的原因照顾我，使我得以凭浅薄的才学，出入于防卫周密的宫廷之中。我认为头上戴着盆是怎么也看不见天的，（不可有更大的奢望）所以我断绝了和宾客之间的往来，忘却了家室的生计事业，日日夜夜想竭尽我不成器的才力，一心一意致力于我的职守，以讨得皇上的欢心。但事情完全违背了主观愿望。我与李陵都在朝廷供职，素来不是朋友，兴趣爱好各不相同，从未有过举杯戏酒殷勤款待的欢聚。但是我观察他的为人，认为他是无可争议的奇士，他侍奉长辈遵循孝道，与士人相交以信为本，面对财物表现廉洁，取得与给予都以义为标准，对身份职别表现出谦让，对下人很客气，常常想奋不顾身以赴国家的急难。这些高贵的品德都是他平素间所积累起来的，我认为他有国士之风。为臣的人出生入死不顾自己一生的长远之计，赴公家之难，这已经很奇特了。而今一件事情办得不妥当，那些苟且偷生护妻保子的臣子们紧跟着就牵连生事造谣中伤，我实在是心痛极了！而且李陵率领的步兵不到五千人，深入敌人后方，足迹经过了匈奴的王庭，垂饵虎口，往西向强大的胡人挑战，昂对匈奴的亿万之师，与单于连续作战了十多天，（就李陵军队的人数而言）杀掉的敌人之多已超过了自己的能力。匈奴连救死扶伤都来不及，穿制衣服的君长们都震恐了，就全部征集左右贤王属部，征发凡是能骑马射箭的百姓，倾一国之力共同围攻李陵。李陵转战千里，矢尽道绝，救兵又没有到，士卒伤者相堆积。但是李陵只要一呼唤已疲劳的军队，战士们没有不奋起的，他们弯着身子流着眼泪，抚着流血的伤暗自饮泣，拉开没有上箭的弓，顶着雪亮的刀刃，面对北方与敌人死战。李陵还没去世之前，有使者回来报告，汉朝的公卿王侯都捧酒祝贺皇上。几天后，李陵战败的事被奏闻于朝廷，皇上为之食不甘味，听政时很不高兴。大臣们忧愁恐慌，不知计从何出。我不自量个人卑贱的地位，见皇上惨淡悲恸，真心想用我忠实诚恳的愚陋报效皇上。我认为李陵平素间与士大夫相处就同甘共苦，所以能让人为其拼死，虽然是古代的名将也超不过他。他虽然陷于失败，但看他的意图，是想得到机会而报效汉朝。事情已到了无可奈何的地步，但他所摧毁战败的战绩，功劳也足以显露于天下了。我心里怀着这个意见想上陈皇上，但没有门路。恰好遇到皇上召问，就根据这个思路推崇李陵的功劳，想以此开扩皇上的思路，堵塞小怨小忿引起的不实之辞。我还没完全说明，皇上没能很好考虑，就认为我是在攻击两师将军而为李陵游说，于是就把我下发到司法官审问。我的拳拳忠心，终究不能自陈。因为认定我诬上之罪，最后就让狱吏们去议论量刑。我家贫穷，所有的财产不足以自赎其身，朋友们没有来救援的，左左右右亲近的人都不为我说一句话。身体不是木石，我独自与法吏为伍，深深地囚禁在监牢之中，向谁去诉说我满腹的心酸呵！这些事都是您少卿先生亲自见到的，我的行为难道有什么不对吗？

李陵既然投降，败坏了他家的名声，而我又被推进了蚕室，再次被天下人笑话。太可悲了！太可悲了！

事未易一二为俗人言也。仆之先人非有剖符丹书之功，文史星历近

乎卜祝之间，固主上所戏弄，倡优畜之，流俗之所轻也。假令仆伏法受诛，若九牛亡一毛，与蝼蚁何异？而世又不与能死节者比，特以为智穷罪极，不能自免，卒就死耳。何也？素所自树立使然。人固有一死，死有重于泰山，或轻于鸿毛，用之所趋异也。太上不辱先，其次不辱身，其次不辱理色，其次不辱辞令，其次诎体受辱，其次易服受辱，其次关木索被棰楚受辱，其次剃毛发婴金铁受辱，其次毁肌肤断肢体受辱，最下腐刑，极矣。传曰："刑不上大夫"，此言士节不可不厉也。猛虎处深山，百兽震恐，及其在阱槛之中，摇尾而求食，积威约之渐也。故士有画地为牢势不入，削木为吏议不对，定计于鲜也。今交手足，受木索，暴肌肤，受榜棰，幽于环墙之中，当此之时，见狱吏则头抢地，视徒隶则心惕息。何者？积威约之势也。及已至此，言不辱者，所谓强颜耳，曷足贵乎！且西伯，伯也，拘牖里；李斯，相也，具五刑；淮阴，王也，受械于陈；彭越、张敖南乡称孤，系狱具罪；绛侯诛诸吕，权倾五伯，囚于请室；魏其，大将也，衣赭关三木；季布为朱家钳奴；灌夫受辱居室。此人皆身至王侯将相，声闻邻国，及罪至罔加，不能引决自财。在尘埃之中，古今一体，安在其不辱也！由此言之，勇怯，势也；强弱，形也。审矣，曷足怪乎！且人不能早自财绳墨之外，已稍陵夷至于鞭棰之间，乃欲引节，斯不亦远乎！古人所以重施刑于大夫者，殆为此也。夫人情莫不贪生恶死，念亲戚，顾妻子，至激于义理者不然，乃有不得已也。今仆不幸，早失二亲，无兄弟之亲，独身孤立，少卿视仆于妻子何如哉？且勇者不必死节，怯夫慕义，何处不勉焉！仆虽怯软欲苟活，亦颇识去就之分矣，何至自湛溺累绁之辱哉！且夫臧获婢妾犹能引决，况若仆之不得已乎！所以隐忍苟活，函粪土之中而不辞者，恨私心有所不尽，鄙没世而文采不表于后也。

古者富贵而名磨灭，不可胜记，唯倜傥非常之人称焉。西伯拘而演周易；仲尼厄而作《春秋》；屈原放逐，乃赋《离骚》；左丘失明，厥有《国语》；孙子膑脚，兵法修列；不韦迁蜀，世传《吕览》；韩非囚秦，《说难》、《孤愤》。《诗》三百篇，大抵圣贤发愤之所为作也。此人皆意有郁结，不得通其道，故述往事，思来者。及如左丘明无目，孙子断足，终不可用，退论书策以舒其愤，思垂空文以自见。仆窃不逊，近自

托于无能之辞，网罗天下放失旧闻，考之行事，稽其成败兴坏之理，凡百三十篇，亦欲以究天人之际，通古今之变，成一家之言。草创未就，适会此祸，惜其不成，是以就极刑而无愠色。仆诚已著此书，藏之名山，传之其人通邑大都，则仆偿前辱之责，虽万被戮，岂有悔哉！然此可为智者道，难为俗人言也。

【译文】

事情不容易对俗人说明白。我的先人没有享受剖符丹书的功，做掌管文史星历的史官，地位与卜人巫祝相近，只是供主上所戏弄，当着优伶一样养蓄着罢了，为社会所轻视。如果我伏法受诛，若九牛失去一毛，与蝼蚁有什么区别？而且社会上又不把我的死与为气节而死等量齐观，不过认为是我智穷罪极，不能自免，只好就死罢了。这是为什么？这是平日里自己立志造成的。人固有一死，死有重于泰山，或轻于鸿毛，不同的选择有不同的结果。最好是不辱没先人，其次不辱没自己的身份，其次不辱没义理名分，其次不辱没辞令，其次是屈体受辱，其次是换了服装受辱，其次是带枷绳被杖击受辱，其次是剃去毛发打上金印受辱，其次是毁坏肌肤折断肢体受辱，最下等的侮辱是腐刑，这就到了极点了！《传》上说："刑不上大夫。"这话是说士人的气节不可不磨砺，猛虎在深山，百兽震恐，到落入陷阱之中，就只能摇尾乞食，它的威风被欺诈制约了。所以士人们知道，即便是画地为牢也不能入，即使是木头做的狱吏也不能跟他对话，做出这种决定是因为道理太明显了。现在我手足交叉，被绳索，暴露肌肤，受击，被禁锢在环墙之中，这时候，看见狱吏就低头撞地，徒隶出现我就心中恐惧，这是为什么？威风被权势所制约了。到了这个时候，说没有受辱的人，就是所谓的勉强装样子罢了，有什么值得尊敬的呢？而且，西伯，是伯，被拘于牖里；李斯，是相，被施了五刑；淮阴侯韩信，是王，在陈地被桎梏；彭越、张敖南面称孤，或系于狱或治大罪；绛侯诛杀了吕后一党，权倾五霸，结果被囚在关押有罪官吏的牢狱中；魏其，是大将，穿上了赭色的衣服，颈、手、足三处都上了枷锁；季布（这样一个有作为的人）成了朱家的钳奴；灌夫受辱之后只好居住在家里。这些都是身居王侯将相，名声远扬邻国的人，到了犯罪受到法律制裁的时候，不能自杀对自己进行裁决。在茫茫尘世之中，古今都是一样的，怎么能不受侮辱呢！这样看来，勇敢和怯弱，是人所处环境和地位决定的；强与弱，是形势所使然。道理确实是这样的，有什么奇怪的呢！而且人不能及早规范自己的行为，已经落到置身于鞭棰之间时，才想引荐有节操的人，这不是太离谱了吗？古人所以难以对大夫施用刑法，大概就是这个原因吧。就人情说没有不贪生怕死、思念亲戚、眷念妻子儿女的，而被义理所激发的人却不然，他们有不得已的时候。我是不幸的，太早地失去了双亲，没有兄弟间的亲爱，独身孤立，少卿先生把我当作您最亲近的人怎么样呢？而且勇敢的人未必都是为殉节而死，怯懦的人钦慕义，就没有什么地方不以义理激励自己！我虽然怯弱想苟且偷生，也很知道去就的界线，为什么会陷入牢狱囚禁的耻辱之中不能自拔呢？而且即使奴婢侍妾也能引咎自裁，何况像我处于这种不得已境地的人呢！我所以隐忍苟活，被掩埋在粪土之中而不辞，是因为怀恨自己的心愿有没有实现的，鄙视被世事所淹没而我的文采不能遗留给后人。

古代富贵的人而名字被磨灭了的，不可胜记，只有倜傥非常之人得以显身扬名。大概说来，西伯被拘之后而演绎了《周易》；仲尼受厄而作《春秋》；屈原被放逐，就赋了《离骚》；左丘失明，就写了《国语》；孙子的脚受了膑刑，就写了《兵法》；吕不韦被放逐到蜀，世间就流传了《吕览》；韩非被秦国所囚，就作了《说难》、《孤愤》。《诗经》的三百篇，大约都是贤圣的发愤之作。以上这些人都是因为思想有郁结之处，弄不通其中的道理，所以叙述往事，思考未来。像左丘明眼睛看不见，孙子被断了脚，终究得不到任用，只好引退写文作书以舒发自己的悲愤，想留下文章以自表其志。我私下里很不恭敬，近来以没有才气的文辞自托，网罗天下的佚闻旧事，考证事实，探寻成败兴坏的道理，总共一百三十篇。也想以此研究天人之间的关系，通晓古今的变化，形成自己的一家之言。草创未就，恰好遭遇了这场灾祸，可惜它还没有完成，所以我毫无愠色地接受了极刑。我将此书写完之后，要把它藏之名山，留传给能在通邑大都扬播的人，那么我就补偿了受辱所遭到的责难，虽被戮杀一万次，难道还会后悔吗？但是这些话只可以跟有理智的人道，难以给俗人言。

且负下未易居，下流多谤议。仆以口语遇遭此祸，重为乡党戮笑，侮辱先人，亦何面目复上父母之丘墓乎？虽累百世，垢弥甚耳！是以肠一日而九回，居则忽忽若有所亡，出则不知所如往。每念斯耻，汗未尝不发背沾衣也。身直为闺阁之臣，宁得自引深藏于岩穴邪！故且从俗浮湛，与时俯仰，以通其狂惑。今少卿乃教以推贤进士，无乃与仆之私指谬乎。今虽欲自雕琢，曼辞以自解，无益，于俗不信祇取辱耳。要之死日，然后是非乃定。书不能尽意，故略陈固陋。

迁既死后，其书稍出。宣帝时，迁外孙平通侯杨恽祖述其书，遂宣布焉。至王莽时，求封迁后，为史通子。

赞曰：自古书契之作而有史官，其载籍博矣。至孔氏纂之，上断唐尧，下讫秦缪。唐虞以前虽有遗文，其语不经，故言黄帝、颛顼之事未可明也。及孔子因鲁史记而作《春秋》，而左丘明论辑其本事以为之传，又纂异同为国语。又有《世本》，录黄帝以来至春秋时帝王公侯卿大夫祖世所出。春秋之后，七国并争，秦兼诸侯，有《战国策》。汉兴伐秦定天下，有《楚汉春秋》。故司马迁据《左氏》、《国语》，采《世本》、《战国策》，述《楚汉春秋》，接其后事，讫于大汉。其言秦汉，详矣。至于采经摭传，分散数家之事，甚多疏略，或有抵梧。亦其涉猎者广博，贯穿经传，驰骋古今，上下数千载间，斯以勤矣。又其是非颇缪于圣人，论大道则先黄老而后六经，序游侠则退处士而进奸雄，述货殖则崇势利而羞贱贫，此其所蔽也。然自刘向、杨雄博极群书，皆称迁有良史之材，服其善序事理，辨而不华，质而不俚，其文直，其事核，不虚美，不隐恶，故谓之实录。呜呼！以迁之博物洽闻，而不能以知自全，既陷极刑，幽而发愤，书亦信矣。迹其以自伤悼，《小雅》巷伯之伦。夫唯《大雅》"既明且哲，能保其身"，难矣哉！

【译文】

况且背负侮辱的人不容易安居，地位低微的人遭到的诽谤最多。我因为说话不慎而遭遇到宫刑之祸，再一次受到乡党的讥笑和指责，辱没了先人，还有什么脸面再到父母的坟墓前去呢？即使是百代以后，我所造成的污垢只会越积越厚的！所以，我肠一日而九回，在家里坐着就感到飘飘浮浮若有所失，出门则不知道自己到什么地方去。一想到自己的这一耻辱，汗就没有不从背上往外冒浸湿衣服的。身虽为皇上内廷之臣，还不如自己引退深藏到山岩洞穴当中去啊！所以姑且随俗浮沉，与时俯仰，以此来疏通我的大惑不解。现有少卿先生教导我要推贤进士，不是和我个人的愿望相违吗？现在我虽然想雕琢自饰，用美妙的言辞自我解嘲，也是没有益处的，社会上不会相信我的辩解，只不过取得羞辱罢了。总之到我死那天，是非才能明确。书不尽意，所以只是大略地陈述我浅陋的看法。

司马迁死后，他写的《太史公书》才有一些部分流传出来。汉宣帝时，司马迁的外孙平通侯杨恽师法、陈述《太史公书》，于是此书才全部公布于世。到王莽的时候，访求司马迁的后人，封他为“史通子”。

评论说：自从古代文字发展之后就有史官，他们所写的书太多了。到孔子对这些书加以整理，就上从唐尧时开始，下到秦穆公时截止。唐尧虞舜以前虽然有遗留下来的记载，他们所说的却不符合经典，所以说黄帝、颛顼的事是弄不明白的。到孔子根据鲁国的史记而作《春秋》，在左丘明又编辑了《春秋》所涉及的事情的本事为《春秋》作了传，又把各种不同的记载纂集编成了一部《国语》。又有一本叫《世本》的书，记录了自黄帝以来直到春秋时的帝王、公侯、卿大夫的谱系。春秋之后，七国并争，秦国兼并诸侯，有《战国策》一书。汉朝兴起讨伐秦国安定了天下，有《楚汉春秋》一书。所以司马迁根据《左氏》、《国语》，采录《世本》、《战国策》，转述《楚汉春秋》，并接着《楚汉春秋》记述后来的事情，到大汉朝结束。《太史公书》记述秦、汉的事情，非常详细。至于它选择经和传，把各个国家的事分散开来叙述，疏略之处就太多了，有的还相互矛盾。司马迁涉猎广博，贯通经、传，驰骋古今，耕耘于上下数千载间，这是很勤奋的。但他的是是非非与圣人很不相同，论术基本理论推崇黄老而压抑六经，评论游侠则贬退有才德却隐居不仕的士人而拔高奸雄的地位，叙述货殖则崇尚势利而以贫贱为羞，这些都是司马迁的片面之处。然而即使是博览群书的刘向、扬雄，也都称赞司马迁有良史之才，佩服他善于安排史事的轻重缓急，辩论而不显得浮华，质朴而不显得鄙俗，他的文章直书其事，记载的事情坚实可靠，不虚饰其美，不隐讳恶行，故称他的书为实录。啊！凭司马迁的多闻博识，但不能用自己的智慧保全自己；已经受了极刑之后，就潜思发愤，他写给任安的信所说的一切，都是靠得住的。寻思他所以自己伤悼的线索，跟《小雅》计中巷伯遇作诗的情况属于一类。要做到《大雅》所说的“既明且哲，能保其身”，是很难很难的啊！

李广传

李广，陇西成纪人也。其先曰李信，秦时为将，逐得燕太子丹者也。广世世受射。孝文十四年，匈奴大入萧关，而广以良家子从军击胡，因善射，杀首虏多，为郎，骑常侍。数从射猎，格杀猛兽，文帝曰："惜广不逢时，令当高祖世，万户侯岂足道哉！"

景帝即位，为骑郎将。吴、楚反时，为骁骑都尉，从太尉亚夫战昌邑下，显名。以梁王授广将军印，故还，赏不行。为上谷太守，数与匈奴战。典属国公孙昆邪为上泣曰："李广才气，天下无双，自负其能，数与虏敌战，恐亡之。"上乃徙广为上郡太守。

【译文】

李广，陇西郡成纪县人。他的祖先叫李信，秦朝时担任过将军，曾追获过燕国太子丹。李广家世代学习射箭。孝文帝十四年，匈奴大举侵入萧关，李广以良家子弟的身份从军抗击匈奴，因为擅长骑马射箭，杀死、俘虏了很多敌人，当上了汉朝的中郎，任骑常侍。李广常随从文帝出猎，格杀猛兽，因而文帝说："可惜啊，你没有碰到时机；假使你处在高帝的时代，封个万户侯也不在话下呀！"

孝景帝即位，李广任骑郎将。吴、楚七国起兵叛乱时，李广担任骁骑都尉，跟随太尉周亚夫攻打吴、楚国，在昌邑城下立功显名。由于梁王私自授给李将军印，回朝后，没有得到封赏。调任上谷太守，多次与匈奴交战。典属国公孙昆邪流着眼泪对皇上说："李广才气，天下无双。他自恃有本领，屡次和敌争胜败，恐怕牺牲了他。"于是就调任上郡太守。

匈奴侵上郡，上使中贵人从广勒习兵击匈奴。中贵人者数十骑从，见匈奴三人，与战。射伤中贵人，杀其骑且尽。中贵人走广，广曰："是必射雕者也。"广乃从百骑往驰三人。三人亡马步行，行数十里。广令其骑张左右翼，而广身自射彼三人者，杀其二人，生得一人，果匈奴射雕者也。已缚之上山，望匈奴数千骑，见广，以为诱骑，惊，上山陈。广之百骑皆大恐，欲驰还走。广曰："我去大军数十里，今如此走，匈奴追射，我立尽。今我留，匈奴必以我为大军之诱，不我击。"广令曰："前！"未到匈奴陈二里所，止，令曰："皆下马解鞍！"骑曰："虏多如是，解鞍，即急，奈何？"广曰："彼虏以我为走，今解鞍以示不去，用坚其意。"有白马将出护兵。广上马，与十余骑奔射杀白马将，而复还至其百骑中，解鞍，纵马卧。时会暮，胡兵终怪之，弗敢击。夜半，胡兵以为汉有伏军于傍欲夜取之，即引去。平旦，广乃归其大军。后徙为陇西、北地、雁门、云中太守。

【译文】

匈奴侵入上郡，天子派中贵人随李广统率亲兵抗击匈奴。中贵人带着几十名骑兵放马驰骋，遇见了三个匈奴，就和他们战斗起来。三个匈奴人转身射箭，射伤了中贵人，把他带去的骑兵几乎杀光。中贵人跑到李广跟前。李广说："这一定是射雕手。"李广于是就带领一百名骑兵去追赶那三个人。那三个人没有骑马徒步而行，走了几十里。李广命令他的骑兵左右散开，李广亲自射那三个人，射死二人，活捉一人，果然是匈奴的射雕手。刚捆绑那个人上山，望见匈奴有几千名骑兵，他们看见了李广，以为是引诱他们的骑兵，都吃惊了，上山摆好阵势。李广的一百名骑兵都大为惊恐，想快马往回跑。李广说："我们离开大军几十里，现在这样凭一百名骑兵逃跑，匈奴兵追赶射击我们，我们就会立即完蛋。现在我们停下来，匈奴一定以为我们是大军的诱敌者，一定不敢来攻击我们。"李广命令骑兵说："前进！"进到离匈奴阵地约二里的地方，停了下来，命令说："都下马解下马鞍！"他的骑兵说："敌人很多并且离得很近，倘若有紧急情况，怎么办？"李广说："那些敌人以为我们会逃跑，现在都解下马鞍，表示不走，用这办法来坚定他们的猜想。"于是匈奴的骑兵终于不敢来攻击。有一个骑白马的将领出阵来监护他的士兵，李广上马，与十多个骑兵奔驰过去，射死了匈奴那个骑白马的将领，然后又回到他的骑兵当中，解下马鞍，命令士兵都把马放开，躺下。这时恰好天近黄昏，匈奴兵始终捉摸不定，不敢进击。夜半时，匈奴兵也以为汉军在附近有埋伏的部队，要乘夜袭击他们，匈奴全部撤退了。第二天清晨，李广才回到他的大部队。后来先后任陇西、北地、雁门、云中太守。

武帝即位，左右言广名将也，由是入为未央卫尉，而程不识时亦为长乐卫尉。程不识故与广俱以边太守将屯。及出击胡，而广行无部曲行陈，就善水草顿舍，人人自便，不击刁斗自卫，莫府省文书，然亦远斥候，未尝遇害。程不识正部曲行伍营陈，击刁斗，吏治军簿至明，军不得自便。不识曰："李将军极简易，然虏卒犯之，无以禁；而其士亦佚乐，为之死。我军虽烦忧，虏亦不得犯我。"是时，汉边郡李广、程不识为名将，然匈奴畏广，士卒多乐从，而苦程不识。不识孝景时以数直谏为太中大夫，为人廉，谨于文法。

后汉诱单于以马邑城，使大军伏马邑傍，而广为骁骑将军，属护军将军。单于觉之，去，汉军皆无功。后四岁，广以卫尉为将军，出雁门击匈奴。匈奴兵多，破广军，生得广。单于素闻广贤，令曰："得广必生致之。"胡骑得广，广时伤，置两马间，络而盛卧。行十余里，广佯死，睨其傍有一儿骑善马，暂腾而上胡儿马，因抱儿鞭马南驰数十里，得其余军。匈奴骑数百追之。广行取儿弓射杀追骑，以故得脱。于是至汉，汉下广吏。吏当广亡失多，为虏所生得，当斩，赎为庶人。

【译文】

武帝即位，左右近臣说李广是名将，于是把李广调任未央宫的卫尉，而程不识也担任长乐宫的卫尉。程不识从前和李广都以边郡太守的身份统率军队，屯田守边。等到出兵攻打匈奴时，李广行军没有严格的编制、队列和阵势，靠近良好的水源草地驻扎下来，住宿停留，人人自便，晚上不敲刁斗巡逻来自卫，军部的文书簿籍一概从简，但是也在远处布置了侦察岗哨，没有遭遇过危险。程不识严格要求编制、队列和阵势，晚上敲刁斗巡逻，军官军士处理军事文件到天亮，军队不得自便。程不识说："李广的部队十分随便，然而敌人突然袭击它，却无法招架；而他的士兵也安逸快乐，都乐于为他出死力。我的部队虽然紧张忙碌，然而敌人也不敢来侵犯我们。"当时，担任汉朝的边郡太守李广、程不识是名将，但是匈奴畏惧李广的谋略，士兵们也多喜欢跟随李广苦于跟随程不识。程不识在孝景帝时因为屡次直言劝谏而改任太中大夫。他为人廉洁，谨守法令。

后来，汉朝用马邑城引诱单于。派大军埋伏在马邑附近的山谷中，李广担任骁骑将军，受护军将军韩安国节制。当时单于发觉了这种情况，退去了，汉军都没有战功。这以后四年，李广由卫尉调任将军，从雁门郡出击匈奴。匈奴兵多，打败了李广的军队，活捉了李广。单于一向听到李广有才能，下命令说："捉得李广一定要活着解送来。"匈奴骑兵捉到了李广，李广当时受伤得病，他们便把李广安置在两马之间，用绳索结成网兜让李广躺着。走了十多里，李广装死，斜视旁边有个匈奴少年骑着一匹好马，李广突然纵身一跃，跨上匈奴少年的马，抱着少年策马向南奔跑数十里，又收集了他的残余部队，就带领他们进入边塞。匈奴追捕的骑兵几百名追赶他。李广一边跑一边拿起匈奴少年的弓箭，射死了追来的骑兵，因此得以脱身。于是回到汉京师，汉朝廷把李广交给法官。法官判决李广损失伤亡的人马众多，自己又被敌人活捉，应当斩首，用钱赎罪成了平民。

数岁，与故颍阴侯屏居蓝田南山中射猎。尝夜从一骑出，从人田间饮。还至亭，霸陵尉醉，呵止广，广骑曰："故李将军。"尉曰："今将军尚不得夜行，何故也！"宿广亭下。居无何，匈奴入辽西，杀太守，败韩将军。韩将军后徙居右北平，死。于是上乃召拜广为右北平太守。广请霸陵尉与俱，至军而斩之，上书自陈谢罪。上报曰："将军者，国之爪牙也。《司马法》曰：'登车不式，遭丧不服，振旅抚师，以征不服，率三军之心，同战士之力，故怒形则千里竦，威振则万物伏；是以名声暴于夷貉，威棱憺乎邻国。'夫报忿除害，捐残去杀，朕之所图于将军也；若乃免冠徒跣，稽颡请罪，岂朕之指哉！将军其率师东辕，弥节白檀，以临右北平盛秋。"广在郡，匈奴号曰"汉飞将军"，避之，数岁不入界。

广出猎，见草中石，以为虎而射之，中石没矢，视之，石也。他日射之，终不能入矣。广所居郡闻有虎，常自射之。及居右北平射虎，虎腾伤广，广亦射杀之。

【译文】

过了几年，李广家和退隐住在蓝田县的前颍阴侯的孙子灌强常到南山中打猎。曾经在一天夜里，带着一个骑兵外出，跟别人在乡间饮酒。回来到了霸陵亭，霸陵亭尉喝醉了，呵斥阻止李广。李广的从骑说：“这是前任李将军。”亭尉说：“现任将军尚且不能夜间通过，何况是前任的呢！”于是扣留李广住宿在霸陵亭下。过了不久，匈奴入侵杀了辽西太守，打败了韩将军，后来韩将军调到右北平不久便去世了。于是天子就征调任命李广做右北平太守。李广便请求派霸陵尉跟他一起去，到达军中就杀了他，之后上书自述谢罪。皇上回答说：“将军就是保卫国家的骨干力量。《司马法》这部兵法中说：‘登上战车不必行礼，遇到丧事，不必穿丧服，整顿抚慰军队，在于征服叛逆统一三军将士的意志，激发战士的战斗力，因此，表现出愤怒就可以震惊千里，显示出威严就降服万物；因此威名施于少数民族地区，神灵之威力震慑了邻国。’用愤怒铲除祸害，使之放弃残忍和屠杀，正是朕所希望将军去办的事；要是脱帽赤脚叩头谢罪，哪里是朕的旨意呢！将军应率军东征，安定边疆，来迎接右北平金秋时节的战斗。”李广在边郡时，匈奴人给了他一个“汉飞将军”的称号，一直避开李广，好几年不取进入边界。

李广出外打猎，看到草丛中的石头，以为是老虎而发箭射去，射中石头，箭头射进了石头里，走近一看，原来是块石头。接着又连射几箭，却始终不能再射进去了。李广所在的郡，一听说有老虎，常常亲自去射它。到他驻守右北平时，一次射老虎，老虎跳起来，扑伤了李广，李广也射死了老虎。

石建卒，上召广代为郎中令。元朔六年，广复为将军，从大将军出定襄。诸将多中首虏率为侯者，而广军无功。后三岁，广以郎中令将四千骑出右北平，博望侯张骞将万骑与广俱，异道。行数百里，匈奴左贤王将四万骑围广，广军士皆恐，广乃使其子敢往驰之。敢从数十骑直贯胡骑，出其左右而还，报广曰：“胡虏易与耳。”军士乃安。为圜陈外乡，胡急击，矢下如雨。汉兵死者过半，汉矢且尽。广乃令持满毋发，而广身自以大黄射其裨将，杀数人，胡虏益解。会暮，吏士无人色，而广意气自如，益治军。军中服其勇也。明日，复力战，而博望侯军亦军，匈奴乃解去。汉军罢，弗能追。是时，广军几没，罢归。汉法，博望侯后期，当死，赎为庶人。广军自当，亡赏。

初，广与从弟李蔡俱为郎，事文帝。景帝时，蔡积功至二千石。武帝元朔中，为轻车将军，从大将军击右贤王，有功中率，封为乐安侯。元狩二年，代公孙弘为丞相。蔡为人在下中，名声出广下远甚，然广不得爵邑，官不过九卿。广之军吏及士卒或取封侯。广与望气王朔语云："自汉击匈奴，广未尝不在其中，而诸妄校尉已下，材能不及中，以军功取侯者数十人。广不为后人，然终无尺寸功以得封邑者，何也？岂吾相不当侯邪？"朔曰："将军自念，岂尝有恨者乎？"广曰："吾为陇西守，羌尝反，吾诱降者八百余人，诈而同日杀之，至今恨独此耳。"朔曰："祸莫大于杀已降，此乃将军所以不得侯者也。"

【译文】

郎中令石建去世了，于是皇上征召李广接替石建做郎中令。元朔六年，李广又调任为将军，跟随大将军的军队从定襄郡出击匈奴。各将领多有杀敌俘敌达到标准，因功封侯的，而李广部队却没有功劳。过后三年，李广以郎中令的身份率领四千骑兵从右北平出发，博望侯张骞率领一万骑兵和李广同行，分两路走。走了大约几百里，匈奴左贤王带领四万骑兵包围李广，李广的士兵都很恐惧，李广就派他的儿子李敢快马冲击敌人。李敢独自带了几十名骑兵飞奔而去，直穿匈奴骑兵的包围圈，抄出敌军的左右两翼而回，报告李广说："匈奴人容易对付。"士兵这才安定下来。李广布成圆形阵势，面向着四外，匈奴猛攻他们，箭下如雨。汉兵死亡的超过一半，汉军的箭也快完了。李广便命令士兵把弓拉开，不要放箭，李广亲自用大黄弩弓射敌人的副将，射死了几个，匈奴人才渐渐松懈。恰巧天色黑了下来，军官士兵都面无人色，可是李广的神气还同平常一样，更加精神振奋的指挥军队。军中士兵都很佩服他的勇气。第二天，继续奋力战斗，博望侯的军队也到了，匈奴军队这才解围而去。汉军疲乏了，不能去追击。这时李广几乎全军覆没，只得收兵回去。按汉朝的法律，博望侯耽误了预定的日期，当处死刑，出钱赎罪，降为平民。李广的军功和罪责相当，没有封赏。

当初，李广的堂弟李蔡同李广都任郎官，一道侍奉孝文帝。景帝时期，李蔡积累功劳领到两千石级的俸禄。孝武帝元朔年间，担任轻车将军，跟随大将军出击右贤王，有功达到了封赏的标准，被封为乐安侯。元狩二年，代替公孙弘做了丞相。李蔡为人的品格在下等之中，名声在李广以下很远，但是李广却没有得到爵位和封邑，官职没有超过九卿，可是李蔡被封为列侯，职位达到三公。许多李广部下的军官和士兵有的也取得了封侯之赏。李广曾经和望气家王朔闲谈，说："从汉朝出击匈奴以来，我没有一次不在其中，可是各部队校尉以下，才能不够中等人，然而因为出击匈奴的军功取得侯爵的，有几十人，而我没有落在人家的后面，可是没有些微的功劳去取得封地，原因是什么呢？难道是因为我的生相不该封侯吗？"王朔说："将军自己回想一下，难道曾经有过悔恨的事吗？"李广说："我曾做陇西太守，羌人曾经反叛，我引诱他们投降，投降的有八百多人，我用欺骗的手段在同一天杀死了他们。至今，最大的悔恨就只有这件事。"王朔说："罪过没有比杀死已经投降的人更大的了，这便是将军之所以不得封侯的原因。"

广历七郡太守，前后四十余年，得赏赐，辄分其部下，饮食与士卒共之。家无余财，终不言生产事。为人长，爰臂，其善射亦天性，虽子孙他人学者莫能及。广呐口少言，与人居，则画地为军陈，射阔狭以饮。专以射为戏。将兵，乏绝处见水，士卒不尽饮，不近水；不尽餐，不尝食；宽缓不苛，士以此爱乐为用。其射，见敌，非在数十步之内，度不中不发，发即应弦而倒。用此，其将数困辱，及射猛兽，亦数为所伤云。

元狩四年，大将军票骑将军大击匈奴，广数自请行。上以为老，不许；良久乃许之，以为前将军。

大将军青出塞，捕虏知单于所居，乃自以精兵走之，而令广并于右将军军，出东道。东道少回远，大军行，水草少，其势不屯行。广辞曰："臣部为前将军，今大将军乃徙臣出东道，且臣结发而与匈奴战，乃今一得当单于，臣愿居前，先死单于。"大将军阴受上指，以为李广数奇，毋令当单于，恐不得所欲。是时，公孙敖新失侯，为中将军，大将军亦欲使敖与俱当单于，故徙广。广知之，固辞。大将军弗听，令长史封书与广之莫府，曰："急诣部，如书。"广不谢大将军而起行，意象愠怒而就部，

引兵与右将军食其合军出东道。惑失道，后大将军。大将军与单于接战，单于遁走，弗能得而还。南绝幕，乃遇两将军。广已见大将军，还入军。大将军使长史持精醪遗广，因问广、食其失道状，曰：“青欲上书报天子失军曲折。”广未对。大将军长史急责广之莫府上簿。广曰：“诸校尉亡罪，乃我自失道。吾今自上簿。”

【译文】

李广历任七个郡的太守，前后四十余年，得到赏赐立即分给部下，饮食与士兵一起。家里没有多余财物，一生不谈购买产业的事。李广身材高大，长臂，具有善射箭的天赋，就是子孙和其他人向他学习射箭，也都赶不上他。李广讷口，不与人多说话，和别人在一起就在地上画作战阵图，射箭比射的面宽窄，输了便罚酒喝。专门以射箭做游戏。带兵行军，遇到断粮缺水时，见了水，士兵不全喝到水，他就不近水边，士兵不全吃上饭，他就不尝一口饭。对待士兵宽厚不苛，士兵因此喜欢替他办事效力。他射箭，看见敌人，不到几十步之内，估计射不中便不射，一射就要应弦倒地。因此，他带兵作战，多次被敌人围困，连射猛兽，也几次被伤害过。

元狩四年，大将军和骠骑将军大举出兵攻打匈奴，李广几次自动请求前去。天子认为他老了，没有允许；过了好久，才允许他，派他担任前将军。

大将军卫青出了边塞，捉到俘虏，得知单于住的地方，就亲自率领精锐部队赶去袭击，而命令李广的部队跟右将军的部队合并，从东路出击。东路稍微迂回绕远，而大部队行经水草稀少的地方，其势不能聚集行进。李广亲自请求说：“我是部队前将军，现在大将军却改让我从东路出兵，况且我从年轻时候起就和匈奴作战，今天才一次得与单于敌对，我愿意担任前锋，先同单于决一死战。”大将军卫青曾暗中受到皇上嘱咐，认为李广年老了，多次遭受窘困，不要让他正面同单于对阵，恐怕不能实现他的愿望。这时候，公孙敖新近失掉侯爵，担任中将军，大将军也想要让公孙敖和自己一同与单于对阵，所以调开了前将军李广。李广当时知道这种情况，坚决向大将军拒绝调动。大将军不听，命令长史下一道文书给李广的幕府，说道：“赶快到所在军部去，照文书所说的办。”李广没有向大将军告辞就动身出发了，心里很恼怒地去了军部，带领士兵和右将军赵食其合兵一处，从东路出发。有时迷失了道路，落在大将军的后面。大将军与单于交战，单于逃跑了，没能取得战果而回。大军向南渡过沙漠，才遇到前将军和右将军。李广会见大将军之后，回到自己军中。大将军派长史拿着酒食送给李广，顺便问了李广、赵食其迷失道路的情况，说："卫青要上书报告天子军中的曲折情形。"李广没有回答。大将军派长史迫令李广的幕府人员写出报告，前去听审。李广说："各校尉无罪，是我自己迷失了道路，现在我亲自上供状，听候审问。"

至莫府，谓其麾下曰："广结发与匈奴大小七十余战，今幸从大将军出接单于兵，而大将军徙广部行回远，又迷失道，岂非天哉！且广年六十余，终不能复对刀笔之吏矣！"遂引刀自刭。百姓闻之，知与不知，老壮皆为垂泣。而右将军独下吏，当死，赎为遮人。

广三子，曰当户、椒、敢，皆为郎。上与韩嫣戏，嫣少不逊，当户击嫣，嫣走，于是上以为能。当户蚤死，乃拜椒为代郡太守，皆先广死。广死军中时，敢从票骑将军。广死明年，李蔡以丞相坐诏赐冢地阳陵当得二十亩，蔡盗取三顷，颇卖得四十余万，又盗取神道外壖地一亩葬其中，当下狱，自杀。敢以校尉从票骑将军击胡左贤王，力战，夺左贤王旗鼓，斩首多，赐爵关内侯，食邑二百户，代广为郎中令。顷之，怨大将军青之恨其父，乃击伤大将军，大将军匿讳之。居无何，敢从上雍，至甘泉宫猎，票骑将军去病怨敢伤青，射杀敢。去病时方贵幸，上为讳，云"鹿触杀之"。居岁余，去病死。

敢有女为太子中人，爱幸。敢男禹有宠于太子，然好利，亦有勇。尝与侍中贵人饮，侵陵之，莫敢应。后诉之上，上召禹，使刺虎，县下圈中，未至地，有诏引出之。禹从落中以剑斫绝累，欲刺虎。上壮之，遂救止焉。而当户有遗腹子陵，将兵击胡，兵败，降匈奴。后人告禹谋欲亡从陵，下吏死。

【译文】

回到自己的幕府，李广对他的部下说："我从年轻的时候起与匈奴大大小小经历了七十多次战斗，这一次有幸跟随大将军迎战单于的直属部队，可是大将军又调我的部队走迂回遥远的路，偏又迷失了路，这难道不是天意吗！况且我年纪已六十多了，毕竟不能再接受审问人员的侮辱了。”便拔出刀来自刎了。老百姓听到这件事后，不论是认识的还是不认识的，不论是年老的还是年轻的，都为他流泪。而右将军赵食其单独被送交法官，判处死刑，出钱赎罪，降为平民。

李广有三个儿子，叫李当户、李椒、李敢，均担任郎官。有一次天子与韩嫣戏耍，韩嫣稍有不礼貌，李当户便打了韩嫣，韩嫣于是跑掉了。于是天子认为李当户很勇敢。李当户早死，天子便授任李椒为代郡太守，李当户和李椒都比李广先死。李广在军中死时，李敢正跟随骠骑将军。李广死去的第二年，李蔡当丞相，因为侵占了孝景帝陵园的空地，应当交给法官惩办，当时赐给他的空地仅二十亩，李蔡侵占了三顷，卖地后得到了四十多万钱，又侵占了神道外围地一亩当墓地，论罪下狱，于是李蔡也自杀了。李敢以校尉的身份跟随骠骑将军攻打匈奴左贤王，奋力作战，夺得了左贤王的战鼓和帅旗，斩杀敌人首级多，赏赐了关内侯的爵位，享受封邑二百户，接替李广做了郎中令。不久，李敢怨恨大将军卫青使得他父亲含恨而死，便打伤了大将军，大将军隐瞒了这件事。过了不多久，李敢侍从皇上到雍州甘泉宫打猎。骠骑将军霍去病怨恨李敢打伤卫青，射死了李敢。霍去病当时正当显贵宠幸，皇上便隐瞒了真相，说野鹿撞死了他。过了一年多，霍去病死了。

李敢有个女儿是太子的宫女，受到宠爱。李敢的儿子李禹也受到太子宠爱，可是爱好财利，也有勇气。他曾经和侍中贵人饮酒，欺侮了贵人，贵人不敢作声。后来告诉了皇上，皇上召李禹，让他去刺虎，悬吊着下到圈虎处，没有到地面，便下令拉上李禹。禹从网中砍断绳索，想去刺虎。皇上以为勇壮，于是把他救起来，阻止他去刺虎。李当户有一个遗腹子叫李陵，率军击匈奴，兵败，降匈奴。后来有人诬告李禹想跟李陵跑，被处死。

〔后汉书〕

汉光武帝纪

世祖光武皇帝讳秀，字文叔，南阳蔡阳人，高祖九世之孙也，出自景帝生长沙定王发。发生舂陵节侯买，买生郁林太守外，外生钜鹿都尉回，回生南顿令钦，钦生光武。光武年九岁而孤，养于叔父良。身长七尺三寸，美须眉，大口，隆准，日角。性勤于稼穑，而兄伯升好侠养士，常非笑光武事田业，比之高祖兄仲。王莽天凤中，乃之长安，受《尚书》，略通大义。

莽末，天下连岁灾蝗，寇盗起。地皇三年，南阳荒饥，诸家宾客多为小盗。光武避吏新野，因卖谷于宛。宛人李通等以图谶说光武云："刘氏复起，李氏为辅。"光武初不敢当，然独念兄伯升素结轻客，必举大事，且王莽败亡已逃，天下方乱，遂与定谋，于是乃市兵弩。十月，与李通从弟轶等起于宛，时年二十八。

【译文】

刘世祖光武皇帝名秀，字文叔，南阳郡蔡阳县人，汉高祖第九代孙，出自汉景帝所生长沙定王刘发的那个支系。刘发生舂陵节侯刘买，刘买生郁林太守刘外，刘外生钜鹿都尉刘回，刘回生南顿令刘钦，刘钦生光武。光武九岁时成了孤儿，由叔父刘良收养。他身高七尺三寸，须眉浓秀，大嘴，高鼻梁，额骨隆起，生性喜欢种植庄稼，而哥哥刘伯升好行侠养士，曾讥笑光武经营农业，把他比作汉高祖的哥哥刘仲。王莽天凤年间，光武来到长安，拜师学习《尚书》，略通大义。

王莽末年，天下连年闹蝗灾，盗贼蜂起。地皇三年，南阳发生饥荒，各家的宾客大多去偷盗抢劫。光武为逃避官吏躲到新野，顺便在宛城出售粮食。宛人李通等人用图谶鼓动光武说："刘氏复兴，李氏为辅。"光武起初不敢答应，然而暗自思量哥哥伯升一向结交无业游民，必将发动起义，况且王莽败亡的征兆已经明显，天下正在动荡起来，于是同李通等人定下大计，从此就购置兵刃弩箭。十月，与李通从弟李轶等起兵于宛城，当时他二十八岁。

十一月，有星孛于张。光武遂将宾客还春陵。时伯升已会众起兵。初，诸家子弟恐惧，皆亡逃自匿，曰："伯升杀我"。及见光武绛衣大冠，皆惊曰："谨厚者亦复为之"，乃稍自安。伯升于是招新市、平林兵，与其帅王凤、陈牧西击长聚。光武初骑牛，杀新野尉乃得马。进屠唐子乡，又杀湖阳尉。军中分财物不均，众恚恨，欲反攻诸刘。光武敛宗人所得物，悉以与之，众乃悦。进拔棘阳，与王莽前队大夫甄阜、属正梁丘赐战于小长安，汉军大败，还保棘阳。

更始元年，正月甲子朔，汉军复与甄阜、梁丘赐战于沘水西，大破之，斩阜、赐。伯升又破王莽纳言将军严尤、秩宗将军陈茂于淯阳，进围宛城。二月辛巳，立刘圣公为天子，以伯升为大司徒，光武为太常偏将军。三月，光武别与诸将徇昆阳、定陵、郾，皆下之。多得牛马财物，谷数十万斛，转以馈宛下。莽闻阜、赐死，汉帝立，大惧，遣大司徒王寻、大司空王邑将兵百万，其甲士四十二万人，五月到颍川，复与严尤、陈茂合。初，光武为春陵侯家讼逋租于尤，尤见而奇之。及是时，城中出降尤者言光武不取财物，但会兵计策。尤笑曰："是美须眉者邪？何为乃如是！"

初，王莽征天下能为兵法者六十三家数百人，并以为军吏；选练武卫，招募猛士，旌旗辎重，千里不绝。时有长人巨无霸，长一丈，大十围，以为垒尉；又驱诸猛兽虎豹犀象之属，以助威武。自秦、汉出师之盛，未尝有也。光武将数千兵，徼之于阳关。诸将见寻、邑兵盛，反走，驰入昆阳，皆惶怖，忧念妻孥，欲散归诸城。光武议曰："今兵谷既少，而外寇强大，并力御之，功庶可立；如欲分散，势无俱全。且宛城未拔，不能相救，昆阳即破，一日之间，诸部亦灭矣。今不同心胆共举功名，反欲守妻子财物邪？"诸将怒曰："刘将军何敢如是！"光武笑而起。会候骑还，言大兵且至城北，军陈数百里，不见其后，诸将遽相谓曰："更请刘将军计之。"光武复为图画成败。诸将忧迫，皆曰："诺"。时城中唯有八九千人，光武乃使成国上公王凤、廷尉大将军王常留守，夜自与骠骑大将军宗佻、五威将军李轶等十三骑，出城南门，于外收兵。时莽军到城下者且十万，光武几不得出。既到郾、定陵，悉发诸营兵，而诸将贪惜财货，欲分留守之。光武曰："今若破敌，珍宝万倍，大功可成；如为所败，首领无余，何财物之有！"众乃从。

严尤说王邑曰："昆阳城小而坚，今假号者在宛，亟进大兵，彼必奔走；宛败，昆阳自服。"邑曰："吾昔以虎牙将军围翟义，坐不生得，以见责让。今将百万之众，遇城而不能下，何谓邪？"遂围之数十重，列营百数，云车十余丈，瞰临城中，旗帜蔽野，埃尘连天，钲鼓之声闻数百里。或为地道，冲棚橦城。积弩乱发，矢下如雨，城中负户而汲。王凤等乞降，不许。寻、邑自以为功在漏刻，意气甚逸。夜有流星坠营中，昼有云如环山，当营而陨，不及地尺而散，吏士皆厌伏。

【译文】

十一月，有彗星出现在南方张宿。光武于是率领宾客回到春陵。当时伯升已经聚众起兵。起初，各家子弟十分恐惧，都逃散躲藏起来，说："伯升要害我们。"等到看见光武身着武将的绛衣大冠，都吃惊地说："谨慎厚道的人也干这种事。"这才稍微心安了一些。伯升于是请来新市军和平林军，同他们的主帅王凤、陈牧一道向西进攻长聚。光武开始骑牛，杀死新野尉后才得以骑马，进占并屠戮了唐子乡，又杀死了湖阳尉。军中瓜分财物不均，众人愤恨不平，想反攻刘姓各部。光武收敛起宗族成员所得到的财物，全部给了他们，众人才喜悦起来。进占棘阳后，与王莽前队大夫甄阜、属正梁丘赐交战于小长安，汉军被打得大败，退守棘阳。

更始元年正月初一，汉军重又与甄阜、梁丘赐交战于沘水西岸，大败敌军，斩杀了甄阜、梁丘赐。伯升又在淯阳击败王莽的纳言将军严尤和秩宗将军陈茂，进而包围了宛城。二月初一，拥立刘圣公为天子，以伯升为大司徒，光武为太常偏将军。三月，光武另与一些将领征讨昆阳、定陵、郾等地，全都攻占下来。缴获大批的牛马和财物，粮食数十万斛，转运到了宛城城下。王莽获悉甄阜、梁丘赐战死，汉帝已经登基，十分恐惧。派遣大司徒王寻、大司空王邑统兵百万，可以作战的士兵为四十二万人。五月，抵达颍川，又和严尤、陈茂会合。当初，光武曾替舂陵侯家向严尤申诉拖欠租赋事，严尤召见后，很欣赏他的风度。到此时，汉军城中出来投降严尤的人说光武不掠夺财物，只是筹划军事策略。严尤笑道："是那位须眉俊美的人吗？他怎么竟做这种事！"

起初，王莽征调天下精通兵法的六十三家学派中的数百人，一并任用为军吏；又选拔训练卫兵，招募猛士，组成庞大的军队开赴战场，各种军旗和军用物资在千里大道上络绎不绝。当时军中有巨人叫巨无霸，身高一丈，腰大十围，任命为垒尉；又驱赶各种猛兽如虎、豹、犀牛、大象之类，以助军威。自秦汉以来，出征的军队如此声势浩大，还从未有过。光武率领数千名士兵，巡逻到阳关。众将领见到王寻、王邑军容盛大，转而顺原路撤退，奔回昆阳城，全都心惊胆战，忧虑后方的妻子儿女，想分别返回各自原来驻守的城池。光武建议道："现在士兵和军粮都很少，而外敌强大，合力抵御他们，或许可以立功；如果力量分散，势必全都难以保全。而且宛城尚未夺取，主力不能前来救援，昆阳一旦被攻破，一日之间，各部也将被消灭，今天不同心协力共同谋取功名，反而要去守护各自的妻子儿女和财物吗？"众将发怒道："刘将军怎敢这样说话！"光武笑着起身走了。恰巧侦察的骑兵回来，说王莽大军将进抵城北，军队绵延数百里，看不见后尾。众将领窘迫地相互商量说："还是重新请刘将军来商议对策吧。"光武再度剖析成败得失。众将忧虑窘迫，都同声称是。当时城中只有八九千人，光武便让成国上公王凤、廷尉大将军王常留守昆阳，晚上自己同骠骑大将军宗佻、五威将军李轶等十三人骑马，出昆阳城南门，到外地调集兵马。这时王莽军队来到城下的近十万人，光武等人几乎不能出城。他们到了郾、定陵，调动各营所有兵马，而那些将领贪恋钱财，想分兵留守它。光武说："现在如果能够击败敌人，所得珍宝是已有的万倍，大功可以告成；如果被莽军打败，脑袋都没有了，还用什么财物！"大家这才听从了他的命令。

严尤劝说王邑说："昆阳城小但坚固，现在假冒帝号的人在宛城，速派大兵前往，他们一定会逃走；宛城敌人被打败了，昆阳自然会降伏。"王邑说："我过去以虎牙将军的身份围攻翟义，因为没能将他生擒，所以受到责备。今天率领百万大军，遇到敌人据守的城池而不能攻取，如何交代？”于是围绕昆阳城设下数十道防线，建立成百座营盘，树起云车高十余丈，靠近昆阳俯视城中，各类旗帜遮盖了田野，人马搅得尘埃满天，敲鼓击钲的军乐声传出数百里之远。莽军有的挖掘地道攻城，有的用冲车撞城和用篷车攀城。大批弓弩手连续不断发射，箭如雨下，城中军民不得不背着门板而汲水。王凤等人乞求投降，遭到拒绝。王寻、王邑自以为胜利已经为时不远，神态十分安闲。晚上有流星坠落在王莽军营地之中，白天有云，形如山丘，从营盘上空直落而下，离地一尺左右才崩散开来，莽军将士全都匍匐在地上。

六月己卯，光武遂与营部俱进，自将步骑千余，前去大军四五里而陈。寻、邑亦遣兵数千合战。光武奔之，斩首数十级。诸部喜曰：“刘将军平生见小敌怯，今见大敌勇，甚可怪也！且复居前，请助将军！”光武复进，寻、邑兵却，诸部共乘之，斩首数百千级。连胜，遂前。时伯升拔宛已三日，而光武尚未知，乃伪使持书报城中，云：“宛下兵到，”而阳堕其书。寻、邑得之，不喜。诸将既经累捷，胆气益壮，无不一当百。光武乃与敢死者三千人，从城西水上冲其中坚，寻、邑陈乱，乘锐崩之，遂杀王寻。城中亦鼓噪而出，中外合势，震呼动天地，莽兵大溃，走者相腾践，奔殪百余里间。会大雷风，屋瓦皆飞，雨下如注，滍川盛溢，虎豹皆股战，士卒争赴，溺死者以万数，水为不流。王邑、严尤、陈茂轻骑乘死人渡水逃去。尽获其军实辎重、车甲珍宝，不可胜算，举之连月不尽，或燔烧其余。

光武因复徇下颍阳。会伯升为更始所害，光武自父城驰诣宛谢。司徒官属迎吊光武，光武难交私语，深引过而已。未尝自伐昆阳之功，又不敢为伯升服丧，饮食言笑如平常。更始以是惭，拜光武为破虏大将军，封武信侯。

九月庚戌，三辅豪杰共诛王莽，传首诣宛。更始将北都洛阳，以光武行司隶校尉，使前整修宫府。于是置僚属，作文移，从事司察，一如旧章。时三辅吏士东迎更始，见诸将过，皆冠帻，而服妇人衣，诸于绣袖，莫不笑之，或有畏而走者。及见司隶僚属，皆欢喜不自胜。老吏或垂涕曰：“不图今日复见汉官威仪！”由是识者皆属心焉。

及更始至洛阳，乃遣光武以破虏将军行大司马事。十月，持节北度河，镇慰州郡。所到部县，辄见二千石、长吏、三老、官属，下至佐史，考察黜陟，如州牧行部事。辄平遣囚徒，除王莽苛政，复汉官名。吏人喜悦，争持牛酒迎劳。进至邯郸，故赵缪王子林说光武曰："赤眉今在河东，但决水灌之，百万之众可使为鱼。"光武不答，去之真定。林于是乃诈以卜者王郎为成帝子子舆，十二月，立郎为天子，都邯郸，遂遣使者降下郡国。

二年正月，光武以王郎新盛，乃北徇蓟。王郎移檄购光武十万户，而故广阳王子刘接起兵蓟中以应郎，城内扰乱，转相惊恐，言邯郸使者方到，二千石以下皆出迎。于是光武趣驾南辕，晨夜不敢入城邑，舍食道旁。至饶阳，官属皆乏食。光武乃自称邯郸使者，入传舍。传吏方进食，从者饥，争夺之。传吏疑其伪，乃椎鼓数十通，绐言邯郸将军至，官属皆失色。光武升车欲驰，既而惧不免，徐还坐，曰："请邯郸将军入。"久乃驾去。传中人遥语门者闭之。门长曰："天下讵可知，而闭长者乎？"遂得南出。晨夜兼行，蒙犯霜雪，天时寒，面皆破裂。至呼沱河，无船，适遇冰合，得过，未毕数车而陷，进至下博城西，遑惑不知所之。有白衣老父在道旁，指曰："努力！信都郡为长安守，去此八十里。"光武即驰赴之，信都太守任光开门出迎。世祖因发旁县，得四千人，先击堂阳、贳县，皆降之。王莽和成卒正邳肜亦举郡降。又昌城人刘植，宋子人耿纯，各率宗亲子弟，据其县邑，以奉光武。于是北降下曲阳，众稍合，乐附者至有数万人。复北击中山，拔卢奴。所过发奔命兵，移檄边部，共击邯郸，郡县还复响应。南击新市、真定、元氏、防子，皆下之，因入赵界。

时，王郎大将李育屯柏人，汉兵不知而进，前部偏将朱浮、邓禹为育所破，亡失辎重。光武在后闻之，收浮、禹散卒，与育战于郭门，大破之，尽得其所获。

【译文】

六月初一，光武即与各部人马一齐进发，自己亲率步、骑兵一千余人，在离莽军大约四五里的地方排开阵势。王寻、王邑也派兵数千人前来交战。光武冲击敌营，斩下数十名敌军首级。其他各部将士高兴地说：

“刘将军平生见到小股敌人就害怕，今天遇到强敌却勇猛无畏，真叫人奇怪!还是继续在前，请让我们帮助将军！”光武再次进攻，王寻、王邑派出的军队又退去，义军各部一同乘机进攻，杀死莽军数百近千人。义军连续获胜，继续向昆阳进军。此时伯升攻取宛城已有三天了，而光武还不知道，于是派人伪装成宛城的使者携带书信通知昆阳守军，说：“宛城的救兵即刻赶到。”却故意失落了这封书信。王寻、王邑得知后，十分不快。义军众将领屡战屡捷，胆气更壮，无不以一当百。光武就与三千名敢死队员，从城西涉水直扑莽军的中军，王寻、王邑的阵势大乱，义军一鼓作气打垮敌军，于是杀死了王寻。昆阳守军也击鼓呐喊着冲杀出来，内外夹击，喊杀声惊天动地，莽军大溃退，逃跑的士兵互相践踏，死尸僵卧在百余里的路上。恰逢雷声大作，狂风骤起，屋瓦全被风刮得乱飞，暴雨如注，滍水水势猛涨，吓得虎豹都四肢颤抖，士兵们争着渡河，淹死的人数以万计，河水为之断流。王邑、严尤、陈茂轻装骑马踏着死尸渡河逃走。义军全部缴获了莽军的各种军用物资，兵车、盔甲和珍宝，多得无法计算，运了几个月都没运完，有人把剩余的物资烧掉了。

光武再接再厉夺取颍阳。恰在此时伯升被更始帝所杀害，光武从父城赶回宛城请罪。伯升司徒府的属吏迎接光武并表示慰问，光武不便述说心里话，只能沉痛地引咎自责而已。他未曾自我表白昆阳的功劳，又不敢为伯升服丧，吃饭说笑如同平时一样。更始因此心中感到愧疚，便任命光武为破虏大将军、封武信侯。

九月初三，三辅的豪杰共同杀死了王莽，将首级送到宛城。更始帝将北上建都洛阳，以光武兼管司隶校尉事，命他前去整修官室和官府。于是光武任命了属吏，写好文书发到各属县，行使起督促文书、察举非法的职责，一切按照汉朝的旧规定办事。当时三辅地区的官吏和士人到洛阳城东迎接更始帝，看见诸位将军经过，都是头上戴帻，身穿如同妇女所穿的衣裳，即诸于和绣裾之类，无不感到可笑，甚至有人害怕不吉利而走掉了。等到看见司隶校尉的部下，都高兴得不知如何是好。老年的官吏有的流着泪说：“不料想今天还能重新看到汉朝官员的威仪！”从此有识之士都倾心于光武。

待更始帝到达洛阳，就派光武以破虏将军的身份代理大司马事务。

十月，持节向北渡过黄河，镇抚河北各州郡。所到郡县，便接见二千石、长吏、三老、官属，下至一般佐史，考察治政得失，如同州牧巡行辖区一样。他一到某地就审查释放囚徒，革除王莽苛政，恢复汉朝官吏的名称。吏民欢欣鼓舞，争着带上牛肉和酒，迎接慰劳光武一行人。

进抵邯郸，原赵缪王之子刘林劝说光武道："赤眉军现在在河东，只要决堤放水淹他们，百万赤眉军全可以让他们成为鱼。"光武不理睬，又前往真定。刘林于是诡称卜者王郎是成帝的儿子刘子舆，在十二月，拥立王郎为天子，建都邯郸，并派遣使者劝降了许多郡国。

二年正月，光武鉴于王郎一兴起就比较强大，于是向北攻取蓟县。王郎下达快递文书，悬赏十万户侯捉拿光武。而原广阳王之子刘接于蓟城中起兵，以响应王郎。城内很混乱，谣言四起，人人惊恐，说邯郸使者刚刚到达，二千石以下官吏都前去迎接。于是光武急忙坐车南逃，无论白天黑夜都不敢进入城市，吃住全在道旁。到达饶阳，部下全断了炊。光武就自称是邯郸使者，进入传舍。传舍的官吏刚送进食物，光武的随从就因为饥饿，而争抢食物。传吏怀疑他们是伪装的使者，就击鼓数十下，假称邯郸的将军来到，光武的部下都大惊失色。光武上车想跑，既而害怕出不去，慢慢回到座位，说："请邯郸的将军进来。"过了许久才驾车离去。传舍中的人远远地喊守护城门的人关闭大门。门长说："天下形势还难预料，能随便关闭长者吗？"于是光武得以从南门离去。他们日夜兼程，冒着霜雪，天气正寒冷，脸都冻裂了。到了呼沱河，没有船只，恰遇河水结冰，得以通过，还没全部过完而后面的几辆车陷入河中，进抵下博县城西，彷徨犹豫不知该向何方。有一个白衣老人在路边，指示说："努力！信都郡仍忠于刘玄，离这里八十里。"光武立即奔赴信都。信都太守任光开门出迎。世祖因此征发附近各县的兵卒，得到四千人。先攻打堂阳、贳县，全都降伏。王莽和成卒正邳彤也率全郡归降。又昌城人刘植、宋子人耿纯，各领宗亲子弟，占领各自的县城，以拥戴光武。于是北上迫降下曲阳，兵马初步集结，乐意投靠的人达到数万人。接着向北进攻中山，夺取卢奴。所过之处调发"奔命"兵，向周围各郡传递文书，要求共同打击邯郸势力，郡县又再次响应号召。又南下进攻新市、真定、元氏、防子，都占领下来，因此进入赵国地界。

当时王郎大将李育驻扎在柏人，汉兵不知情况而进军，前部偏将军朱浮、邓禹被李育打败，丧失了辎重。光武在后面听说此事，收容了朱浮、邓禹溃散的士兵，与李育大战于柏人的外城城门，大获全胜，全部夺回了被李育缴获的物资。

育还保城，攻之不下，于是引兵拔广河，会上谷太守耿况、渔阳太守彭宠各遣其将吴汉、寇恂等将突骑来助击王郎，更始亦遣尚书仆射谢躬讨郎，光武因大飨士卒，遂东围钜鹿。王郎守将王饶坚守，月余不下。郎遣将倪宏、刘奉率数万人救钜鹿，光武逆战于南䜌，斩首数千级。四月，进围邯郸，连战破之。五月甲辰，拔其城，诛王郎。收文书，得吏人与郎交关谤毁者数千章。光武不省，会诸将军烧之，曰："令反侧子自安。"

更始遣侍御史持节立光武为萧王，悉令罢兵诣行在所。光武辞以河北未平，不就征。自是始贰于更始。

是时长安政乱，四方背叛。梁王刘永擅命睢阳，公孙述称王巴蜀，李宪自立为淮南王，秦丰自号楚黎王，张步起琅邪，董宪起东海，延岑起汉中，田戎起夷陵，并置将帅，侵略郡县。又别号诸贼铜马、大肜、高湖、重连、铁胫、大抢、尤来、上江、青犊、五校、檀乡、五幡、五楼、富平、获索等，各领部曲，众合数百万人，所在寇掠。

光武将击之，先遣吴汉北发十郡兵。幽州牧苗曾不从，汉遂斩曾而发其众。秋，光武击铜马于鄡，吴汉将突骑来会清阳。贼数挑战，光武坚营自守，有出掳掠者，辄击取之，绝其粮道。积月余日，贼食尽，夜遁去，追至馆陶，大破之。受降未尽，而高湖、重连从东南来，与铜马余众合，光武复与大战于蒲阳，悉破降之，封其渠帅为列侯。降者犹不自安，光武知其意，敕令各归营勒兵，乃自乘轻骑按行部陈。降者更相语曰："萧王推赤心置人腹中，安得不投死乎！"由是皆服。悉将降人分配诸将，众遂数十万，故关西号光武为"铜马帝"。

【译文】

李育退守城池，光武攻不下它，就率军夺取广河。恰好上谷太守耿况、渔阳太守彭宠各派他们的将领吴汉、寇恂等人统帅突骑来协助攻打王郎，更始帝也派遣尚书仆射谢躬讨伐王郎，光武因而大肆犒劳士兵，于是东进围困钜鹿。王郎守将王饶坚守，经过一个多月仍攻打不下。王郎派将军倪宏、刘奉领兵数万援救钜鹿，光武迎战于南䜌，斩杀数千人。四月，围攻邯郸，连战连胜。五月初一，攻取邯郸，处死王郎。收缴文书，得到自己部下向王郎联络或诽谤自己的信件数千封。光武不查看，集合众将当面把信烧掉，说："让为此事担忧的人心安。"

更始帝派侍御史持节封光武为萧王，命令他遣散军队回到更始帝身边。光武以河北地区尚未平定为由推辞，不应征召，从此开始脱离更始帝。

那时长安政治混乱，四方背叛。梁王刘永专命于睢阳，公孙述称王于巴、蜀，李宪自立为淮南王，秦丰自号楚黎王，张步起事于琅邪，董宪起事于东海，延岑起事于汉中，田戎起事于夷陵，都各任命将帅，侵占郡县。又有各种名号的贼兵如铜马、大彤、高湖、重连、铁胫、大抢、尤来、上江、青犊、五校、檀乡、五幡、五楼、富平、获索等，各自率领部队，人数合计达数百万人，在当地劫掠。

光武将攻击诸寇贼，先派遣吴汉到北方征发十郡兵马。幽州牧苗曾不听从调兵，吴汉就斩杀苗曾而征发了他的部下。秋天，光武进攻铜马于县，吴汉率领突骑来到清阳会合。贼兵多次挑战，光武坚守营垒，贼兵有出外抢掠的人，就发兵消灭他们，断绝了贼兵的粮道。累计过了一月有余，贼兵粮食吃光，趁夜色逃去，光武追击到馆陶，大败贼军。接受投降一事尚未结束，而高湖、重连军从东南方前来，与铜马残部会合，光武又与他们大战于蒲阳，全部打败并降伏了他们，封他们首领为列侯。降人仍然心中不安，光武懂得他们的心意，命令他们各自回营整顿队伍，于是自己轻装骑马一一巡视各部队列。降人互相说道："萧王以赤心待我等，我等怎能不以死报效呢！"从此都顺服。光武把降人全部分配给各位将领，士兵于是多达数十万，因而关西称光武为"铜马帝"。

赤眉别帅与大彤、青犊十余万众在射犬，光武进击，大破之，众皆散走。使吴汉、岑彭袭杀谢躬于邺。

青犊、赤眉贼入函谷关，攻更始。光武乃遣邓禹率六裨将引兵而西，以趁更始、赤眉之乱。时更始使大司马朱鲔、舞阴王李轶等屯洛阳，光武亦令冯异守孟津以拒之。

建武元年春正月，平陵人方望立前孺子刘婴为天子，更始遣丞相李松击斩之。光武北击尤来、大抢、五幡于元氏，追至右北平，连破之。又战于顺水北，乘胜轻进，反为所败。贼追急，短兵接，光武自投高岸，遇突骑王丰，下马授光武，光武抚其肩而上，顾笑谓耿弇曰："几为虏嗤。"弇频射却贼，得免。士卒死者数千人，散兵归保范阳。军中不见光武，或云已殁，诸将不知所为。吴汉曰："卿曹努力！王兄子在南阳。何忧无主？"众恐惧，数日乃定。贼虽战胜，而素慑大威，客主不相知，夜遂引去。大军复进至安次，与战，破之，斩首三千余级。贼入渔阳，乃遣吴汉率耿弇、陈俊、马武等十二将军追战于潞东，及平谷，大破灭之。

朱鲔遣讨难将军苏茂功温，冯异、寇恂与战，大破之，斩其将贾强。于是诸将议上尊号。马武先进曰："天下无主。如有圣人承敝而起，虽仲尼为相，孙子为将，犹恐无能有益。反水不收，后悔无及。大王虽执谦退，奈宗庙社稷何！宜且还蓟即尊位，乃议征伐。今此谁贼而驰骛击之乎？"光武惊曰："何将军出是言？可斩也！"武曰："诸将尽然。"光武使出晓之，乃引军还至蓟。

夏四月，公孙述自称天子。光武从蓟还，过范阳，命收葬吏士。至中山，诸将复上奏曰："汉遭王莽，宗庙废绝，豪杰愤怒，兆人涂炭。王与伯升首举义兵，更始因其资以据帝位，而不能奉承大统，败乱纲纪，盗贼日多，群生危蹙。大王初征昆阳，王莽自溃；后拔邯郸，北州弭定；参分天下而有其二，跨州据土，带甲百万。言武力则莫之敢抗，论文德则无所与辞。臣闻帝王不可以久旷；天命不可以谦拒，惟大王以社稷为计，万姓为心。"光武又不听。行到南平棘，诸将复固请之。光武曰："寇贼未平，四面受敌，何遽欲正号位乎？诸将且出。"耿纯进曰："天下士大夫捐亲戚，弃土壤，从大王于矢石之间者，其计固望其攀龙鳞，附凤翼，以成其所志耳。今功业即定，天人亦应，而大王留时逆众，不正号位，纯恐士大夫望绝计穷，则有去归之思，无为久自苦也。大众一散，难可复合。时不可留，众不可逆。"纯言甚诚切，光武深感，曰："吾将思之。"

行至鄗，光武先在长安时同舍生强华自关中奉《赤伏符》，曰："刘秀发兵捕不道，四夷云集龙斗野，四七之际火为主。"群臣因复奏曰：

“受命之符，人应为大，万里合信，不议同情，周之白鱼，曷足比焉？今上无天子，海内淆乱，符瑞之应，昭然著闻，宜答天神，以塞群望。”光武于是命有司设坛场于鄗南千秋亭五成陌。

【译文】

赤眉一个别帅与大彤、青犊军共十万人驻扎射犬，光武进击，大败他们，各军全都逃散。派吴汉、岑彭袭杀谢躬于邺城。青犊、赤眉贼开进函谷关，进攻更始帝。光武就派遣邓禹率领六员副将引兵向西进发，以利用更始、赤眉相争的动乱机会。当时更始帝派大司马朱鲔、舞阴王李轶等屯守洛阳，光武也命令冯异据守孟津予以抗衡。

建武元年春正月，平陵人方望拥立原来的孺子刘婴为天子，更始帝派遣丞相李松进攻并斩杀了他们。光武帝北上进攻尤来、大抢、五幡军于元氏，追击到右北平，连续打败他们。又战于顺水之北，乘胜冒进，反而被打败。贼兵追击得很紧，短兵相接，光武自己从高坡上跳下去，遇到突骑王丰，王丰下马让给光武，光武扶着王丰的肩膀上马，回过头来笑着对耿弇说：“几乎被敌人所耻笑！”耿弇频频射箭击退贼兵，得以幸免。光武的士兵死了数千人，散兵回来后退守范阳。军中不见光武，有人说他已战死，众将不知如何是好。吴汉说：“大家努力！萧王哥哥的儿子在南阳，何愁没有主公？”众人恐惧，几天以后才安定下来。贼兵虽然取胜，但平素折服于汉军军威，客主双方互不摸底，晚上就撤走了。大军重又前进到安次，与敌交锋，击败了他们，斩首三千余级。贼兵退入渔阳，于是派遣吴汉率领耿弇、陈俊、马武等十二位将军追击于潞县之东，一直进抵平谷，大败并消灭了贼军。

朱鲔派遣讨难将军苏茂进攻温县，冯异、寇恂与他们交锋，大败敌军，斩杀苏茂的将领贾强。于是众将商议给光武上尊号，马武先向光武进言：“天下无主。如果有圣人利用天下凋敝的时候崛起，我们虽有仲尼为相，孙子为将，也恐怕难有作为。泼水难收，后悔无及。大王虽然执意谦让，叫宗庙社稷怎么办！应该返回蓟县登基，再商议征伐的事情。否则现在能说谁是逆贼而放手攻打他们呢？”光武震惊地说：“将军为何说出这样的话？该斩首了！”马武说：“众将领都这样说。”光武让他出去劝说众将。于是引军回到蓟。

夏四月，公孙述自称天子。光武从蓟县返回，路过范阳，下令收葬以前阵亡的将士。抵达中山，众将又上奏说："汉朝遭遇王莽之乱，宗庙废弃，祭祀断绝，豪杰愤怒，兆民惨遭涂炭。大王与伯升首举义兵，更始凭靠你们的努力才得以占有帝位，而不能维护好大业，破坏搅乱了纲纪，盗贼日益增多，百姓处于危难和窘境之中。大王初征昆阳，王莽不战自溃；后来夺取邯郸，河北的州郡归顺平定；三分天下而有其二，据有数州领土，军队多达百万。谈武力没有人敢于对抗，论文德更是无可挑剔。臣等听说帝王之位不可以长久空着，天命不可以谦让拒绝，愿大王一心以社稷为重，以百姓为念。"光武又不听从。行进到南平棘，众将又坚决地请求光武登基。光武说："贼寇尚未平定，四面受敌，怎么能立即考虑正号位的事呢？诸位将军暂且出去吧。"耿纯又进来说："天下士大夫丢弃亲戚，别离故土，追随大王来到箭石横飞的战场，他们的打算原本是想攀龙鳞，附凤翼，以实现建功立业的志向。现在功业已成，天人也相应合，而大王拖延良机而违逆众心，不定尊号，我恐怕士大夫失去希望，没有办法，就会有离去而归家的想法，不愿长此苦守下去。大军一旦离散，难以再度招集。良机不能久留，众心不可违背。"耿纯的言辞十分诚挚恳切，光武深受感动，说："我将考虑这件事。"

进抵鄗城，与光武过去同在长安居住求学的强华从关中送来《赤伏符》，符文是："刘秀发兵捕不道，四夷云集龙斗野，四七之际火为主。"群臣因而再次上奏道："承受天命之符，与之相应的人当居大位，相距万里而符信相合，不经商议而情思相同，周代的白鱼之信，何足相比！现今上无天子，海内混乱，符瑞所示，昭然若揭，应该顺从天神的意愿，以满足大家的希望。"光武于是命令有关部门设立坛场于鄗县城南千秋亭的五成陌。

六月己未，即皇帝位。燔燎告天，禋于六宗，望于群神。其祝文曰："皇天上帝，后土神祇，眷顾降命，属秀黎元，为人父母，秀不敢当。群下百辟，不谋同辞，咸曰：'王莽篡位，秀发愤兴兵，破王寻、王邑于昆阳，诛王郎、铜马于河北，平定天下，海内蒙恩。上当天地之心，下为元元所归。’谶记曰：‘刘秀发兵捕不道，卯金修德为天子。’秀犹固辞，至于再，至于三。群下佥曰：‘皇天大命，不可稽留。’敢不敬承。”于是建元为建武，大赦天下，改鄗为高邑。

是月，赤眉立刘盆子为天子。

甲子，前将军邓禹击更始定国公王匡于安邑，大破之，斩其将刘均。秋七月辛未，拜前将军邓禹为大司徒。丁丑，以野王令王梁为大司空。壬午，以大将军吴汉为大司马，偏将军景丹为骠骑大将军，大将军耿弇为建威大将军，偏将军盖延为虎牙大将军，偏将军朱祐为建义大将军，中坚将军杜茂为大将军。时宗室刘茂自号“厌新将军”，率众降，封为中山王。

已亥，幸怀。遣耿弇率强弩将军陈俊军五社津，备荥阳以东。使吴汉率朱祐及廷尉岑彭、执金吾贾复、扬化将军坚镡等十一将军围朱鲔于洛阳。

八月壬子，祭社稷。癸丑，祠高祖、太宗、世宗于怀宫。进幸河阳。更始廪丘王田立降。

九月，赤眉入长安，更始奔高陵。辛未，诏曰：“更始破败，弃城逃走，妻子裸袒，流冗道路。朕甚愍之。今封更始为淮阳王。吏人敢有贼害者，罪同大逆。”甲申，以前密令卓茂为太傅。辛卯，朱鲔举城降。

冬十月癸丑，车驾入洛阳，幸南宫却非殿，遂定都焉。遣岑彭击荆州群贼。

十一月甲午，幸怀。刘永自称天子。十二月丙戌，至自怀。

赤眉杀更始，而隗嚣据陇右，卢芳起安定。破虏大将军叔寿击五校贼于曲梁，战殁。

【译文】

六月二十二日，即皇帝位。烧柴祭告上天，升烟以飨六宗，祭拜群神。祭祀祝文说：“皇天上帝，后土神祇，垂青于我而降下天命，将百姓托付给我刘秀，为人父母，秀不敢当。手下群臣，不谋而合，都说：‘王莽篡位，刘秀发愤起兵，破王寻、王邑于昆阳，杀王郎、铜马于河北，平定天下，海内蒙受恩惠。上应天地之心，下为百姓所归。’谶记说：‘刘秀发兵捕不道，卯金修德为天子。’秀仍然坚持，以至于一而再，再而三。群臣都说：‘皇天大命，不可拖延。’不敢不恭敬受命。”于是定年号为建武，大赦天下，改鄗县名为高邑。

这个月，赤眉军拥立刘盆子为天子。

二十七日，前将军邓禹攻击更始定国公王匡于安邑，大败王匡，斩杀将领刘均。秋天七月五日，拜前将军邓禹为大司徒。十一日，以野王令王梁为大司空。十六日，以大将军吴汉为大司马，偏将军景丹为骠骑大将军，大将军耿弇为建威大将军，偏将军盖延为虎牙大将军，偏将军朱祐为建义大将军，中坚将军杜茂为大将军。当时宗室刘茂自号“厌新将军”，率众投降，封为中山王。

八月初三，驾临怀县，派遣耿弇率领强弩将军陈俊驻扎五社津，守备荥阳以东。派吴汉率领朱祐以及廷尉岑彭、执金吾贾复、扬化将军坚镡等十一位将军，围困朱鲔于洛阳。

八月十六日，祭祀社稷。十七日，拜祭高祖、太宗、世宗于怀县离宫。进抵河阳，更始廪丘王田立归降。

九月，赤眉军攻入长安，更始帝逃到高陵。六月，下诏书说：“更始失败，弃城逃走，妻子儿女裸露，流散道路。朕非常怜悯他们。今天封更始为淮阳王。吏民有敢于伤害他们的，罪与大逆相同。”十九日，以原密县县令卓茂为太傅。二十六日，朱鲔举城投降。

冬天十月十八日，车驾进入洛阳，来到南宫却非殿，于是定都于此。派岑彭进攻荆州群贼。

十一月三十日，驾临怀县。刘永自称天子。十二月十一日，从怀县返回洛阳。

赤眉军杀死更始帝，而隗嚣占据陇右，卢芳起兵于安定。破虏大将军叔寿进攻五校贼于曲梁，战死。

二年春正月甲子朔，日有食之。大司马吴汉率九将军击檀乡贼于邺东，大破降之。庚辰，封功臣皆为列侯，大国四县，余各有差。下诏曰：“人情得足，苦于放纵，快须臾之欲，忘慎罚之义。惟诸将业远功大，诚欲传于无穷，宜如临深渊，如履薄冰，战战栗栗，日慎一日，其显效未訓，各籍未立者，大鸿胪趣上，朕将差而录之。”博士丁恭议曰：“古帝王封诸侯不过百里，故利以建侯，取法于雷，强干弱枝，所以为治也。今封诸侯四县，不合法制。”帝曰：“古之亡国，皆以无道，未尝闻功臣地多而灭亡者。”乃遣谒者即授印绶，策曰：“在上不骄，高而不危；制节谨度，满而不溢。敬之戒之。传尔子孙，长为汉藩。”壬午，更始复汉将军邓晔、辅汉将军于匡降，皆复爵位。壬子，起高庙，建社稷于洛阳，立郊兆于城南，始正火德，色尚赤。

是月，赤眉焚西京宫室，发掘园陵，寇掠关中。大司徒邓禹入长安，遣府掾奉十一帝神主，纳于高庙。

真定王杨、临邑侯让谋反，遣前将军耿纯诛之。二月己酉，幸修武。大司空王梁免。壬子，以太中大夫宋弘为大司空。遣骠骑大将军景丹率征虏将军祭遵等二将军击弘农贼，破之，因遣祭遵围蛮中贼张满。渔阳太守彭宠反，攻幽州牧朱浮于蓟。延岑自称武安王于汉中。辛卯，至自修武。

三月乙未，大赦天下，诏曰：“顷狱多冤人，用刑深刻，朕甚愍之。孔子云：‘刑罚不中，则民无所措手足。’其与中二千石、诸大夫、博士、议郎议省刑法。”

遣执金吾贾复率二将军击更始郾王尹遵，破降之。

骁骑将军刘植击密贼，战殁。遣虎牙大将军盖延率四将军伐刘永。夏四月，围永于睢阳。更始将苏茂杀淮阳太守潘蹇而附刘永。

甲午，封叔父良为广阳王，兄子章为太原王，章弟兴为鲁王，舂陵侯嫡子祉为城阳王。五月庚辰，封更始元氏王歙为泗水王，故真定王杨子得为真定王，周后姬常为周承休公。癸未，诏曰：“民有嫁妻卖子欲归父母者，恣听之。敢拘执，论如律。”

六月戊戌，立贵人郭氏皇后，子强为皇太子，大赦天下。增郎、谒者、从官秩各一等。丙午，封宗子刘终为淄川王。

秋八月，帝自将征五校。丙辰，幸内黄，大破五校于羛阳，降之。

遣游击将军邓隆救朱浮，与彭宠战于潞，隆军败绩。盖延拔睢阳，刘永奔谯。破虏将军邓奉据淯阳反。

九月壬戌，至自内黄。骠骑大将军景丹薨。延岑大破赤眉于杜陵。关中饥，民相食。

冬十一月，以廷尉岑彭为征南大将军，率八将军讨邓奉于堵乡。铜马、青犊、尤来余贼共立孙登为天子于上郡。登将乐玄杀登，以其众五万余人降。遣偏将军冯异代邓禹伐赤眉。使太中大夫伏隆持节安辑青、徐二州，招张步降之。

十二月戊午，诏曰："惟宗室列侯为王莽所废，先灵无所依归，朕甚愍之。其并复故国。若侯身已殁，属所上其子孙见名尚书，封拜。"是岁，盖延等大破刘永于沛西。初，王莽末，天下旱蝗，黄金一斤易粟一斛；至是野谷旅生，麻菽尤盛，野蚕成茧，被于山阜，人收其利焉。

【译文】

二年春天正月初一，有日食。大司马吴汉率领九位将军进攻檀乡贼于邺城的东边，大败并降伏了他们。十七日，封全部功臣为列侯，大国有四县，其余各有等差。下诏说："人情得到满足，常被放纵所苦，为快一时的欲望，忘却应当谨慎对待刑法的宗旨。只因诸位将军功业远大，真诚希望能传之无穷，应当像面临深渊，或脚踏薄冰一样，战战栗栗，一天比一天谨慎。凡有显著功劳而未得到报答，没有列入封侯名册的人，大鸿胪迅速奏上，朕将分别封赏他们。"博士丁恭议论说："古时候帝王分封各诸侯，土地不过百余里，所以利于诸侯建立，取法于雷卦，实行强干弱枝，通过这样的方法来把国家治理的更好。现在封给诸侯四县，不符合法制。"光武帝说："古代凡是灭亡的国家，都是因为无道，没听说是因为功臣封地多而亡国的。"于是派遣谒者立即颁发印绶，策文说："在高位而不骄傲，位虽高而没有危险；约束自己遵守法度，势虽盈满也不会溢出。要谨慎小心地对待此事，传爵位给你的子孙，长久成为汉朝的藩属。"十九日，更始的复汉将军邓晔、辅汉将军于匡投降，都恢复原有爵位。某日，筑起高庙，建社稷坛于洛阳，立郊兆坛于城南，开始以火德为正，以赤色为上色。

这个月，赤眉焚烧西京的宫室，挖掘园陵，抢掠关中。大司徒邓禹进入长安，派司徒府官吏护送西汉十一帝的神主，放入高庙。真定王刘杨、临邑侯刘让谋反，派遣前将军耿纯杀了他们。二月十六日，驾临修武。大司空王梁被免除职务。十九日，以太中大夫宋弘为大司空。派遣骠骑大将军景丹率领征虏将军祭遵等二位将军进攻弘农贼，打败了他们，因而派遣祭遵围攻蛮中贼张满。渔阳太守彭宠造反，攻打幽州牧朱浮于蓟县。延岑自称武安王于汉中。某日，从修武返回到洛阳。

三月某日，大赦天下，诏书说："近来狱中多有冤屈的人，用刑深刻，朕非常怜悯他们。孔子说：'刑罚不得当，那么百姓的手脚就慌得不知所措。'和中二千石、诸大夫、博士、议郎商议削减刑法。"派遣执金吾贾复率领二位将军进攻更始郾王尹遵，打败并降伏了他。骁骑将军刘植进攻密县贼，战死。派遣虎牙大将军盖延率领四位将军讨伐刘永。夏四月，包围刘永于睢阳。更始将领苏茂杀死淮阳太守潘蹇而依附刘永。

二日，封叔父刘良为广阳王，兄子刘章为太原王，刘章之弟刘兴为鲁王，舂陵侯正妻之子刘祉为城阳王。五月十九日，封更始元氏刘歙为泗水王，原真定王刘杨之子刘得为真定王，周朝后代姬常为周承休公。二十二日，诏书说："百姓有被迫嫁出的女儿，卖掉的儿子想回到父母身边的，任凭他们抉择。敢扣留不放的，按律论处。"

六月七日，立贵人郭氏为皇后，儿子刘强为皇太子，大赦天下。增加郎、谒者、从官的官阶各一等。十五日，封宗子刘终为淄川王。

秋八月，光武帝亲自率军征伐五校。二十六日，驾临内黄，大败五校于清阳，降伏了他们。派遣游击将军邓隆救援朱浮，与彭宠交战于潞县，邓隆战败。盖延夺取睢阳，刘永逃到谯县。破虏将军邓奉占据淯阳反叛。

九月二日，从内黄返回京师。骠骑大将军景丹死了。延岑大败赤眉于杜陵。关中饥荒，百姓相食。

冬十一月，以廷尉岑彭为征南大将军，率领八位将军讨伐邓奉于堵乡。

铜马、青犊、尤来剩余贼军共同于上郡拥立孙登为天子。孙登将领乐玄杀死孙登，率领他的部下五万余人投降。派遣偏将军冯异代替邓禹讨伐赤眉。让太中大夫伏隆持节安辑青、徐二州，招降张步归顺。

十二月三十日，诏书说："宗室列侯被王莽废黜，先祖灵魂无所归依，朕十分哀悯。一并恢复他们的故国。如果列侯已经身亡，所在郡县将他的子孙的名字上报到尚书那里，予以封拜。"

这一年，盖延等大败刘永于沛县之西。起初，王莽末年，天下闹旱灾、蝗灾，黄金一斤换小米一斛；到这时野谷丛生，麻和菽尤其多，野蚕结茧，覆盖在山岗之上，百姓从中得到好处。

三年春正月甲子，以偏将军冯异为征西大将军，杜茂为骠骑大将军。大司徒邓禹及冯异与赤眉战于回溪，禹、异败绩。征虏将军祭遵破蛮中，斩张满。辛巳，立皇考南顿君已上四庙。壬午，大赦天下。闰月乙巳，大司徒邓禹免。

冯异与赤眉战于崤底，大破之，余众南向宜阳，帝自将征之。己亥，幸宜阳。甲辰，亲勒六军，大陈戎马，大司马吴汉精卒当前，中军次之，骁骑、武卫分陈左右。赤眉望见震怖，遣使乞降。丙午，赤眉君臣面缚，奉高皇帝玺绶，诏以属城门校尉。戊申，至自宜阳。己酉，诏曰："群盗纵横，贼害元元，盆子窃尊号，乱惑天下。朕奋兵讨击，应时崩解，十余万众束手降服，先帝玺绶归之王府。斯皆祖宗之灵，士人之力，朕曷足以享斯哉！其择吉日祠高庙，赐天下长子当为父后者爵，人一级。"

二月己未，祠高庙，受传国玺。刘永立董宪为海西王，张步为齐王。步杀光禄大夫伏隆而反。幸怀，遣吴汉率二将军击青犊于轵西，大破降之。

三月壬寅，以大司徒司直伏湛为大司徒。彭宠陷蓟城，宠自立为燕王。帝自将征邓奉，幸堵阳。夏四月，大破邓奉于小长安，斩之。冯异与延岑战于上林，破之。吴汉率七将军与刘永将苏茂战于广乐，大破之。虎牙大将军盖延围刘永于睢阳。

五月己酉，车驾还宫。乙卯晦，日有食之。

六月壬戌，大赦天下。耿弇与延岑战于穰，大破之。

秋七月，征南大将军岑彭率三将军伐秦丰，战于黎丘，大破之，获其将蔡宏。

庚辰，诏曰："吏不满六百石，下至墨绶长、相，有罪先请。男子八十以上，十岁以下，及妇人从坐者，自非不道、诏所名捕，皆不得系。当验问者即就验。女徒雇山归家。"

盖延拔睢阳，获刘永，而苏茂、周建立永子纡为梁王。

冬十月壬申，幸舂陵，祠园庙，因置酒旧宅，大会故人父老。十一月乙未，至自舂陵。涿郡太守张丰反。

是岁，李宪自称天子。西州大将军隗嚣奉奏。建义大将军朱祐率祭遵与延岑战于东阳，斩其将张成。

【译文】

三年春天正月初六，以偏将军冯异为征西大将军，杜茂为骠骑大将军。大司徒邓禹和冯异与赤眉战于回溪，邓禹、冯异被击败。征虏将军祭遵攻破蛮中，杀了张满。二十三日，立皇父南顿君以上四庙。二十四日，大赦天下。闰月十八日，大司徒邓禹被免职。

冯异与赤眉战于崤底，大败赤眉，赤眉残部向南逃往宜阳，光武帝亲自率军征讨他们。十二日，驾临宜阳。十七日，亲自统辖六军，大量部置兵马，大司马吴汉的精兵排列于前，中军在其后，骁骑、武卫分列左右。赤眉望见后震惊恐怖，派出使者请投降。十九日，赤眉君臣反绑双臂，献上高皇帝玺印绶带，光武命令交付城门校尉。二十一日，从宜阳回到洛阳。二十二日，诏书说："群盗纵横，残害百姓，刘盆子窃据尊号，扰乱迷惑天下。朕出兵征伐，立刻土崩瓦解，十余万人束手降伏。先帝的玺印归于王府。这都是仰仗祖宗之灵，士人之力，朕怎配有此荣耀！"选择吉日祭祀高庙，赏赐天下长子并将成为父亲后嗣的人以爵位，每人一级。"

二月二日，祭祀高庙，接受传国玺。刘永立董宪为海西王，张步为齐王。张步杀死光禄大夫伏隆而造反。驾监怀县。派遣吴汉率领二位将军攻击青犊于轵县之西，大败并降伏了他们。

三月十六日，以大司徒司直伏湛为大司徒。彭宠攻陷蓟城，自立为燕王。光武帝亲自率兵征伐邓奉，抵达堵阳。夏四月，大败邓奉于小长安，斩了他。冯异与延岑战于上林，击破了他。吴汉率领七位将军与刘永将领苏茂战于广乐，大败茂军。虎牙大将军盖延围困刘永于睢阳。

五月二十四日，车驾回宫。三十日，有日食。

六月七日，大赦天下。耿弇与延岑战于穰县，大败岑军。

秋七月，征南大将军岑彭率三位将军讨伐秦丰，战于黎丘，大败丰军，俘获他的将领蔡宏。

八月二十六日，诏书说："官吏不满六百石，下至墨绶县长、国相，有罪需处置必先请示。男子八十岁以上，十岁以下，只要不是犯了不道之罪，或下诏具名特捕的人，都不许囚禁。应当查问的立即接受查问。女犯出钱雇山的可以放回家。”

盖延攻占睢阳，俘获刘永，而苏茂、周建拥立刘永的儿子刘纡为梁王。

冬天十月十九日，驾临春陵，祭祀陵园祖庙，因而摆酒于旧住宅，广招故友和父老聚会。十一月十二日，从春陵返京。涿郡太守张丰造反。

这一年，李宪自称天子。西州大将军隗嚣上书。建义大将军朱祐率祭遵与延岑交战于东阳，斩杀延岑的将领张成。

四年春正月甲申，大赦天下。二月壬子，幸怀。壬申，与至自怀。

遣右将军邓禹率二将军与延岑战于武当，破之。

夏四月丁巳，幸邺。己巳，进幸临平。遣大司马吴汉击五校贼于箕山，大破之。

五月，进幸元氏。辛巳，进幸卢奴。遣征虏将军祭遵率四将军讨张丰于涿郡，斩丰。

六月辛亥，车驾还宫。

七月丁亥，幸谯。遣捕虏将军马武、偏将军王霸围刘纡于垂惠。董宪将贲休以兰陵城降，宪围之。虎牙大将军盖延率平狄将军庞萌救贲休，不克，兰陵为宪所陷。

秋八月戊午，进幸寿春。太中大夫徐恽擅杀临淮太守刘度，恽坐诛。遣扬武将军马成率三将军伐李宪。九月，围宪于舒。

冬十月甲寅，车驾还宫。太傅卓茂薨。

十一月丙申，幸宛。遣建义大将军朱祐率二将军围秦丰于黎丘。十二月丙寅，进幸黎丘。

是岁，征西大将军冯异与公孙述将程焉战于陈仓，破之。

五年春正月癸巳，车驾还宫。二月丙午，大赦天下。

捕虏将军马武、偏将军王霸拔垂惠。乙丑，幸魏郡。壬申，封殷后孔安为殷绍嘉公。

彭宠为其苍头所杀，渔阳平。

大司马吴汉率建威大将军耿弇击富平、获索贼于平原，大破降之。夏遣耿弇率二将军讨张步。

三月癸未，徙广阳王良为赵王，始就国。平狄将军庞萌反，杀楚郡太守孙萌而东附董宪。

遣征南大将军岑彭率二将军伐田戎于津乡，大破之。

夏四月，旱、蝗。河西大将军窦融始遣使贡献。

五月丙子，诏曰："久旱伤麦，秋种未下，朕甚忧之。将残吏未胜，狱多冤结，元元愁恨，感动天气乎？其令中都官、三辅、郡、国出系囚，罪非犯殊死一切勿案，见徒免为庶人。务进柔良，退贪酷，各正厥事焉。"

六月，建义大将军朱祐拔黎丘，获秦丰；而庞萌、苏茂围桃城。帝时幸蒙，因自将征之。先理兵任城，乃进救桃城，大破萌等。

秋七月丁丑，幸沛，祠高原庙。诏修复西京园陵。进幸湖陵，征董宪。又幸蕃，遂攻董宪于昌虑，大破之。

八月己酉，进幸郯，留吴汉攻刘纡、董宪等，车驾转徇彭城、下邳。吴汉拔郯，获刘纡；汉进围董宪、庞萌于朐。

冬十月，还，幸鲁，使大司空祠孔子。

耿弇等与张步战于临淄，大破之。帝幸临淄，进幸剧。张步斩苏茂以降，齐地平。

初起太学。车驾还宫，幸太学，赐博士弟子各有差。

十一月壬寅，大司徒伏湛免，尚书令侯霸为大司徒。

十二月，卢芳自称天子于九原。西州大将军隗嚣遣子恂入侍。交址牧邓让率七郡太守遣使奉贡。诏复济阳二年徭役。是岁，野谷渐少，田亩益广焉。

【译文】

四年春天元月二日，大赦天下。二月初一，临驾怀县。二十一日从怀县抵达京师。

派遣右将军邓禹率领二位将军与延岑战于武当，打败了延岑。

夏天四月七日，驾临邺城。十九日，驾临临平。派遣大司马吴汉进攻五校贼于箕山，大败五校。

五月，驾临元氏。初一，驾临卢奴。派遣征虏将军祭遵率领四位将军讨伐张丰于涿郡，斩了张丰。

六月二日，车驾还洛阳宫。

七月八日，驾临谯县。派遣捕虏将军马武、偏将军王霸围攻刘纡于垂惠。

董宪将领贲休以兰陵城归降，董宪围困了该城。虎牙大将军盖延率平狄将军庞萌援救贲休，未成功，兰陵被董宪所攻陷。

秋天八月十日，驾临寿春。太中大夫徐恽擅自杀死临淮太守刘度，徐恽因此被处死。派遣扬武将军马成率领三位将军讨伐李宪。九月，围困李宪于舒城。

冬天十月七日，车驾回到洛阳宫中。太傅卓茂死了。

十一月十九日，驾临宛城。派遣建义大将军朱祐率二位将军围攻秦丰于黎丘。十二月二十日，驾临黎丘。

这一年，征西大将军冯异与公孙述的将领程焉交战于陈仓，打败了他。

五年春天正月十七日，车驾回到洛阳宫中。二月初一，大赦天下。

捕虏将军马武、偏将军王霸攻取垂惠。二十日，驾临魏郡。二十七日，封殷朝后人孔安为殷绍嘉公。

彭宠被他的苍头奴杀死，渔阳平定。

大司马吴汉率建威大将军耿弇进攻富平，获索贼等于平原郡，大败并降伏他们。又派耿弇率领二位将军征讨张步。

三月八日，改封广阳王刘良为赵王，开始前往封国。平狄将军庞萌造反，杀死楚郡太守孙萌并东去投靠董宪。

派遣征南大将军岑彭率领二位将军讨伐田戎于津乡，大败田戎。

夏四月，天旱，有蝗灾。河西大将军窦融开始派遣使者进贡。

五月二日，诏书说："久旱伤害麦子，秋粮未能下种，朕十分忧虑。是因为将领残暴，官吏不胜任，狱中多有冤枉之人，百姓既愁又恨，而引起天气失调吗？命令中都官、三辅、郡、国释放关押的囚犯，不是犯殊死之罪的人一概不再追究，现有的囚徒免罪为百姓。务必选用和柔贤良的人为官吏，斥退贪婪残暴的官吏，各自处理好政事。"

六月，建义大将军朱祐攻取黎丘，俘获秦丰；而庞萌、苏茂围困了桃城。光武帝当时驾临蒙县，因而亲自率兵征讨庞萌等。先整顿兵马于任城，才进而援救桃城，大败庞萌等军。

秋天七月四日，驾临沛县，祭祀高祖原庙。下诏修复西京的园陵。进而驾临湖陵，征讨董宪。又驾临蕃县，于是进攻董宪于昌虑，大败董宪。

八月六日，进而驾临郯县，留吴汉攻打刘纡、董宪等人，车驾转而攻取彭城、下邳。吴汉攻占郯县，俘获刘纡；吴汉进而围攻董宪、庞萌于朐县。

冬十月，开始回京，驾临鲁国，派大司空祭祀孔子。

耿弇等与张步交战于临淄，大败张步。光武帝驾临临淄，进而驾临剧县。张步杀苏茂来投降，齐地平定。

初建太学。车驾回到洛阳宫中，驾临太学，赏赐博士弟子各有等差。

十一月初一，大司徒伏湛被免职，尚书令侯霸为大司徒。

十二月，卢芳于九原自称天子。西州大将军隗嚣派遣儿子隗恂入侍。交址牧邓让率领七郡太守派遣使者进贡。诏书免除济阳二年的徭役。这一年，野生谷物逐渐减少，田地更加广泛地开垦出来。

六年春正月丙辰，改舂陵乡为章陵县。世世复徭役，比丰、沛，无有所豫。辛酉，诏曰："往岁水、旱、蝗虫为灾，谷价腾跃，人用困乏。朕惟百姓无以自赡，恻然愍之。其命郡国有谷者，给禀高年、鳏、寡、孤、独及笃癃、无家属贫不能自存者，如《律》。二千石勉加循抚，无令失职。"扬武将军马成等拔舒，获李宪。

二月，大司马吴汉拔朐，获董宪、庞萌，山东悉平。诸将还京师，置酒赏赐。

三月，公孙述遣将任满寇南郡。

夏四月丙子，幸长安，始谒高庙，遂有事十一陵。遣虎牙大将军盖延等七将军从陇道伐公孙述。

五月己未，至自长安。

隗嚣反，盖延等因与嚣战于陇坻，诸将败绩。

辛丑，诏曰："惟天水、陇西、安定、北地吏人为隗嚣所诖误者，又三辅遭难赤眉，有犯法不道者，自殊死以下，皆赦除之。"

六月辛卯，诏曰："夫张官置吏，所以为人也。今百姓遭难，户口耗少，而县官吏职所置尚繁，其令司隶、州牧各实所部，省减吏员。县国不足置长吏可并合者，上大司徒、大司空二府。”于是条奏并省四百余县，吏职减损，十置其一。

代郡太守刘兴击卢芳将贾览于高柳，战殁。初，乐浪人王调据郡不服。秋，遣乐浪太守王遵击之，郡吏杀调降。

遣前将军李通率二将军，与公孙述将战于西城，破之。

夏，蝗。

秋九月庚子，赦乐浪谋反大逆殊死已下。丙寅晦，日有食之。

冬十月丁丑，诏曰：“吾德薄不明，寇贼为害，强弱相陵，元元失所。《诗》云：‘日月告凶，不用其行。’永念厥咎，内疚于心。其敕公卿举贤良、方正各一人；百僚并上封事，无有隐讳；有司修职，务遵法度。”

十一月丁卯，诏王莽时吏人没入为奴婢不应旧法者，皆免为庶人。

十二月壬辰，大司空宋弘免。癸巳，诏曰：“顷者师旅未解，用度不足，故行什一之税。今军士屯田，粮储差积。其令郡国收见田租三十税一，如旧制。”隗嚣遣将行巡寇扶风，征西大将军冯异拒破之。

是岁，初罢郡国都尉官，始遣列侯就国。匈奴遣使来献，使中郎将报命。

七年春正月丙申，诏中都官、三辅、郡、国出系囚，非犯殊死，皆一切勿案其罪。见徒免为庶人。耐罪亡命，吏以文除之。

又诏曰：“世以厚葬为德，薄终为鄙，至于富者僭，贫者单财，法令不能禁，礼义不能止，仓促乃知其咎。其布告天下，令知忠臣、孝子、慈兄、悌弟薄葬送终之义。”

二月辛巳，罢护漕都尉官。

三月丁酉，诏曰：“今国有众军，并多精勇，宜且罢轻车、骑士、材官、楼船士及军假吏，令还复民伍。”公孙述立隗嚣为朔宁王。

癸亥晦，日有食之，避正殿，寝兵，不听事五日。诏曰：“吾德薄致灾，谪见日月，战栗恐惧，夫何言哉！今方念愆，庶消厥咎。其令有司各修职任，奉遵法度，惠兹元元。百僚各上封事，无有所讳。其上书者，不得言圣。”

夏四月壬午，诏曰：“比阴阳错谬，日月薄食。百姓有过，在予一人，大赦天下。公、卿、司隶、州牧举贤良、方正各一人，遣诣公车，朕将览试焉。”

五月戊戌，前将军李通为大司空。甲寅，诏吏人遭饥乱及为青、徐贼所略为奴婢下妻，欲去留者，恣听之。敢拘制不还，以卖人法从事。是夏，连雨水。汉忠将军王常为横野大将军。

八月丁亥，封前河间王邵为河间王。隗嚣寇安定，征西大将军冯异、征虏将军祭遵击却之。

冬，卢芳所置朔方太守田飒、云中太守乔扈各举郡降。是岁，省长水、射声二校尉官。

【译文】

六年春天正月十六日，改春陵乡为章陵县。世世代代免除徭役，如同丰、沛一样，没有差别。二十一日，诏书说："去年水、旱、蝗虫为灾，粮价飞涨，民用物品缺乏。朕因百姓没有东西养活自己，忧伤地怜悯他们。命令郡国有粮食的，分发给年事已高的人，鳏夫、寡妇、孤儿、没有后代的老人和有痼疾或残废的人，无家可归贫困不能自谋生存的人，按《律》所规定的办理。二千石官员要尽力加以抚慰，不要出现失职现象。"扬武将军马成等人攻取舒城。俘获李宪。

二月，大司马吴汉夺取朐城，俘获董宪、庞萌，山东全部平定。众将军领回到京师，安排酒宴并颁布赏赐。

三月，公孙述派遣将军任满侵犯南郡。

夏天四月八日，驾临长安，首次拜谒高庙，于是逐个祭祀十一陵。派遣虎牙大将军盖延等七位将军从陇道讨伐公孙述。

五月二十一日，从长安回到洛阳。

隗嚣反叛，盖延等因此与隗嚣交战于陇阺，众将被打败。

某日，诏书说："天水，陇西、安定、北地各郡官吏百姓被隗嚣诱入歧途的人，又三辅遭赤眉之难时，犯有不道罪的人，从殊死罪以下，全部予以赦免。"

六月二十四日，诏书说："设官置吏，是为了管理百姓。现在百姓遭难，户口减少，而县级官吏设置仍很繁冗，命令司隶校尉、州牧各自核实所辖各部，裁减官员。县、国不足以安置长吏而可以合并的，上报大司徒、大司空二府。”于是分别上奏合并削减四百余县，吏职裁撤，十留其一。

代郡太守刘兴于高柳进攻卢芳将领贾览，战死。起初，乐浪人王调占据乐浪郡不归服。秋天，派遣乐浪太守王遵进攻他，郡吏杀死王调投降。

派遣前将军李通率领二位将军，与公孙述的将军交战于西城，打败了他们。

夏天，有蝗灾。

秋天九月四日，赦免乐浪郡犯谋反、大逆、殊死罪以下的犯人。三十日，有日食。

冬天十月十一日，诏书说：“我德薄不明智，寇贼为害，强弱相陵，百姓失所。《诗经》说：‘日月显示凶兆，不按其道运行。’长久考虑这一灾祸，心中很内疚。敕令公卿荐举贤良，方正各一人；百官都可以呈上密封的奏章，不要有所隐讳；各自办理职责内的事务，务必遵守法度。”

十一月某日，诏命王莽时吏民被罚为奴婢而不合乎旧有法律规定的，都释放为百姓。

十二月二十七日，大司空宋弘被免职。二十八日，诏书说：“此前战事不断，费用不足，所以实行十一之税。现在军队屯田，粮食储备略有增加。命令郡国收取田租实行三十税一，如同旧制。”隗嚣派遣将领行巡侵犯扶风，征西大将军冯异抵御并击败了他。

这一年，初次废除郡国都尉官。开始派遣列侯前往各自的封国。匈奴派使者来进贡，让中郎将回报。

七年春天正月初二，诏命中都官、三辅、郡、国释放囚犯，不是犯死罪的人，都一律不再追究他的罪责。现有囚徒释放为平民。犯耐罪而逃亡的人，官吏行文免除他们的罪名。

又下诏说：“世上以厚葬为有德，薄葬为鄙陋，以至于富有的人奢侈无度，贫穷者耗尽资财，法令不能禁止。礼义不能劝阻，战乱时坟墓被盗挖，才明白厚葬的祸害。布告天下，叫大家知道忠臣、孝子、慈兄、悌弟薄葬送终的道理。”

二月十七日，废除护漕都尉官。

三月四日，诏书说：“现在国家有众多的军队，并且大多精壮勇武，应当暂且遣散轻车、骑士、材官、楼船士以及临时设置的军吏，让他们重新成为百姓。”公孙述立隗嚣为朔宁王。

三十日，有日食，光武避开正殿，停止军事行动，不听政事五天。诏书说：“我德薄招来灾祸，谴责见于日月，战栗恐惧，还能说什么呢！现在正在考虑自己的过失，希望能消弭灾祸。命令官吏各自负起职责，遵守法令制度，加恩惠给百姓。众官僚各自呈上密封奏章，不要有所隐讳。凡上书的人，不得称我圣明。”

夏天四月十九日，诏书说：“近年阴阳错乱，出现日食、月食、百姓有过失，责任全在我一人，大赦天下。公、卿、司隶、州牧荐举贤良、方正各一人，叫他们前往公车报到，朕将亲自召见考察他们。”

五月六日，前将军李通为大司空。二十二日，诏命吏民因遭遇饥荒战乱以及被青、徐二州贼人劫掠为奴婢或小妾的人，愿意离去或留下的，听任其便。敢于拘留不放的，以卖人法处置。这年夏天，出现连阴雨。以汉忠将军王常为横野大将军。

八月二十六日，封前河间王刘邵为河间王。隗嚣侵犯安定，征西大将军冯异、征虏将军祭遵打退了他们。

冬天，卢芳所任命的朔方太守田飒、云中太守乔扈各自举郡投降。这一年，撤销长水、射声二校尉官。

八年春正月，中郎将来歙袭略阳，杀隗嚣守将而据其城。夏四月，司隶校尉傅抗下狱死。隗嚣攻来歙，不能下。闰月，帝自征嚣，河西太守大将军窦融率五郡太守与车驾会高平。陇右溃，隗嚣奔西城，遣大司马吴汉、征南大将军岑彭围之；进幸上邽，不降，命虎牙大将军盖延、建威大将军耿弇攻之。颍川盗贼寇没属县，河东守守兵亦叛，京师骚动。

秋，大水。八月，帝自上邽晨夜东驰。九月乙卯，车驾还宫。庚申，帝自征颍川盗贼，皆降。安丘侯张步叛归琅邪，琅邪太守陈俊讨获之。戊寅，至自颍川。

冬十月丙午，幸怀。十一月乙丑，至自怀。

公孙述遣兵救隗嚣，吴汉、盖延等还军长安。天水、陇西复反归嚣。

十二月，高句丽王遣使奉贡。是岁大水。

九年春正月，隗嚣病死，其将王元、周宗复立嚣子纯为王。徙雁门吏人于太原。

三月辛亥，初置青巾左校尉官。公孙述遣将田戎、任满据荆门。

夏六月丙戌，幸缑氏，登轘辕。遣大司马吴汉率四将军击卢芳将贾览于高柳，战不利。

秋八月，遣中郎将来歙监征西大将军冯异等五将军讨隗纯于天水。骠骑大将军杜茂与贾览战于繁畤，茂军败绩。是岁，省关都尉，复置护羌校尉官。

十年春正月，大司马吴汉率捕虏将军王霸等五将军击贾览于高柳，匈奴遣骑救览，诸将与战，却之。修理长安高庙。

夏，征西大将军冯异破公孙述将赵匡于天水，斩之。征西大将军冯异薨。

秋八月己亥，幸长安，祠高庙，遂有事十一陵。戊戌，进幸汧。隗嚣将高峻降。

冬十月，中郎将来歙等大破隗纯于落门，其将王元奔蜀，纯与周宗降，陇右平。

先零羌寇金城、陇西，来歙率诸将击羌于五溪，大破之。

庚寅，车驾还宫。是岁，省定襄郡，徙其民于西河。泗水王歙薨。淄川王终薨。

十一年春二月己卯，诏曰："天地之性人为贵。其杀奴婢，不得减罪。"

三月己酉，幸南阳；还，幸章陵，祠园陵。城阳王祉薨。庚午，车驾还宫。

闰月，征南大将军岑彭率三将军与公孙述将田戎、任满战于荆门，大破之，获任满。威虏将军冯骏围田戎于江州，岑彭遂率舟师伐公孙述，平巴郡。

夏四月丁卯，省大司徒司直官。先零羌寇临洮。

六月，中郎将来歙率扬武将军马成破公孙述将王元、环安于下辩。安遣间人刺杀中郎将来歙。帝自将征公孙述。秋七月，次长安。八月，岑彭破公孙述将侯丹于黄石。辅威将军臧宫与公孙述将延岑战于沈水，大破之。王元降。至自长安。癸亥，诏曰："敢灸灼奴婢，论如律，免所灸灼者为庶。"

冬十月壬午，诏除奴婢射伤人弃市律。

公孙述遣间人刺杀征南大将军岑彭。马成平武都，因陇西太守马援击破先零羌，徙致天水、陇西、扶风。十二月，大司马吴汉率舟师伐公孙述。

是岁，省朔方牧，并并州。初断州牧自还奏事。

十二年春正月，大司马吴汉与公孙述将史兴战于武阳，斩之。

三月癸酉，诏陇、蜀民被略为奴婢自讼者，及狱官未报，一切免为庶。夏，甘露降南行唐。六月，黄龙见东阿。

秋七月，威虏将军冯骏拔江州，获田戎。九月，吴汉大破公孙述将谢丰于广都，斩之。辅威将军臧宫拔涪城，斩公孙恢。大司空李通罢。

冬十一月戊寅，吴汉、臧宫与公孙述战于成都，大破之。述被创，夜死。辛巳，吴汉屠成都，夷述宗族及延岑等。

十二月辛卯，扬武将军马成行大司空事。

是岁，九真徼外蛮夷张游率种人内属，封为归汉里君。省金城郡属陇西。参狼羌寇武都，陇西太守马援讨降之。诏边吏力不足战则守，追虏料敌不拘以逗留法。横野大将军王常薨。遣骠骑大将军杜茂将众郡施刑屯北边，筑亭候，修烽燧。

【译文】

八年春正月，中郎将来歙袭击略阳，杀死隗嚣守将而占领了该城。夏天四月，司隶校尉傅抗下狱死。隗嚣进攻来歙，不能攻陷城池。闰月，光武帝亲自讨伐隗嚣，河西大将军窦融率领五郡太守与车驾相会于高平。陇右溃败，隗嚣逃到西城，派遣大司马吴汉、征南大将军岑彭围困了西城；车驾进抵上邽，敌军不降，命虎牙大将军盖延、建威大将军耿弇攻打敌军。颍川盗贼侵占属县，河东郡的守军也叛变了，京师骚动。

秋天，发了大水。八月，光武帝从上邽日夜东进。九月初一，车驾回到洛阳宫中。六日，光武帝亲自征讨颍川盗贼，盗贼全部投降了。安丘侯张步叛逃回琅邪，琅邪太守陈俊征讨并俘获了他。二十四日，从颍川回到京师。

冬天十月二十二日，驾临怀县。十一月二日，从怀县回到京师。

公孙述派兵援救隗嚣，吴汉、盖延等回到长安驻扎。天水、陇西重又叛变归顺隗嚣。

十二月，高句丽王派使者进贡。这一年闹大水。

九年春天正月，隗嚣病死，他的将领王元、周宗又拥立隗嚣的儿子隗纯为王。迁移雁门郡吏民到太原。

三月某日，初次设置青巾左校尉官。公孙述派遣将军田戎、任满据守荆门。

夏天六月六日，驾临缑氏，登上辕山。派遣大司马吴汉率四位将军打败卢芳的将领贾览于高柳，战斗不利。

秋天八月，派遣中郎将来歙监督征西大将军冯异等五位将军讨伐隗纯于天水。骠骑大将军杜茂与贾览交战于繁畤，杜茂被战败。这一年，撤销关都尉，重新设置护羌校尉官。

十年春天正月，大司马吴汉率领捕虏将军王霸等五位将军进攻贾览于高柳，匈奴派骑兵援救贾览，众将同他们交战，击退了他们。修理长安的高庙。

夏天，征西大将军冯异打败公孙述将领赵匡于天水，并斩杀了他。征西大将军冯异病死。

秋天八月二十五日，驾临长安，祭祀高庙，于是又祭十一陵。二十四日，进而驾临汧县。隗嚣将领高峻投降。

冬天十月，中郎将来歙等人大败隗纯于落门，隗纯的将领王元逃奔蜀地，隗纯与周宗投降，陇右平定。

先零羌人侵犯金城、陇西，来歙率领众将进攻羌人于五溪，大败羌人。

十七日，车驾回到洛阳宫中。

这一年，撤销定襄郡，迁移该郡百姓到西河。泗水王刘歙死了。淄川王刘终死了。

十一年春天二月八日，诏书说：“天地之性以人为贵。杀奴婢，不许减罪。”

三月九日，驾临南阳。返回的路上，驾临章陵，祭祀园陵。城阳王刘祉死了。三十日，车驾回到洛阳宫中。

闰月，征南大将军岑彭率领三位将军与公孙述将领田戎、任满交战于荆门，大败他们，俘获了任满。威虏将军冯骏围困田戎于江州，岑彭率领水军征伐公孙述，平定巴郡。

夏季四月二十八日，撤销大司徒司直官。先零羌人侵犯临洮。

六月，中郎将来歙率领扬武将军马成打败公孙述的将领王元、环安于下辩。环安派遣间谍刺杀了中郎将来歙。光武帝亲自率军征讨公孙述。秋天七月，临时驻扎长安。八月，岑彭击败公孙述的将领侯丹于黄石。辅威将军臧宫与公孙述将领延岑交战于沈水，大败岑军。王元投降。车驾从长安回到洛阳。二十六日，下诏书说："敢于烧灼奴婢的人，按律论罪。赦免被烧灼的人为平民。"

冬天十月某日，下诏废除奴婢射伤人要弃市的律令。

公孙述派间谍刺杀了征南大将军岑彭。马成平定武都，依靠陇西太守马援击败先零羌，将羌人分别迁到天水、陇西、扶风三郡。十二月，大司马吴汉率领水军讨伐公孙述。

这一年，撤销朔方牧，并入并州。初次停止州牧亲自进京奏事。

十二月春正月，大司马吴汉与公孙述将领史兴交战于武阳，斩了他。

三月九日，诏命陇、蜀百姓被掠卖为奴婢而自己到官府鸣冤的人，以及狱官未处理的，一概免为平民。夏天，甘露降于南行唐。六月，黄龙出现于东阿。

秋天七月，威虏将军冯骏攻取江州，俘获田戎。九月，吴汉大败公孙述的将领谢丰于广都，斩了他。辅威将军臧宫夺取涪城，斩了公孙恢。大司空李通被罢免。

冬天十一月十八日，吴汉、臧宫与公孙述交战于成都，大败述军。公孙述受伤，夜里死去。二十一日，吴汉血洗成都，诛灭公孙述的宗族以及延岑等人。

十二月初一，扬武将军马成代理大司空事务。

这一年，九真境外蛮夷人张游率领种族民众归附，封为归汉里君。撤销金城郡划归陇西。参狼羌侵犯武都，陇西太守马援讨伐并降伏了他们。诏命边地官员力量不足以出战的就固守，追击敌虏根据敌情以决定进退，不受逗留法的约束。横野大将军王常死了。派遣骠骑大将军杜茂率各郡驰刑徒驻屯北方边疆，建筑亭候，修造烽燧。

十三年春正月庚申，大司徒侯霸薨。戊子，诏曰："往年已敕郡国，异味不得有所献御，今犹未止，非徒有豫养导择之劳，至乃烦扰道上，疲费过所。其令太官勿复受。明敕下以远方口实所以荐宗庙，自如旧制。"

二月，遣捕虏将军马武屯虖沱河以备匈奴。卢芳自五原亡入匈奴。丙辰，诏曰："长沙王兴、真定王得、河间王邵、中山王茂，皆袭爵为王，不应经义。其以兴为临湘侯，得为真定侯，邵为乐成侯，茂为单父侯。"其宗室及绝国封侯者凡一百三十七人。丁巳，降赵王良为赵公，太原王章为齐公，鲁王兴为鲁公。庚午，以殷绍嘉公孔安为宋公，周承休公姬武为卫公。省并西京十三国：广平属钜鹿，真定属常山，河间属信都，城阳属琅邪，泗水属广陵，淄川属高密，胶东属北海，六安属庐江，广阳属上谷。

三月辛未，沛郡太守韩歆为大司徒。丙子，行大司空马成罢。

夏四月，大司马吴汉自蜀还京师，于是大飨将士，班劳策勋。功臣增邑更封，凡三百六十五人。其外戚恩泽封者四十五人。罢左右将军官。建威大将军耿弇罢。

益州传送公孙述瞽师、郊庙乐器、葆车、舆辇，于是法物始备。时兵革既息，天下少事，文书调役，务从简寡，至乃十存一焉。

甲寅，冀州牧窦融为大司空。

五月，匈奴寇河东。秋七月，广汉徼外白马羌豪率种人内属。九月，日南徼外蛮夷献白雉、白兔。

冬十二月甲寅，诏益州民自八年以来被略为奴婢者，皆一切免为庶人；或依托为人下妻，欲去者，恣听之；敢拘留者，比青、徐二州以略人法从事。复置金城郡。

十四年春正月，起南宫前殿。匈奴遣使奉献，使中郎将报命。

夏四月辛巳，封孔子后志为褒成侯。越嶲人任贵自称太守，遣使奉计。秋九月，平城人贾丹杀卢芳将尹由来降。是岁，会稽大疫。莎车国、鄯善国遣使奉献。

十二月癸卯，诏益、凉二州奴婢，自八年以来自讼在所官，一切免为庶人，卖者无还直。

十五年春正月辛丑，大司徒韩歆免，自杀。丁未，有星孛于昴。汝南太守欧阳歙为大司徒。建义大将军朱祐罢。丁未，有星孛于营室。

二月，徙雁门、代郡、上谷三郡民，置常山关、居庸关以东。

初，巴蜀既平，大司马吴汉上书请封皇子，不许，重奏连岁。三月，乃诏群臣议。大司空融、固始侯通、胶东侯复、高密侯禹、太常登等奏议曰："古者封建诸侯，以藩屏京师。周封八百，同姓诸姬并为建国，夹辅王室，尊事天子，享国永长，为后世法。故《诗》云：'大启尔宇，为周室辅。'高祖圣德，光有天下，亦务亲亲，封立兄弟诸子，不违旧章。陛下德横天地，兴复宗统，褒德赏勋，亲睦九族，功臣宗室，咸蒙封爵，多受广地，或连属县。今皇子赖天，能胜衣趋拜，陛下恭谦克让，抑而未议，群臣百姓，莫不失望。宜因盛夏吉时，定号位，以广藩辅，明亲亲，尊宗庙，重社稷，应古合旧，厌塞众心。臣请大司空上舆地图，太常择吉日，具礼仪。"制曰："可。"

夏四月戊申，以太牢告祠宗庙。丁巳，使司空融告庙，封皇子辅为右翊公，英为楚公，阳为东海公，康为济南公，苍为东平公，延为淮阳公，荆为山阳公，衡为临淮公，焉为左翊公，京为琅邪公。癸丑，追谥兄伯升为齐武公，兄仲为鲁哀公。

六月庚午，复置屯骑、长水、射声三校尉官；改青巾左校尉为越骑校尉。诏下州郡检核垦田顷亩及户口年纪，又考实二千石长吏阿枉不平者。冬十一月甲戌，大司徒欧阳歙下狱死。十二月庚午，关内侯戴涉为大司徒。卢芳自匈奴入居高柳。是岁，骠骑大将军杜茂免。虎牙大将军盖延薨。

【译文】

十三年春天正月初一，大司徒侯霸死了。二十九日，诏书说："往年已敕命郡国，地方特产不许有所贡献，现在仍未停止，非但有预先饲养选择的劳顿，还导致频频递送于路上，使所经过的地方劳扰破费。命令太官不再接受贡品，明确告诫地方远方的膳食只用来献给宗庙，自应按照旧规定办理。"

二月，派遣捕虏将军马武屯守呼沱河以防御匈奴。卢芳从五原逃亡到匈奴。

二十七日，诏书说："长沙王刘永、真定王刘得，河间王刘邵、中山王刘茂，都袭爵为王，不符合经义。以刘兴为临湘侯，刘得为真定侯，刘邵为乐成侯，刘茂为单父侯。"刘氏皇族及原封国撤销而后代封侯的共计一百三十七人。二十八日，降赵王刘良为赵公，太原王刘章为齐公、鲁王刘兴为鲁公。三月十一日，以殷绍嘉公孔安为宋公，周承休公姬武为卫公。省并西京十三国：广平国属钜鹿，真定国属常山，河间国属信都，城阳国属琅邪，泗水国属广陵，淄川国属高密，胶东国属北海，六安国属庐江，广阳国属上谷。

三月十二日，沛郡太守韩歆为大司徒。十七日，代理大司空事务的马成被免职。

夏天四月，大司马吴汉从蜀地返回京师，于是大宴将士，并普遍慰劳将士，以策书记录下他们的功勋。功臣增加食邑重新封拜，凡三百六十五人。因外戚恩泽受封的人有四十五人。废除左右将军官。建威大将军耿弇被罢免。

益州传送来公孙述的瞽师、用于郊庙礼仪的乐器、葆车、舆辇，于是皇帝的车马仪仗才开始齐备。当时战争已经停息，天下很少有警事，公文的往来和差役的调遣，力求从简从少，以至于仅有过去的十分之一。

二十六日，以冀州牧窦融为大司空。五月，匈奴侵犯河东。秋七月，广汉境外的白马羌首领率领他的族人内附。九月，日南境外蛮夷进贡白雉、白免。

冬天十二月三十日，诏命益州百姓自建武八年以来被略卖为奴婢的人，全部释放为平民；有依托他人为妾的，愿意离去，听任离去；敢于扣留不放的，按照青、徐二州的前例以略人法处置。重新设置金城郡。

十四年春正月，建起南宫前殿。匈奴派遣使者进贡，命中郎将报聘。

夏天四月二十九日，封孔子后人孔志为褒成侯。越巂人任贵自称太守，派遣使者上报民户簿籍。秋九月，平城人贾丹杀死卢芳将领尹由来降。这一年，会稽郡闹瘟疫。莎车国、鄯善国派遣使者前来进贡。

十二月某日，诏命益、凉二州奴婢，从建武八年以来向所在地方官提出申诉的人，一律释放为平民，被卖者无须偿还卖身钱。

十五年春天正月二十三日，大司徒韩歆被免职，自杀。二十九日，有彗星出现在昴宿一带。汝南太守欧阳歙为大司徒。建义大将军吴祐被罢免。二十九日，有彗星出现于营室星区。

二月，迁徙雁门、代郡、上谷三郡的百姓，安置到常山关、居庸关以东一带。

起初，巴蜀已平定，大司马吴汉上书请求分封皇子，光武帝不许，连续几年反复上奏。三月，才诏命群臣商议。大司空窦融、固始侯李通、胶东侯贾复、高密侯邓禹、太常登等的奏议说："古代封建诸侯，用来藩卫京师。周代封侯八百，同姓诸姬氏都因此建国，辅佐王室，尊事天子，享国久长，成为后世的法范。所以《诗经》说：'打开你的领地，成为周王室的辅弼。'汉高祖圣德，君临天下，也重视亲族之间的关系，分封兄弟和诸子，不违背过去的规定。陛下圣德通贯天地，恢复了刘氏的大统，褒扬宿德，奖励功勋，和睦九族，功臣和宗室都蒙受封爵，大多授予广大的封地，有的拥有数县。现今皇子仰仗天恩，已能穿成人衣冠出入迎拜，陛下恭廉克让，有意压制而不让论议封爵，群臣百姓无不失望。应当在此盛夏吉时，定下号位，以增广藩辅，明示亲亲之道，尊宗庙，重社稷，应古法，合旧规，满足大家的心愿。臣等请求由大司空送上舆地图，由太常选择吉日，安排礼仪。"制书说："可以。"

夏天四月二日，以太牢祭告宗庙。十一日，派大司空窦融祭告先祖，封皇子刘辅为右翊公，刘英为楚公，刘阳为东海公，刘康为济南公，刘苍为东平公，刘延为淮阳公，刘荆为山阳公，刘衡为临淮公，刘焉为左翊公，刘京为琅邪公。七日，追谥帝兄伯升为齐武公，帝兄仲为鲁哀公。

六月二十五日，重新设置屯骑、长水、射声三个校尉官；改青巾左校尉为越骑校尉。诏下州郡核实垦田亩数和户口年龄，并查实二千石长吏中徇私舞弊的人。冬天十一月初一，大司徒欧阳歙下狱死。十二月二十七日，关内侯戴涉为大司徒。卢芳从匈奴进占高柳。这一年，骠骑大将军杜茂被免职。虎牙大将军盖延死了。

十六年春二月，交址女子征侧反，略有城邑。三月辛丑晦，日有食之。

秋九月，河南尹张伋及诸郡守十余人，坐度田不实，皆下狱死。

郡国大姓及兵长、群盗处处并起，攻劫在所，害杀长吏。郡县追讨，到则解散，去复屯结。青、徐、幽、冀四州尤甚。冬十月，遣使者下郡国，听群盗自相纠擿，五人共斩一人者，除其罪。吏虽逗留回避故纵者，皆勿问，听以禽讨为效。其牧守令长坐界内盗贼而不收捕者，又以畏愞捐城委守者，皆不以为负，但取获贼多少为殿最，唯蔽匿者乃罪之。于是更相追捕，贼并解散。徙其魁帅于它郡，赋田受禀，使安生业。自是牛马放牧，邑门不闭。卢芳遣使乞降，十二月甲辰，封芳为代王。

初，王莽乱后，货币杂用布、帛、金、粟。是岁，始行五铢钱。

十七年春正月，赵公良薨。二月乙未晦，日有食之。

夏四月乙卯，南巡狩，皇太子及右翊公辅、楚公英、东海公阳、济南公康、东平公苍从，幸颍川，进幸叶、章陵。五月乙卯，车驾还宫。六月癸巳，临淮公衡薨。秋七月，妖巫李广等群起据皖城，遣虎贲中郎将马援、骠骑将军段志讨之。九月，破皖城，斩李广等。冬十月辛巳，废皇后郭氏为中山太后，立贵人阴氏为皇后。进右翊公辅为中山王，食常山郡。其余九国公，皆即旧封进爵为王。

甲申，幸章陵。修园庙，祠旧宅，观田庐，置酒作乐，赏赐。时宗室诸母因酣悦，相与语曰："文叔少时谨信，与人不款曲，唯直柔耳，今乃能如此！"帝闻之，大笑曰："吾理天下，亦欲以柔道行之。"乃悉为春陵宗室起祠堂。有五凤凰见于颍川之郏县。十二月，至自章陵。是岁，莎车国遣使贡献。

十八年春二月，蜀郡守将史歆叛，遣大司马吴汉率二将军讨之，围成都。

甲寅，西巡狩，幸长安。

三月壬午，祠高庙，遂有事十一陵。历冯翊界，进幸蒲坂，祠后土。

夏四月癸酉，车驾还宫。

甲戌，诏曰："今边郡盗谷五十斛，罪至于死，开残吏妄杀之路，其蠲除此法，同之内郡。"

遣伏波将军马援率楼船将军段志等击交址贼征侧等。

甲申，幸河内。戊子，至自河内。五月，旱。卢芳复亡入匈奴。

秋七月，吴汉拔成都，斩史歆等。壬戌，赦益州所部殊死已下。

冬十月庚辰，幸宜城。还，祠章陵。

十二月乙丑，车驾还宫。是岁，罢州牧，置刺史。

【译文】

十六年春天二月，交址女子征侧造反，占据城邑。三月三十日，有日食。

秋九月，河南尹张伋以及诸郡太守十余人，由于丈量田亩不实，都被下狱处死。

郡国大姓以及私人武装首领、群盗在各地纷纷起兵，在当地攻杀抢劫，杀害长吏。郡县派兵追击，兵马一到他们就逃散，兵马一走他们又集结在一起。青、徐、幽、冀四州尤为严重。冬十月，派遣使者到郡国，允许群盗自相揭发，五人共同斩杀一人的，免去他们的罪责。官吏虽然曾经犯有拖延、回避、放纵的过失，也都不追究，允许以讨伐盗贼来弥补。州牧、郡太守、县令、县长中因治内有盗贼而不去搜捕的，又有因畏惧放弃城池、擅离职守的，都不认为是失职，只按他们现在俘获盗贼多少来考察政绩的优劣，唯独藏匿盗贼的人才予以治罪。于是官吏们争相追捕盗贼，盗贼一并瓦解。迁徙盗贼的首领到其他郡，分给土地和粮食，让他们安心生产。从此以后牛马可以安心放牧，城门也可以不关闭。卢芳派遣使者来请求投降。十二月某日，封卢芳为代王。

起初，王莽之乱以后，布、帛、金、粟都可以当货币用。这一年，开始通行五铢钱。

十七年春天正月，赵公刘良死了。二月三十日，有日食。

夏天四月某日，巡视南方，皇太子和右翊公刘辅、楚公刘英、东海公刘阳、济南公刘康、东平公刘苍随行，驾临颍川，进而驾临叶县、章陵。五月二十一日，车驾返回洛阳宫中。六月二十九日，临淮公刘衡死了。秋七月，妖巫李广等聚众占据皖城，派遣虎贲中郎将马援、骠骑将军段志讨伐他们。九月，攻破皖城，斩杀李广等人。冬天十月十九日，废皇后郭氏为中山太后，立贵人阴氏为皇后。进封右翊公刘辅为中山王，食常山郡的赋税。其余九个国公，都依据旧封进爵为王。

二十二日，驾临章陵。修缮园庙，祭祀旧居，视察田地房舍，摆酒作乐，颁发赏赐。当时宗室中的女姓长辈由于酒喝得高兴了，互相说道："文叔小的时候恭谨诚实，待人不殷勤，只是温和罢了。今天竟能如此！"光武帝听说后，大笑道："我治理天下，也想用柔道行事。"于是为舂陵的宗室都建起祠堂。有五只凤凰出现在颍川郡的郏县。十二月，从章陵返回京师。这一年，莎车国派遣使者进贡。

十八年春天二月，蜀郡守将史歆叛变，派遣大司马吴汉率领二位将军讨伐，包围了成都。

某日，巡视西方，驾临长安。

三月某日，祭祀高庙，于是逐一祭拜十一陵。经过冯翊郡界，进而驾临蒲坂，祭祀后土。夏天四月十四日，车驾返回洛阳宫中。

十五日，诏书说："当今边郡偷盗粮食五十斛，论罪可判处死刑，开酷吏妄杀之路，废除此法，处理和内郡相同。"

派遣伏波将军马援率领楼船将军段志等进攻交址征侧等人。

二十五日，驾临河内。二十九日，从河内回到京师。五月，有旱灾。卢芳重新逃入匈奴。

秋天七月，吴汉攻取成都，斩了史歆等人。某日，赦免益州辖区犯殊死罪以下的罪徒。

冬天十月二十四日，驾临宜城。回来的路上，祭祀了章陵。十二月十日，车驾回到宫中。这一年，废除州牧官，改置刺史。

十九年春正月庚子，追遵孝宣皇帝曰中宗。始祠昭帝、元帝于太庙，成帝、哀帝、平帝于长安，舂陵节侯以下四世于章陵。

妖巫单臣、傅镇等反，据原武，遣太中大夫臧宫围之。夏四月，拔原城，斩臣、镇等。

伏波将军马援破交址，斩征侧等。因击破九真贼都阳等，降之。

闰月戊申，进赵、齐、鲁三国公爵为王。

六月戊申，诏曰："春秋之义，立子以贵。东海王阳，皇后之子，宜承大统。皇太子强，崇执谦退，愿备藩国。父子之情，重久违之。其以强为东海王，立阳为皇太子，改名庄。”

秋九月，南巡狩。壬申，幸南阳，进幸汝南南顿县舍，置酒会，赐吏人，复南顿田租岁。父老前叩头言：“皇考居此日久，陛下识知寺舍，每来辄加厚恩，愿赐复十年。”帝曰：“天下重器，常恐不任，日复一日，安敢远期十岁乎？”吏人又言：“陛下实惜之，何言谦也？”帝大笑，复增一岁。进幸淮阳、梁、沛。

西南夷寇益州郡，遣武威将军刘尚讨之。越巂太守任贵谋叛。十二月，刘尚袭贵，诛之。

是岁，复置函谷关都尉。修西京宫室。

二十年春二月戊子，车驾还宫。夏四月庚辰，大司徒戴涉下狱死。大司空窦融免。

五月辛亥，大司马吴汉薨。匈奴寇上党、天水，遂至扶风。

六月庚寅，广汉太守蔡茂为大司徒，太仆朱浮为大司空。壬辰，左中郎将刘隆为骠骑将军，行大司马事。乙未，徙中山王辅为沛王。秋，东夷韩国人率众诣乐浪内附。

冬十月，东巡狩。甲午，幸鲁，进幸东海、楚、沛国。

十二月，匈奴寇天水。壬寅，车驾还宫。是岁，省五原郡，徙其吏人置河东。复济阳县徭役六岁。

二十一年春正月，武威将军刘尚破益州夷，平之。

夏四月，安定属国胡叛，屯聚青山，遣将兵长史陈䜣讨平之。

秋，鲜卑寇辽东，辽东太守祭彤大破之。

冬十月，遣伏波将军马援出塞击乌桓，不克。匈奴寇上谷、中山。

其冬，鄯善王、车师王等十六国皆遣子入侍奉献，愿请都护。帝以中国初定，未遑外事，乃还其侍子，厚加赏赐。

二十二年春闰月丙戌，幸长安，祠高庙，遂有事十一陵。二月己巳，至自长安。夏五月乙未晦，日有食之。

秋七月，司隶校尉苏邺下狱死。

九月戊辰，地震裂。制诏曰：“日者地震，南阳尤甚。夫地者，任物至重，静而不动者也。而今震裂，咎在君上。鬼神不顺无德，灾殃将及吏人，朕甚惧焉。其令南阳勿输今年田租刍稿。遣谒者案行，其死罪系囚在戊辰以前，减死罪一等；徒皆弛解钳，衣丝絮。赐郡中居人压死者棺钱，人三千。其口赋逋税而庐宅尤破坏者，勿收责。吏人死亡，或在坏垣毁屋之下，而家羸弱不能收拾者，其以见钱谷取佣，为寻求之。”

冬十月壬子，大司空朱浮免。癸丑，光禄勋杜林为大司空。

是岁，齐王章薨。青州蝗。匈奴奥鞬日逐王比遣使诣渔阳请和亲，使中郎将李茂报命。乌桓击破匈奴，匈奴北徙，幕南地空。诏罢诸边郡亭侯吏卒。

【译文】

十九年春天正月十五日，追尊孝宣皇帝为中宗。开始祭祀昭帝、元帝于太庙，祭祀成帝、哀帝、平帝于长安，祭祀舂陵节侯以下四世于章陵。

妖巫单臣、傅镇等造反，占据原武，派遣太中大夫臧宫围剿他们。夏天四月，夺取原城，斩了单臣、傅镇等人。

伏波将军马援击败交址叛贼，斩了征侧等人。接着击败九真贼都阳等人，降伏了他们。

闰月二十五日，进封赵、齐、鲁三国公爵为王。

六月二十六日，诏书说：“春秋大义，立皇后的儿子为太子。东海王刘阳是皇后的儿子，应该继承大统。皇太子刘强崇尚谦让之道，愿意退居藩国地位。父子的情谊，应以不长久违背儿子的心愿为重。以刘强为东海王，立刘阳为皇太子，改名为刘庄。”

秋九月，巡视南方。二十一日，驾临南阳，进而驾临汝南郡顿县县衙，摆酒聚会，赏赐吏民，免征南顿县田租一年。父老上前叩头说：“皇上的父亲担任南顿县令时间很长，陛下熟悉这个县衙，每次一来就施加厚恩，希望能降恩免征十年的赋税。”光武帝说：“我享有天下重器，常常害怕不能胜任，过一天算一天，怎么敢预定十年这么远呢？”吏民又说：“陛下实际上是舍不得，为什么说得这样谦恭呢？”光武帝大笑，又增免一年。进而驾临淮阳、梁、沛等地。

西南夷侵犯益州郡，派遣武威将军刘尚讨伐他们。越巂太守任贵谋反。十二月，刘尚袭击任贵，杀了他。这一年，重新设置函谷关都尉。修复西京的宫室。

二十年春天二月十日，车驾返回宫中。夏天四月三日，大司徒戴涉被下狱处死。大司空窦融被免职。

五月四日，大司马吴汉死了。匈奴侵犯上党、天水，直至扶风。

六月十四日，广汉太守蔡茂为大司徒，太仆朱浮为大司空。十六日，左中郎将刘隆为骠骑将军，代理大司马事务。十九日，改封中山王刘辅为沛王。秋天，东夷韩国人率众到乐浪郡内附。

冬天十月，巡视东方。二十日，驾临鲁国，进而驾临东海、楚、沛等国。

十二月，匈奴侵犯天水。二十八日，车驾回到宫中。这一年，撤销五原郡，迁移该郡吏民，安置到河东。免除济阳县徭役六年。

二十一年春正月，武威将军刘尚击败益州夷人，平定该地。

夏四月，安定属国胡人叛变，屯聚在青山，派遣将兵长史陈䜣讨伐平定了他们。

秋天，鲜卑侵犯辽东，辽东太守祭肜大败鲜卑。

冬十月，派遣伏波将军马援出塞攻击乌桓，未取胜。匈奴侵犯上谷、中山。

这年冬天，鄯善王、车师王等十六国都派遣儿子入侍皇帝，并进献贡品，请求设置都护。光武帝因中国刚刚安定，顾不上境外的事情，于是送还他们的侍子，给予优厚的赏赐。

二十二年春天闰月十九日，驾临长安，祭祀高庙，于是逐一祭祀十一陵。二月某日，从长安回到京师。夏天五月三十日，有日食。

秋七月，司隶校尉苏邺死于狱中。

秋九月，地震造成地裂。下诏说："日前有地震，南阳尤为严重。大地，承受物体极重，所以静而不动。而今震裂，罪在君上。鬼神不顺从无德的人，灾祸降临到吏民的头上，朕十分恐惧。令南阳不必交今年的田租和饲草。派遣谒者巡察。凡死罪囚犯在地震那天以前定罪的，一律减死罪一等，囚徒全都解去脚镣，穿上丝绵衣服。赐给郡中被压死的人以棺材钱，每人三千。凡人头税和拖欠的田租而房屋损坏尤其严重的，不再收取。吏民死亡，或者还压在断垣毁屋下面，而家人羸弱不能收敛的，官府就出钱粮雇人，为他们寻找。"

冬天十月十九日，大司空朱浮被免职。二十日，光禄勋杜林为大司空。

这一年，齐王刘章死了，青州有蝗灾。匈奴奥鞬日逐王比派遣使者到渔阳请求和亲，派中郎将李茂回报。乌桓击败匈奴，匈奴北迁，大漠以南空虚。诏命撤去边郡亭候的吏卒。

二十三年春正月，南郡蛮叛，遣武威将军刘尚讨破之，徙其种人于江夏。

夏五月丁卯，大司徒蔡茂薨。秋八月丙戌，大司空杜林薨。九月辛未，陈留太守玉况为大司徒。冬十月丙申，太仆张纯为大司空。高句丽率种人诣乐浪内属。

十二月，武陵蛮叛，寇掠郡县，遣刘尚讨之，战于沅水，尚军败殁。

是岁，匈奴奥鞬日逐王比率部曲遣使诣西河内附。

二十四年春正月乙亥，大赦天下。

匈奴奥鞬日逐王比遣使款五原塞，求扞御北虏。

秋七月，武陵蛮寇临沅，遣谒者李嵩、中山太守马成讨蛮，不克，于是伏波将军马援率四将军讨之。诏有司申明旧制阿附蕃王法。

冬十月，匈奴奥鞬日逐王比自立为南单于，于是分为南、北匈奴。

二十五年春正月，辽东徼外貊人寇右北平、渔阳、上谷、太原，辽东太守祭肜招降之。乌桓大人来朝。

南单于遣使诣厥贡献，奉蕃称臣；又遣其左贤王击破北匈奴，却地千余里。三月，南单于遣子入侍。戊申晦，日有食之。伏波将军马援等破武陵蛮于临沅。冬十月，叛蛮悉降。夫余王遣使奉献。是岁，乌桓大人率众内属，诣厥朝贡。

二十六年春正月，诏有司增百官奉。其千石已上，减于西京旧制；六百石已下，增于旧秩。

初作寿陵。将作大匠窦融上言："园陵广袤，无虑所用。"帝曰："古者帝王之葬，皆陶人瓦器，木车茅马，使后世之人不知其处。太宗识终始之义，景帝能述遵孝道，遭天下反覆，而霸陵独完受其福，岂不美哉！令所制地不过二三顷，无为山陵陂池，裁令流水而已。"

遣中郎将段郴授南单于玺绶，令入居云中，始置使匈奴中郎将，将兵卫护之。南单于遣子入侍，奉奏诣厥。于是云中、五原、朔方、北地、定襄、雁门、上谷、代八郡民归于本土。遣谒者分将施刑补理城郭。发遣边民在中国者，布还诸县，皆赐以装钱，转输给食。

二十七年夏四月戊午，大司徒玉况薨。

五月丁丑，诏曰："昔契作司徒，禹作司空，皆无'大'名，其令二府去'大'。"又改大司马为太尉。骠骑大将军行大司马刘隆即日罢，以太仆赵熹为太尉，大司农冯勤为司徒。益州郡徼外蛮夷率种人内属。北匈奴遣使诣武威乞和亲。

冬，鲁王兴、齐王石始就国。

二十八年春正月己巳，徙鲁王兴为北海王，以鲁国益东海。赐东海王强虎贲、旄头、钟虡之乐。

夏六月丁卯，沛太后郭氏薨，因诏郡县捕王侯宾客，坐死者数千人。

秋八月戊寅，东海王强、沛王辅、楚王英、济南王康、淮阳王延始就国。

冬十月癸酉，诏死罪系囚皆一切募下蚕室，其女子宫。北匈奴遣使贡献，乞和亲。

二十九年春二月丁巳朔，日有食之。遣使者举冤狱，出系囚。庚申，赐天下男子爵，人二级；鳏、寡、孤、独、笃癃、贫不能自存者粟，人五斛。

夏四月乙丑，诏令天下系囚自殊死已下及徒各减本罪一等，其余赎罪输作各有差。

【译文】

二十三年春天正月，南郡蛮人造反，派武威将军刘尚征伐击败了他们，迁移蛮族人到江夏。

夏天五月八日，大司徒蔡茂死了。秋天八月，大司空杜林死了。九月十三日，陈留太守玉况为大司徒。冬天十月九日，太仆张纯为大司空。高句丽率族人到乐浪归附。

十二月，武陵蛮人造反，抢掠郡县，派刘尚去讨伐，交战于沅水，军败，刘尚战死。

这一年，匈奴奥鞬日逐王比率领部下并派使者到西河郡归附。

二十四年春天正月十九日，大赦天下。

匈奴奥鞬日逐王比率领部下并派遣使者到五原塞通好，请求替汉朝抵御北匈奴。

秋天七月，武陵蛮侵犯临沅，派遣谒者李嵩、中山太守马成讨伐蛮人，未能取胜，于是伏波将军马援率领四位将军去征伐。诏有关部门申明过去制定的阿附蕃王法。

冬天十月，匈奴奥鞬日逐王比自立为南单于，于是分化为南、北匈奴。

二十五年春天正月，辽东境外貊人侵犯右北平、渔阳、上谷、太原，辽东太守祭肜招降了他们。乌桓首领来朝见。

南单于派遣使者到京都进贡，自称藩臣；又派他的左贤王打败北匈奴，开地一千余里。三月，南单于派子入侍。三十日，有日食。伏波将军马援等击败武陵蛮人于临沅。冬天十月，反叛的蛮人全部投降。夫余王派遣使者进贡。这一年，乌桓首领率众内属，到京师朝贡。

二十六年春天正月，诏命有关部门增加百官的俸禄。千石以上，少于西汉旧制；六百石以下，多于旧制俸禄。

初建寿陵。将作大匠窦融上书说园陵广袤，不必计较花费。光武帝说："古时候帝王的葬具，都是陶俑瓦器，木车草马，让后世的人不知道墓室的所在。太宗懂得生死真义，景帝能谨遵孝道，遭遇大乱的变故之后，而唯独霸陵有幸保全，岂不是美事吗？今所建墓地不许超过二三顷，不堆土为山陵，不修池，只要不存水就可以了。"派遣中郎将段彬授予南单于玺印绶带。令他居云中，开始设置使匈奴中郎将一职，率兵保护南单于。南单于派儿子入侍，奉奏章来到京师。于是云中、五原、朔方、北地、定襄、雁门、上谷、代等八个郡的百姓回到了本土。派遣谒者分别带着弛刑徒修补整治城郭。发送尚在中原地区的边民，陆续返回各县，都赐给治装费，转运粮食供给他们。

二十七年夏天四月二十一日，大司徒玉况死了。

五月十一日，下诏书说："过去契担任司徒，禹担任司空，都没有

‘大’字。命令二府去掉‘大’字。”又改大司马为太尉。骠骑大将军行大司马事的刘隆当天被罢免，以太仆赵熹为太尉，大司农冯勤为司徒。益州郡境外蛮夷率族人内属。北匈奴派遣使者到武威乞求和亲。

冬天，鲁王刘兴、齐王刘石开始前往封国。

二十八年春天正月某日，徙封鲁王刘兴为北海王，把鲁国加封给东海王。赐给东海王刘强虎贲武士、骑兵仪仗、以木架钟虡设礼乐。

夏天六月七日，沛国太后郭氏死了，于是下诏郡县捕捉王侯的宾客，受牵连而死的有数千人。

秋天八月十九日，东海王刘强、沛王刘辅、楚王刘英、济南王刘康、淮阳王刘延开始前往封国。

冬天十月十五日，诏命死罪囚徒都一律叫到蚕室受腐刑，女子受宫刑。北匈奴派遣使者进贡，乞求和亲。

二十九年春天二月初一，有日食。派遣使者清理冤狱，释放囚徒。四日，赐给天下男子以爵位，每人二级；赐给鳏夫、寡妇、孤儿、无子女的老人、有痼疾或残废的人，贫困不能自保的人以粮食，每人五斛。

夏天四月十日，诏命天下关押起来的殊死罪以下的囚犯直到一般的刑徒减去原罪一等，其余的罪可用钱财赎罪或罚劳役各有差别。

三十年春正月，鲜卑大人内属，朝贺。

二月，东巡狩。甲子，幸鲁，进幸济南。闰月癸丑，车驾还宫。有星孛于紫宫。

夏四月戊子，徙左翊王焉为中山王。

五月，大水。赐天下男子爵，人二级；鳏、寡、孤、独、笃癃、贫不能自存者粟，人五斛。

秋七月丁酉，幸鲁国。复济阳县是年徭役。冬十一月丁酉，至自鲁。

三十一年夏五月，大水。

戊辰，赐天下男子爵，人二级；鳏、寡、孤、独、笃癃、贫不能自存者粟，人六斛。癸酉晦，日有食之。是夏，蝗。秋九月甲辰，诏令死罪系囚皆一切募下蚕室，其女子宫。是岁，陈留雨谷，形如稗实。北匈奴遣使奉献。

中元元年春正月，东海王强、沛王辅、楚王英、济南王康、淮阳王延、赵王盱皆来朝。丁卯，东巡狩。二月己卯，幸鲁，进幸太山。北海王兴、齐王石朝于东岳。辛卯，柴望岱宗，登封太山；甲午，禅于梁父。三月戊辰，司空张纯薨。

夏四月癸酉，车驾还宫。己卯，大赦天下。复嬴、博、梁父、奉高，勿出今年田租刍稿。改年为中元。行幸长安。戊子，祀长陵。五月乙丑，至自长安。

六月辛卯，太仆冯鲂为司空。乙未，司徒冯勤薨。

是夏，京师醴泉涌出，饮之者固疾皆愈，惟眇、蹇者不瘳。又有赤草生于水崖。郡国频上甘露。群臣奏言："地祇灵应而朱草萌生。孝宣帝每有嘉瑞，辄以改元、神爵、五凤、甘露、黄龙，列为年纪，盖以感致神祇，表彰德信。是以化致升平，称为中兴。今天下清宁，灵物仍降。陛下情存损挹，推而不居，岂可使祥符显庆，没而无闻？宜令太史撰集，以传来世。"帝不纳。常自谦无德，每郡国所上，辄抑而不当，故史官罕得记焉。秋，郡国三蝗。冬十月辛未，司隶校尉东莱李䜣为司徒。

甲申，使司空告祠高庙曰："高皇帝与群臣约，非刘氏不王。吕太后贼害三赵，专王吕氏，赖社稷之灵，禄、产伏诛，天命几坠，危朝更安。吕太后不宜配食高庙，同祧至尊。薄太后母德慈仁，孝文皇帝贤明临国，子孙赖福，延祚至今。其上薄太后尊号曰高皇后，配食地祇。迁吕太后庙主于园，四时上祭。"

十一月甲子晦，日有食之。是岁，初起明堂、灵台、辟雍，及北郊兆域。宣布图谶于天下。复济阳、南顿是年徭役。参狼羌寇武都，败郡兵，陇西太守刘盱遣军救之，及武都郡兵讨叛羌，皆破之。

二年春正月辛未，初立北郊，祀后土。东夷倭奴国王遣使奉献。

二月戊戌，帝崩于南宫前殿，年六十二。遗诏曰："朕无益百姓，皆如孝文皇帝制度，务从约省。刺史、二千石长吏皆无离城郭，无遣吏及因邮奏。"

初，帝在兵间久，厌武事，且知天下疲耗，思乐息肩。自陇、蜀平后，非儆急，未尝复言军旅。皇太子尝问攻战之事，帝曰："昔卫灵公问陈，孔子不对，此非尔所及。"每旦视朝，日仄乃罢。数引公卿、郎、将讲论经理，夜分乃寐。皇太子见帝勤劳不怠，承间谏曰："陛下有禹、汤之明，而失黄、老养性之福，愿颐爱精神，优游自宁。"帝曰："我自乐此，不为疲也。"虽身济大业，兢兢如不及，故能明慎政体，总揽权纲，量时度力，举无过事。退功臣而进文吏，戢弓矢而散马牛，虽道未方古，斯亦止戈之武焉。

【译文】

三十年春正月，鲜卑头领内属，入朝庆贺。

二月，巡视东方。十三日，驾临鲁国，进而驾临济南。闰月十三日，车驾回到洛阳宫中。有彗星出现于紫宫星区。

夏天四月九日，徙封左翊王刘焉为中山王。五月，发生严重水灾。赐给天下男子以爵位，每人二级；赐给鳏夫、寡妇、孤儿、无子女的老人、有痼疾或残废的人、贫困不能自保的人粮食，每人五斛。秋天七月某日，驾临鲁国。免除济阳县当年的徭役。冬天十一月某日，从鲁国回到京师。三十一年夏天五月，发生严重水灾。

二十五日，赐给天下男子以爵位，每人二级；赐给鳏夫、寡妇、孤儿、无子女的老人、有痼疾或残废的人、贫困不能自保的人粮食，每人六斛。三十日，有日食。这年夏天，闹蝗灾。秋天九月三日，诏令死罪囚犯都一律募集到蚕室接受腐刑，女子接受宫刑。这一年，陈留下了谷子雨，形状像稗草籽。北匈奴派遣使者进贡。

中元元年春天正月，东海王刘强、沛王刘辅、楚王刘英、济南王刘康、淮阳王刘延、赵王刘盱都来朝见光武帝。二十八日，巡视东方。二月十日，驾临鲁国，进而驾临泰山。北海王刘兴、齐王刘石朝见光武帝于东岳。二十二日，焚柴望祭岱宗，登临泰山，聚土为坛而祭天；二十五日在梁父打扫干净场地而祭地。三月三十日，司空张纯死了。

夏天四月五日，车驾回到洛阳宫中。十一日，大赦天下。免征赢、博、梁父、奉高等地的徭役，不交今年的田租和饲草。改年号为中元。驾临长安。二十日，祭祀长陵。五月二十八日，从长安回到洛阳。

六月二十四日，太仆冯鲂为司空。二十八日，司徒冯勤死了。

这年夏天，京师发现有甘美的泉水涌出，喝了这泉水的人所有顽症都可以痊愈，只有盲人、跛人不能治。又有赤草长在水边。郡国频频报告发现甘露。群臣上奏道："地神显灵而朱草萌生。孝宣帝每有嘉瑞，就改年号，神爵、五凤、甘露、黄龙，都用来纪年，这是为了把感应送达天地神灵，表彰德信。因此化为升平，称作中兴。当今天下清平安宁，灵物不断降世。陛下心存谦虚退让，推辞而不愿自应瑞征，然而怎么可以让吉祥的符应和明显的喜庆湮没而无闻呢？应当命令太史把祥瑞记录编集起来，传给后世。"光武帝不同意。他常常自己谦称无德，每当郡国上奏祥瑞，就压下而不接受，因此史官很少能记载下来。秋天，有三个郡国出现蝗灾。冬天十月六日，司隶校尉东莱人李䜣为司徒。

十九日，派司空告祭高庙说："高皇帝与群臣约定，非刘氏不封王。吕太后残害三个赵王，擅自封吕氏为王，仰仗社稷之灵，吕禄、吕产被诛除，天命几乎坠落，危急的朝廷重新安定。吕太后不应该配享高庙，与至尊同在祖庙。薄太后德行仁慈，孝文皇帝贤明治国，子孙仰赖他们的福荫，延续皇祚至今。上薄太后尊号为高皇后，配享地神。迁吕太后庙主到园寝，四时上祭。"

十一月三十日，有日食出现。这一年，初建明堂、灵台、辟雍，以及北郊兆域。宣布图谶于天下。免除济阳、南顿本年的徭役。参狼羌人侵犯武都，打败郡兵，陇西太守刘盱派兵援救武都，与武都郡兵一起讨伐反叛的羌人，全都打败了他们。

二年春天正月初八，开始建立北郊，祭祀后土。东夷倭奴国国王派来使者进贡。

二月五日，光武帝死于南宫前殿，享年六十二岁。遗诏说："朕无益于百姓，全照孝文皇帝制度，后事务必节省。刺史、二千石长吏都不要离开城池，不要派属吏或用邮传上书致哀。"

当初，武光帝久在军中，讨厌战争，而且知道天下疲惫不堪，盼望安定的生活。自从陇、蜀平定以后，不是紧急情况，未曾再谈论军事。皇太子曾经问起攻战的事情。光武帝说："过去卫灵公问战阵，孔子不回答，这种事不是你该做的。"他每天一大早就上朝，日头偏西才退朝。多次召见公卿、郎将讲论经书的道理，夜半时分才睡觉。皇太子见到光武帝勤劳不怠，找机会劝说道："陛下具有夏禹、商汤的贤明，而没有黄帝、老子养性的福气，希望能保养精神，优游自宁。”光武帝说：“我自己乐意这样，不因此而感到劳累。”虽然亲身建立大业，却兢兢业业如同能力不够一样，所以能贤明慎重地对待国事，总揽大权，量时度力，所办的事没有什么过失。他辞退功臣而任用文官，收藏起弓箭而放马牛回归民间，虽然治国之道未能和古代圣贤的时候相比，这也算是配得上止息干戈的“武”字了。